幼儿园

生态教育活动的开发与实践

孙湘红　主编

中国农业出版社
农村读物出版社
北　京

编写人员名单

主　编：孙湘红

副主编：白　桦

编　委（按姓氏笔画排序）：

丁元婧　于　静　王　伟

王　梓　田　菲　朱丽霞

任　丛　刘　磊　刘天琪

刘雅楠　张添铭　封　硕

高云飞

前　言

　　北京市海淀区颐慧佳园幼儿园是北京市一级一类幼儿园、海淀区示范幼儿园、国际生态学校、全国环境教育百强学校、全国生态文明教育特色学校。幼儿园坐落于美丽的昆玉河边、玲珑塔下，具有得天独厚的生态环境资源。自建园以来，幼儿园始终坚持以"互动体验，生态育人"为办园理念，以"管理规范科学、环境温馨和谐、教师德才兼备、幼儿全面发展、家长放心满意"为办园目标，以"身心健康、习惯良好、兴趣广泛、个性发展、智慧创造"为育人目标，在幼儿生态教育领域进行了诸多探索和尝试，积累了一定的实践经验。

　　在幼儿园开展生态教育活动，既符合培养幼儿认识自然的要求，也能够保证幼儿园的生态教育在目标制定、内容组织、活动安排、方法选择、评价反馈等方面形成一个系统。2010年起，颐慧佳园幼儿园就尝试组织开展一系列生态教育活动。2016年，幼儿园开展了海淀区教育科学"十三五"规划校长委托课题"互动体验式生态课程开发研究"，开始在课程中运用互动体验的模式开展生态教育。2017年，幼儿园制订与实施《生态教育课程第一阶段建设方案》，确定了幼儿园生态教育特色课程的理论基础、目标、内容、实施途径，完成了物质环境的创设。2018年，在多位专家的指导下，幼儿园调整课程实施方案，制订了《生态教育课程第二阶段建设方案》，将原有课程目标及内容进一步细化，确定生态养成、生态探究、生态节庆、生态表达四个维度的课程内容框架，并在此基础上开展了丰富的生态主题教育活动和系列大型活动。2019 年，幼儿园制订了《生态教育课程实施方案》，将课程建设的模式固化下来，在全园范围内实施，并开展课程评价。2019 年 11 月，幼儿园顺利通过海淀区教育科学"十三五"规划校长委托课题"互动体验式生态课程开发研究"课题结题。

《3～6 岁儿童学习与发展指南》（以下简称《指南》）指出：直接感知、实际操作和亲身体验是幼儿的学习方式。因此，在颐慧佳园幼儿园生态教育活动体系建设的实践中，也始终以"互动体验，生态育人"为教育方式。通过对生态教育进行系统研究，幼儿园明确了生态教育的理念与原则，创设出互动体验式的园所生态环境，开发出生态养成、生态探究、生态节庆、生态表达活动，运用"激发兴趣—制订计划—实践体验—交流分享—积累成果—优化实践"的实施步骤，通过班级基础培养、园所拓展培养、家园共育培养、社会实践培养的实施途径，让每个幼儿热爱生活，养成生态文明行为之"德"；自主表达，交流分享生态体验之"悟"；乐于交往，体验多元生态文化之"善"；亲近自然，积极探索生态环境之"谜"；大胆创造，感受表现生态艺术之"美"。在此基础上，幼儿园形成蕴含生态特色的园本课程，构建出独具特色的园本生态教育活动体系。

本书是在践行"互动体验，生态育人"的办园理念下，开发园本生态教育活动的成果。本书的核心是通过开展生态养成、生态探究、生态节庆、生态表达活动，为幼儿提供人与自然之间和谐相处的环境，在与环境互动的生态活动中获得全面发展。

本书第一章介绍了幼儿园开展生态教育活动的背景，并从生态教育活动的理论基础、教育理念与原则、活动目标、活动内容、活动实施途径、活动评价等方面进行了阐述。第二章主要介绍了促进幼儿在生活活动中养成节约环保意识和文明礼仪习惯的生态养成活动案例。第三章主要介绍了幼儿园生态探究活动案例，将生态探究活动分为种植探秘、动物来啦、社区调查、资源保护四个子活动，每个子活动下又有不同的实践案例。第四章主要依托中国传统生态节日和世界生态节日等开展生态节庆实践活动。此外，幼儿园还在固定的日子开展园本生态节庆活动，如跳蚤市场、交换空间等，丰富幼儿对生态节日的体验。第五章主要介绍了幼儿园生态表达活动的具体案例。在生态表达活动中，通过开展慧创意、慧剧场、慧展览、慧讲述等活动，让幼儿通过不同方式表达自己的生态感悟。

在本书即将出版之际，我们心中充满了感激之情，因为颐慧佳园幼儿园生态教育活动的开发与实践得到了上级有关部门、专家学者、家长与幼教同仁们的关心、支持与帮助。

感谢北京师范大学环境学院刘静玲教授，北京教育科学研究院、早期教育研究所研究员廖丽英老师，首都师范大学学前教育学院李莉老师、于开莲老师，海淀区教师进修学校学前教育研修室马虹主任、李峰副主任、赵蕊莉老师、周立莉老师，海淀区教育科学研究院教育质量评价中心文军庆主任，海淀区教育科学研究院社会教育研究所所长助理李艳莹老师等多次来园与老师们进行交流研讨，对幼儿园生态文化建设和园本课程的梳理工作给予的具体指导与帮助，为幼儿园指明了发展的方向。

还要感谢颐慧佳园幼儿园的家长们。通过家委会和家长私董会等形式，我们逐渐丰富着幼儿园生态教育活动的内容。在教育实践中，家长们也将自己的教育资源贡献给幼儿园，为生态教育活动的实践提供了有力的保障。

特别要感谢的是颐慧佳园幼儿园的全体老师们。在书稿的撰写过程中，孙湘红园长带领白桦、朱丽霞两位科研及保教干部不断思考书稿的整体架构。高云飞、于静、刘天琪、刘雅楠、王梓、田菲、张添铭、刘磊、王伟、丁元婧、封硕、张贤、马利君、刘颖等每一位老师都为书稿前期撰写工作收集资料、提供案例。于静、刘天琪两位老师在书稿后期修改阶段协助进行审校工作，为本书的顺利出版贡献了力量。

在本书的编写过程中，我们深知开展幼儿园生态教育活动任重而道远。希望读者朋友们给我们提出宝贵的建议，帮助我们不断丰富生态教育活动的内容，在提升幼儿热爱生活、自主表达、乐于交往、亲近自然、大胆创造等素养的同时，也能通过生态教育活动转变家长的教育观念，带动社区生态环境的改善，从而实现以一个孩子带动一个家庭、以一个家庭影响整个社会的目的。

北京市海淀区颐慧佳园幼儿园

目 录

前言

第一章　对幼儿园生态教育活动的思考

第一节　幼儿园为什么要开展生态教育活动

生态学研究认为，人类和其他生物一样，生活在特定的生态环境之中，地球生物圈就是人类赖以生存和繁衍的最基本、最重要的生态系统，生态系统的平衡是人类社会发展与进步的基石。然而，自二十世纪中叶以来，人类为了追逐社会经济发展的巨大利益，不断从生态环境中获取资源，导致气候变暖、空气污染、垃圾泛滥、生物多样性遭到破坏，整个生态系统出现失衡。

党的十八大将大力推进生态文明建设写入报告，把生态文明建设与经济、政治、文化、社会建设并列提出。习近平总书记在党的十九大报告中指出："人与自然是生命共同体，人类必须尊重自然、顺应自然、保护自然。我们要牢固树立社会主义生态文明观，推动形成人与自然和谐发展现代化建设新格局，为保护生态环境做出我们这代人的努力。"党中央的决策把生态文明建设提到前所未有的高度，将解决生态问题提高到国家层面，为治理生态问题指明了方向。

生态教育是研究教育与其周围环境之间相互作用的规律的科学，强调在教育过程中遵循自然规律，将人与人、人与自然、人与社会和谐共生的可持续发展理念融入教育教学的各项活动中。它是不断激发受教育者的生态保护意识，丰富其自然认知，养成健康文明的行为习惯的教育过程。

《幼儿园教育指导纲要》（以下简称《纲要》）指出，要引导幼儿"爱护动植物，关心周围环境，亲近大自然，珍惜自然资源，有初步的环保意识"。幼儿具有热爱自然、亲近自然的天赋和本能，而他们对自然生态的认知是建立在与环境互动的基础上的，在幼儿园阶段开展生态教育，将直接影响幼儿一生的生态价值观和行为。因此，幼儿园作为基础教育的重要组成部分，作为中国教育体系的起点，开展生态教育是非常必要的。

第二节　幼儿园如何开展生态教育活动

3~6岁幼儿年龄小，身心发育不够成熟，这就决定了幼儿园阶段的生态教育不能以系统的生态学知识和价值观培养的形式来开展，而是要遵循幼儿的年龄特点及身心发展规律，顺应孩子的天性与本能，要引发幼儿对生态问题的关注，通过游戏活动鼓励幼儿接触生态环境，让幼儿在亲身体验中发展保护生态环境的意识和解决生态环境问题的能力。

在开展生态教育活动的过程中，幼儿园要充分依托园所周边的环境与资源，围绕幼儿园特色建设的主线，从理论基础、课程理念、课程目标、课程内容、实施途径、课程评价等多个维度进行建构。

一、生态教育活动的理论基础

（一）人类发展生态学理论

布朗芬布伦纳提出的人类发展生态学理论阐明了环境对个体行为和心理发育的重要作用。人类发展生态学提出，学校、社会、家庭环境对幼儿的发展有着重要作用，并提出了幼儿发展的四个系统，即微观系统、中介系统、外在系统、宏观系统。

根据人类发展生态学理论，要从包含儿童本身及以外的，影响儿童发展的现实生长环境入手，为儿童的发展创造条件。受人类发展生态学的启示，幼儿园生态教育活动将幼儿个体和环境的特质、环境背景的结构以及在它们之间的关系结合起来，将幼儿与周围环境间的关系分成四个系统，即微观系统（班级）、中介系统（园所）、外在系统（家庭）、宏观系统（社会）。宏观上以国家确立的《纲要》《指南》为主要标准，结合本园的实际，充分利用家庭、社区的资源，构建有系统、有层次的课程网络。

（二）陈鹤琴"活教育"思想

陈鹤琴先生提出了著名的"大自然、大社会都是活教材"的观念。他认为，学前儿童是在周围的环境中学习，应该以大自然、大社会为中心组织课程，让儿童在与大自然、大社会的直接接触中，在亲身观察中获取经验和知识。自然环境包括动物、植物和各种自然现象。社会环境是人类精神活动的环境，如家庭生活、集市、节日、庆祝会、教师接待日活动等学前儿童经常接触的社会环境，都对学前儿童的发展具有很大的作用。

因此，在幼儿园生态教育活动中，应注重带领幼儿走进自然、社会场所，让幼儿在与周围环境的互动中，尽情地通过各种感官感知事物，亲自动手操作，发现环境中的奥秘，满足幼儿的好奇心和主动探究的欲望，让幼儿获取最真实的感受，让幼儿在多彩的环境中学会观察、学会创造，在丰富的社会环境中学会学习、学会生活、学会做人。

二、生态教育活动的教育理念与原则

（一）教育理念

直接感知、实际操作和亲身体验是幼儿获取经验的方式。在生态系统中，不同环境因素对受教育者都会产生影响，幼儿的发展离不开与周围环境的互动。因此，幼儿园的生态教育活动需要坚持"互动体验，生态育人"的教育理念，将生态资源有机整合起来，加强幼儿与环境之间的互动，尊重幼儿直接感知、实际操作、亲身体验的学习方式，让幼儿通过身体感知、心灵感悟、分享交流、共享资源，获得认知、技能、情感上的自主发展。

1. 互动。"互动"是彼此联系、相互作用的过程。日常中的互动是指社会上个人与个人之间、群体与群体之间等通过语言或其他手段传播信息而发生的相互依赖性行为的过程。

幼儿的发展离不开与周围环境的互动。在生态教育活动中，我们通过创设自然、温馨、优美的生态环境，营造人与自然高度和谐的氛围，让幼儿在与周围环境互动的过程中亲身实践，直接感受、理解和认识周围事物，从而获得生态经验，发展生态保护能力。

2. 体验。"体验"具有亲历性、情境性、整体性、生成性、个体性和交互性。因此，在教育活动中，体验既重视学习主体当下的直接经验，也注重在亲历实践活动中体验意义的获得性和延续性。幼儿园生态教育活动中的体验强调直接经验，让孩子们通过身体感知、心灵感悟、分享交流、共享资源，获得认知、技能、情感上的自主发展。

3. 生态育人。生态（Eco-）一词源自古希腊文，意思是指"家"或"住所"，这个家就是生物赖以生存的外部环境。从词源上可以看出，生态体现了人与其生存环境之间的关系，以及生活环境系统性、整体性的含义。幼儿园生态教育活动坚持"生态育人"的教育理念，尊重幼儿热爱自然、热爱探索的本性，为幼儿创设自然生态的生活环境，为幼儿提供亲近自然的机会，引发幼儿对生态环境的好奇，感受通过探索生态环境得到的乐趣。

（二）教育原则

1. 教育性原则（思想意识、专业修养）——管理者、引领者。目标的制订坚持教育性原则，符合《纲要》及《指南》的要求，时刻关注幼儿的年龄特点和发展水平。

2. 体验式原则（活动过程）——组织者、合作者。活动过程的实施坚持体验式原则：凡是幼儿能够体验的事物，教师就不轻易说教；凡是能在大自然中学习的，教师就不轻易组织班级学习。

3. 自主性原则（实施主体）——倡导者、参与者。参与活动的幼儿坚持自主性原则：凡是幼儿能自己做的事情，就给幼儿机会让他去做；凡是幼儿能自己想的，就给幼儿机会让他自己想；创造机会和条件，让孩子以自己的方式创造、表现、表达，不以成人的标准去评判。

4. 赏识性原则（实践评价）——支持者、推动者。评价活动的教师坚持赏识性原则：凡是幼儿自己说出的想法，教师就不轻易否定；表扬孩子一定要表扬其具体的行为；向孩子学习。

三、生态教育活动的目标

幼儿园生态教育活动的目标应从幼儿发展、教师发展和园所发展三个维度来制订。

（一）幼儿发展目标

在幼儿发展方面，以儿童为本，尊重幼儿的年龄特点和已有经验，通过对生态教育活动的开发和利用，为幼儿提供人与自然之间和谐相处的环境，让每个幼儿热爱生活，养成生态文明行为之德；自主表达，交流分享生态体验之悟；乐于交往，体验多元生态文化之善；亲近自然，积极探索生态环境之谜；大胆创造，感受表现生态艺术之美。

（二）教师发展目标

帮助教师了解生态教育的重要性，能够挖掘身边的生态教育资源，运用互动体验的六个步骤，即"激发兴趣—制订计划—实践体验—交流分享—积累成果—优化实践"开展教育实践，提高对生态教育活动建设的认识，理解开发生态教育活动的重要意义。

（三）园所发展目标

依托园所所在的园林绿化示范小区及周边生态教育基地资源，探讨如何让生态教育进入幼儿课堂，发挥国际生态学校和环境教育百强校的示范作用，开发蕴含生态特色的园本活动并将其落实在教育实践之中，形成独具特色的园本课程体系。

四、生态教育活动的内容

（一）生态环境创设

《纲要》指出："环境是重要的教育资源，应通过环境的创设和利用，有效地促进幼儿的发展。"幼儿园环境不光是幼儿活动的场所，更是幼儿园的一门隐性课程，发挥着隐性育人的作用。

为了更好地完善生态教育活动的建设，幼儿园应充分发挥环境的育人功能，创设适宜的公共环境和班级环境，引发、支持幼儿与环境之间的有效互动，感受生态的魅力，从而自然地获取感性经验，养成积极的态度和良好的行为倾向，形成终身受用的学习态度和能力。

1. 根据幼儿的年龄特点创设班级环境。小班幼儿的思维发展水平处于直觉行动思维阶段，对世界的探索主要是通过感知操作活动来进行。为了丰富幼儿的感知体验，在创设班级环境时，要尽可能还原自然的生活情境，通过投放不同材质的玩具材料，让孩子们充分地通过各种感官感知事物（图1-1～图1-4）。

图 1-1

图 1-2

图 1-3

图 1-4

中班幼儿活泼好动，思维具体形象，好奇心、求知欲强，喜欢与同伴交往，具有丰富、生动的想象力，喜欢通过手、口、动作进行表现、表达与创造。在班级中可以投放各种废旧材料，支持幼儿创意制作，并讲述给其他同伴（图1-5～图1-8）。

图 1-5

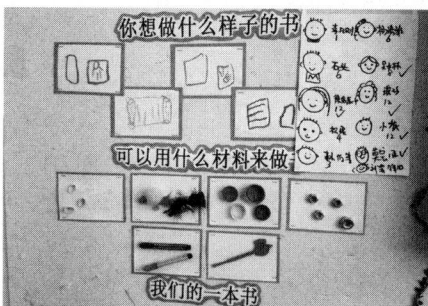

图 1-6

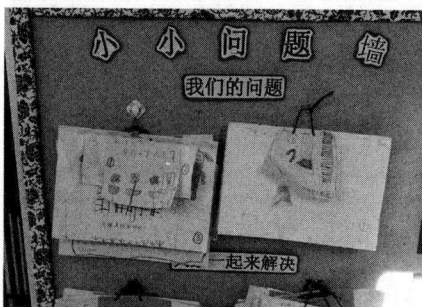

图 1-7

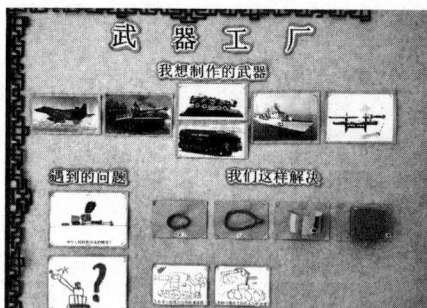

图 1-8

　　大班幼儿好学好问、求知欲强，能初步发现并理解事物间的联系及规律。可以为幼儿创设问题情境，投放具有探索性的玩具材料，引导幼儿自己制订探究计划，让幼儿在观察、操作的过程中发现规律、探究原因（图 1-9～图 1-12）。

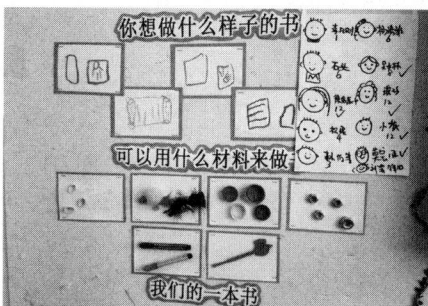

图 1-9

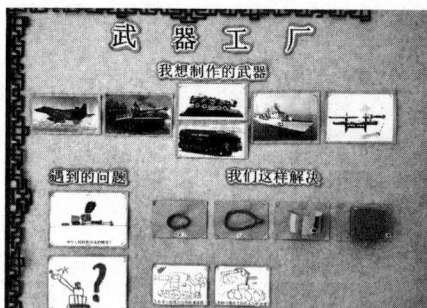

图 1-10

图 1-11　　　　　　　　　　　　　　　图 1-12

2. 优化园所空间，支持幼儿的探索体验。大自然是幼儿最好的游戏场所。根据幼儿好奇、好动、好探究的特点，可以充分利用幼儿园的自然资源，为幼儿创设集游戏、锻炼、感知、发现、探索、休闲为一体的活动环境，让幼儿在与环境互动的过程中积累有益的经验。以下举例说明。

为幼儿创设体验自然生长的农耕园，让幼儿自己搜集不同季节适宜种植的植物种子，和老师一起播种、观察、照料、采摘，体验种植的乐趣（图 1-13～图 1-14）。

图 1-13　　　　　　　　　　　　　　　图 1-14

因地制宜，在园内设置雨水收集循环系统，节约自来水资源，提高水资源利用率，并为幼儿提供观察、体验雨水循环的设施，帮助幼儿从小树立节水意识（图 1-15～图 1-16）。

图 1-15

图 1-16

孩子们把家中闲置的图书带到幼儿园,投放到绿色书吧里进行共享阅读,不仅扩大了阅读面,增加了阅读量,培养了对阅读的兴趣,而且处理了闲置图书,达到节约资源、保护环境的目的(图 1-17～图 1-18)。

图 1-17

图 1-18

孩子们在科学区的太阳能发电设想,在家长和老师的共同参与下变成了现实,屋顶的"太阳能板"可以收集光和热,把它们变成电,小灯泡亮了,小鱼缸温暖了,小风车转起来了(图 1-19～图 1-20)。尊重幼儿的创意和想法,他们就能成为园所真正的主人。

图 1-19

图 1-20

将孩子们搜集的物品展示在幼儿园的博物馆里，丰富博物教育的内容，也让孩子们在观察、展示、讲解、使用的过程中，发展对事物的丰富认知，锻炼语言表达能力和交往能力（图1-21～图1-22）。

图 1-21

图 1-22

博物馆中的废旧材料也变成了孩子们艺术创作的源泉，墙面上的垃圾畅想、纸浆瓶子、创意故事画等均来源于孩子们搜集的物品，孩子们可以随时在楼道中看一看、听一听、讲一讲自己和小朋友们的创意作品故事（图1-23～图1-24）。

图 1-23

图 1-24

（二）生态活动实施

遵循教育的自然规律，将幼儿的活动和周围生态环境结合起来，尊重幼儿的主体地位，从全面发展的角度开展生态养成、生态探究、生态节庆、生态表达活动。教师按照"激发兴趣—制订计划—实践体验—交流分享—优化实践"的实施步骤，让幼儿在与班级、园所、家庭、社会互动的过程中亲身实践，直接感受、理解和认识周围事物，通过身体感知、心灵感悟、分享交流、共享资源，获得认知、技能、情感上的自主发展。

表1　幼儿园生态教育活动内容框架

幼儿园生态教育活动											
生态养成活动 颐养之道		生态探究活动 慧心之行				生态节庆活动 佳人之悟			生态表达活动 园所之美			
节约环保	文明礼仪	种植探秘	动物来啦	社区调查	资源保护	中国生态佳节	国际生态佳节	颐慧佳节	慧创意	慧剧场	慧展览	慧表达
在一日生活中培养生态环保习惯	在一日生活中培养文明礼仪习惯	在农耕园及社会体验场所中探究农作物的种植、管理、收获、制作	在班级自然角开展动物饲养及观察活动	依托社区资源开展自然观察及便民活动	结合地区环境问题开展水、空气、废弃物等环境保护活动	结合中华传统二十四节气开展相关生态教育活动	结合世界地球日、环境日、国际节日开展生态教育活动	在固定日期开展幼儿园特色生态节庆活动	利用废旧材料进行创意制作活动	在颐慧小剧场开展环保剧目演出活动	举办专题展览，展示幼儿环保作品	开展生态故事讲述及生态诗歌欣赏活动

　　1. 生态养成活动，关注幼儿个体生存的样态。在生态养成活动中，教师关注幼儿个体生存的样态，帮助幼儿养成节约环保的生活习惯和文明礼貌的行为习惯。"凡是幼儿能自己做的事情，就给幼儿机会让他去做；凡是幼儿能自己想的，就给幼儿机会让他自己想"，教师们从幼儿园一日生活各环节入手开展研讨，总结有效的支持策略，再在实践中进行落实。

　　例如，在节约环保习惯养成方面，我们挖掘一日生活中各个环节的生态教育契机，开展节约环保教育：进餐时开展"光盘行动"，洗手时用小水流，喝水时只接多半杯，区域活动时用二次用纸画画，离开活动室时随手关灯，户外活动时不踩草坪……回到家中，孩子们也带动家人一起行动，实现了以一个孩子带动一个家庭的目的。

　　在文明礼仪习惯养成方面，我们明确幼儿礼仪培养的目标，将生活卫生、言语文明、乐群合作、关爱感恩、遵守规则这六个目标分解在一日生活之中。通过教师的观察和家庭礼仪行为调查，分析幼儿礼仪行为问题产生的原因，从幼儿个体、家庭教育、幼儿园教育、社会文化、媒体宣传等方面制定措施，开展向每个老师主动问好、迎接入园小标兵、文明自助餐等活动，把礼仪教育落实在教育活动和一日生活的各个环节中。

　　2. 生态探究活动，关注幼儿个体与物和人的互动。在生态探究活动中，教师充分挖掘教育资源，关注幼儿个体与物和人的互动，开展种植探秘、动物来啦、社区调查、资源保护等具体活动。

　　在"动物来啦"活动中，教师追随孩子们喜欢小动物的兴趣，把蚕宝宝、小鱼、小乌龟、蜥蜴等小动物带到幼儿园，让孩子们进行探究。例如，在"神秘的朋友"主题活动中，教师带来了一些蚕子，一个个小黑点引发了孩子们的兴趣。教师追随孩子们的问题，开展了一系列探究活动。想知道蚕宝宝吃什么，蚕宝宝有几只脚，蚕宝宝会变成什么，除了可以大胆猜想、亲自观察，还可以和爸爸妈妈一起在书本上查找答案。当孩子们的问题都探究出结果后，教师进一步创设问题情境，投放涂有食用色素的桑叶，孩子们发现蚕宝宝变色了，意外、惊讶和发现新事物的喜悦溢于言表。"老师，蚕宝宝怎么了？它会死吗？"对于孩子们的问题，教师并不急于给出答案，而是通过科学实验活动"彩色摩天轮"，让孩子们了解其实是色素让蚕变了颜色。随着蚕宝宝一天天长大，孩子们发现的问题越来越多，如蚕宝宝为什么要仰着头？蚕宝宝怎么死了？面对这些问题，教师没有直接给出答案，而是鼓励幼儿带着问题或小任务回家，用自己的话将小任务或问题复述或转述给家长，和家长一起通过查阅资料来找到答案。这个过程培养了幼儿的倾听能力、表达能力和任务意识。孩子们从对蚕宝宝的观察、探究中获得的经验也在实际生活中进行了展现，离园后，孩子们在小区里自发模仿蚕的自然行为，天真行为的背后展现了孩子对生命成长的感悟。

　　在探究活动中，幼儿是主体，教师和家长是活动的引导者和支持者。活动内容不需要过多预设，只要尊重幼儿，追随活动中孩子们发现的问题，引导他们对感兴趣的问题开展实践体验并持续探究，孩子们就会在主动学习的过程中获得发展。

　　在种植探秘活动中，幼儿围绕幼儿园农耕园开展了丰富的探究活动。经过讨论和调查，我们知道在不同季节适宜种植不同的蔬菜。每个班级在农耕园都有自己的种植区域，小中大班分别结合幼儿的年龄特点开展种植活动。小班观察所种植蔬菜的典型特征，中班种植两种蔬菜并进行对比观察，大班对种植的蔬菜进行连续观察，发现蔬菜的生长与温度、湿度、养分、空气等的关系。在种植活动中，我们还与家长和社会资源对接，如邀请有种植经验的家长走进幼儿园，在每年的农耕节启动仪式上，家长都会向孩子们介绍农具和种植经验。又如，结合种植后如何照料，邀请北京农林科学院的老师来园进行指导。在种植过程中，孩子们萌发了一连串的问题：蔬菜长虫子了怎么办？多久浇一次水？为什么要给有的蔬菜搭架子？为什么会有奇怪形状的蔬菜？自然角的小麦和农耕园的小麦，哪个能在冬天长出来？树叶怎样堆肥？……追随孩子们的这些问题，教师们和孩子一起进行调查，围绕问题做记录，找到解决办法后再去尝试实践。收获蔬菜是孩子们最开心的时刻，收获后我们可以做什么呢？围绕一种蔬菜的不同做法，幼儿也进行了丰富的尝试：蒸红薯、烤红薯、红薯干、泡红薯、磨红薯粉；煮玉米、榨玉米汁、爆玉米花、磨玉米面、玉米芯装饰物等。教师们还把这些活动延伸到区域和家庭中，有些不爱吃蔬菜的孩子，看到妈妈在盘子里盛满自己种出来的蔬菜，也大口大口地吃了起来。

由于幼儿园缺乏树木资源，我们将孩子对植物的探究延伸到社区中，借助社区绿化示范区的资源，开展了"社区植物调查"活动。教师与幼儿共同制订调查活动方案，从确定时间、材料准备等方面进行充分准备。幼儿自主设计调查计划，亲自到社区对树木、植物开展有目的的观察，并用数字、符号等多种方式记录探究结果。活动后，幼儿带着自己的调查到班级中开展分享，将自己对植物的认知通过语言、绘画的形式表达出来。幼儿园将孩子们的发现通过微信公众号进行宣传。

在资源保护活动中，围绕我们身边出现的水资源短缺、空气污染等环境问题，孩子们和教师、家长一起调查这些问题产生的原因，把保护环境的方法编成儿歌，宣传给身边的人。每年的中国节约用水宣传周，幼儿园都会开展节水爱水的活动。如与水务局联合开展启动活动，跟随专业教师学习节水的小知识；走进南水北调教育基地进行参观，了解水资源来之不易。孩子们身体力行，喝水只接多半杯，洗手只开小水流，用回收桶里的水冲马桶，回到家向爸爸妈妈宣传，走进社区向居民宣传。冬天雾霾严重，孩子们调查雾霾的成因，一起设计可以在雾霾天开展的室内游戏，一起讨论防止雾霾的方法并亲身实践，绿色出行。

3. 生态节庆活动，关注幼儿个体在社会中的感悟。在生态节庆活动中，教师制作节庆日历，结合一年中中国传统生态节日、世界生态节日开展庆祝活动，关注幼儿个体在社会生活中的感悟。

在中国传统二十四节气里，孩子们了解各个节气的传统习俗。在体验屋里，孩子们围绕这些习俗开展生态小厨房、生态创意画等活动。

在世界环境日、世界地球日、世界水日等节日里，孩子们走进社区清洁环境，在班级中体验饮水机坏了没有水的后果，以直接感知、亲身体验的方式，进一步萌发爱护环境的情感。

幼儿园还在固定的日子开展活动，例如每周一的生态社团日，每月的交换空间日，五月最后一天的跳蚤市场日，将园所内的资源和幼儿家庭资源充分利用起来，进行置换与分享。每个活动内容都是小朋友们自己参与设计、选择的。丰富的活动让幼儿充分体验不同的生态节日，在帮助幼儿获得更完整的生态知识与经验的同时，也让幼儿聚集在一起，共同感受与分享，自主地交流与表达，快乐地体验与收获。

4. 生态表达活动，关注幼儿艺术天性的绽放。在生态表达活动中，我们尝试开展慧创意、慧剧场、慧展览、慧讲述活动，让幼儿的艺术天性得到绽放。例如，在慧创意、慧展览活动中，孩子们自由选择废旧材料进行创意制作或创意游戏，感受变废为宝的乐趣，发挥了想象力和创造力；教师们也利用废旧物品给孩子们制作出一件件充满教育价值的玩教具；家长和孩子们一起在家中利用废旧物品进行创意制作，在亲子创意作品展中，家长们共同参观作品，也了解了废旧材料对孩子的教育意义。

在慧剧场活动中，孩子们和家长一起制作环保小视频，在小剧场中与全园小朋友们分享。以往不爱表达的小男孩，在小剧场活动里看到自己的视频展示给全园小朋友，以后的每次活动都让妈妈给他报名参加。

在慧讲述活动中，中大班结合幼儿感兴趣的活动开展环保亲子辩论赛，中小班开展环保故事或儿歌大会。离园前孩子们大方地站在门口向家长广播趣闻，晚上听着公众号里幼儿园小朋友们自己讲述的生态故事入睡。

五、生态教育活动的实施途径

有效的实施途径是实现课程目标、体现生态文明教育价值的关键。为了在幼儿心中种下生态文明的种子，不仅要通过班级培养，而且要通过园所、家庭、社会的配合，即将四个生态系统有机结合起来。为此，我们提出四个系统培养途径，即班级基础培养、园所拓展培养、家园共育培养、社会实践培养，并按照"激发兴趣—制订计划—实践体验—交流分享—积累成果—优化实践"的方法，保证生态文明教育目标的落实。

（一）班级基础培养

在活动分解目标下，各年龄班制定具体的年龄目标，按照课程目标，班级组织开展相应的集体教学活动，并结合幼儿近期的兴趣和发展需要，选择相应的生态主题，对幼儿进行综合培养。

（二）园所拓展培养

在班级生态活动的基础上，幼儿园也开展多种活动，支持班级生态活动深入持续进行。例如，在颐慧展览馆活动中，幼儿园集中收集各班利用废旧材料制作的创意画，举办专题画展，设置小小讲解员、文明引导员等角色，为幼儿提供在全园展示、宣传讲解的机会；针对幼儿对植物的兴趣，开设植物调查小社团，在幼儿园开辟户外农耕园，支持幼儿深入持续观察、了解、保护植物；创设体验屋，为各班安排体验日活动，幼儿每周可在体验屋体验摘菜、自主选择低结构材料进行制作的活动。

（三）家园共育培养

家长是幼儿教育的重要资源，更是幼儿园教育的重要合作伙伴。只有家长有效参与幼儿教育，才能使幼儿真正养成生态文明的行为方式和习惯。在班级、园所组织的各个生态活动的基础上，每月开展 1～2 次家园共育活动，每次活动以半日开放、家长进课堂、家长体验日等形式完成。例如，在区域活动中，组织家长体验不同区域的玩法，向家长普及各个区域的教育目标，指导家长制作区域玩具材料，并请家长走进活动区指导幼儿活动；在种植探秘中，邀请有种植经验的家长走进幼儿园，为孩子们普及农具的使用方法，给不同蔬菜浇水的方法，自制防虫药水的方法等；在慧创意活动中，号召家长与幼儿进行亲子制作，并将亲子制作的废旧材料创意玩具进行集中展示，邀请每位家长进园参观，促进家长间的相互学习。

（四）社会实践培养

幼儿园利用社区及周边社会资源，以"请进来、走出去"的方式，组织幼儿参加社会实践活动。如在环境保护活动中，孩子们走进社区向爷爷奶奶、弟弟妹妹们宣传健康环保小知识；在爱心捐赠活动中，幼儿园向社区发起废旧物品回收倡议，共同为贫困山区的儿童献上爱心。通过与社区携手活动，实现了以一个孩子带动一个家庭，以一个家庭影响一个社区的目标。

除利用社区资源之外，我们还建立了以幼儿园为中心，半径 5 千米的社会资源网，充分利用社会资源拓展幼儿的体验场所。在班级建构区，幼儿搭建古色古香的玲珑塔；在节水主题活动中，孩子们走进南水北调教育基地，与水务局共同组织节约用水宣传周活动；在农耕种植中，邀请北京市农林科学院的专家来园指导；春季踏青时，亲子携手走进北坞公园……通过利用社会资源，孩子们感受到多样的文化氛围，获得了在园所内学习不到的经验，践行了"能在大自然大社会中体验的，教师就不轻易组织班级学习"的教育原则。

六、生态教育活动的评价体系

在推进生态教育活动的过程中，园所及教师会对生态教育活动的内容、实施过程和效果等进行评价，总结经验，以提高生态教育活动的质量。园本课程的价值取向在于幼儿、教师、园所的发展，因此主要从这三个方面进行评价。

（一）对幼儿发展的评价

对幼儿发展的评价由家长、教师共同参与评价，包括日常评价和学期评价。评价方案借鉴白爱宝的《幼儿发展评价手册》、米歇尔的作品取样系统评价方案、新西兰的学习故事评价方案。

日常评价包括每周一次的教师观察记录、每月一次的幼儿重点评价、每月一次的幼儿作品分析；学期评价为分别在学期初、学期末进行的幼儿发展评价前测与后测。通过日常评价与学期评价，对幼儿在学习过程中知识与技能、过程与方法、情感态度与价值观等方面取得的成绩做出更清晰、准确的评价。

（二）对教师发展的评价

对教师发展的评价由保教办公室完成。在评价时强调评价者与被评价者之间的互动，将评价变成自我反思、自我发展的过程。具体包括从教学态度、教学准备、教学方式、教学效果等方面对教师进行每月一次的保教工作评价、每学期一次的保教专项评价、每学年一次的保教质量评价。

（三）对园所发展的评价

对园所发展的评价由区教委完成。主要评价课程目标是否符合园所办园宗旨，课程内容是否符合幼儿发展的需要等。

第二章 生态养成活动实践案例

小班主题活动　我爱吃蔬菜

一、主题由来

蔬菜是孩子们在一日三餐中都要接触到的，很多孩子更会头头是道地说："蔬菜很有营养的，多吃蔬菜身体好！"而实际上，自从入园以来，班里不爱吃蔬菜的孩子比比皆是，一口菜都不肯吃的孩子也有四五个。孩子们无论是对蔬菜的认识程度，还是对蔬菜的喜爱程度都是远远不够的，很多孩子只能说出两三种最常见的蔬菜名称，更多的孩子在吃饭时悄悄地把蔬菜拨到一边……

为了唤起幼儿对蔬菜宝宝的喜爱之情，使幼儿在宽松、自然、快乐的情境中了解蔬菜的主要外形特征和营养价值，"我爱吃蔬菜"这一主题应运而生。依据小班幼儿的认知特点和年龄特点，我们在主题开展的过程中更多地关注幼儿的自主建构和真实体验，让孩子们在一次次真实体验、自主学习、快乐分享的活动中，充分感知、了解蔬菜的种类、色彩、味道、作用等。

二、设计思路

在"我爱吃蔬菜"主题活动中，教师基于小班幼儿初入园时不爱吃蔬菜的问题，尊重小班幼儿的年龄特点，调动幼儿的多种感官感知、认识蔬菜，从而消除幼儿对不熟悉的蔬菜的陌生感。再通过"与蔬菜宝宝做游戏"等活动，让幼儿接纳不同种类的蔬菜，从而达到不再挑食的目的。本次主题活动主要分为三个阶段。

第一阶段：认识蔬菜

孩子不爱吃一种蔬菜，很可能是他没有接触过或者不了解这种蔬菜。基于此，我们选取孩子们平时比较不容易接受的几种蔬菜，让孩子们摸一摸、闻一闻、尝一尝蔬菜，亲自感受蔬菜的形状、软硬、凉热、粗糙和光滑等特性。幼儿消除了对蔬菜的陌生感，不再有抵触心理。

具体环节包括：感知蔬菜的光滑与粗糙、给蔬菜分类。

第二阶段：爱吃蔬菜

认识了蔬菜后，还要让幼儿爱吃这些蔬菜。教师通过故事让幼儿了解不同蔬菜的营养以及菜肉都要吃的健康饮食习惯。结合幼儿园生态小厨房活动，教师在区域活动中让幼儿帮助食堂的老师们择菜、切菜，然后观看食堂老师将菜做熟的过程，再到亲自品尝，幼儿对这些蔬菜从不了解到了解，从不接受到接受。孩子们都说，自己择的菜很好吃，很多孩子开始接受以前不吃的蔬菜。我们发动家长，家园一起合作，让孩子们参与买菜、洗菜、择菜的全过程，孩子们非常珍惜自己的劳动果实，不少家长都反馈说，孩子挑食的状况真的有所改善了。

具体环节包括：有营养的蔬菜、菜肉都要吃。

第三阶段：和蔬菜宝宝做游戏

引导幼儿运用不同的艺术形式表现蔬菜的色彩和形态，激发幼儿愿意和蔬菜做朋友的情感，鼓励幼儿多吃蔬菜，养成良好的饮食习惯。通过和蔬菜宝宝一起做各种各样的游戏，如点数蔬菜、蔬菜拓印画、活动区蔬菜服装秀等，让幼儿喜爱上这些可爱的蔬菜。在活动中，教师重点关注幼儿的主动学习和主动探索，幼儿在发现问题、主动探索、解决问题的过程中得到全面的发展，同时达到健康饮食的目的。

具体环节包括：蔬菜有几种、蔬菜印画。

三、主题目标

1. 知道人体需要各种不同的营养，懂得荤素搭配才有利于身体健康和生长发育。

2. 知道不偏食、不挑食，喜欢吃蔬菜等新鲜食品。

3. 认识几种蔬菜，了解它们的基本特征。

4. 能够大胆用蔬菜的横截面印画，初步感知印画的方法。

5. 感知"1和许多"的关系。

四、家园互动

1. 召开家长会，请家长共同讨论主题脉络。

2. 利用家长资源，组织幼儿到开心农场进行参观、采摘。

3. 请家长用蔬菜制作可操作的玩具。

4. 家长与幼儿一起制作蔬菜服装。

5. 邀请家长走进课堂，与幼儿一起参与番茄剧场的演出、制作蔬菜沙拉、蔬菜拓印画、蔬菜宝宝拼摆的活动。

6. 邀请家长观看蔬菜服装秀活动。

五、主题网络图

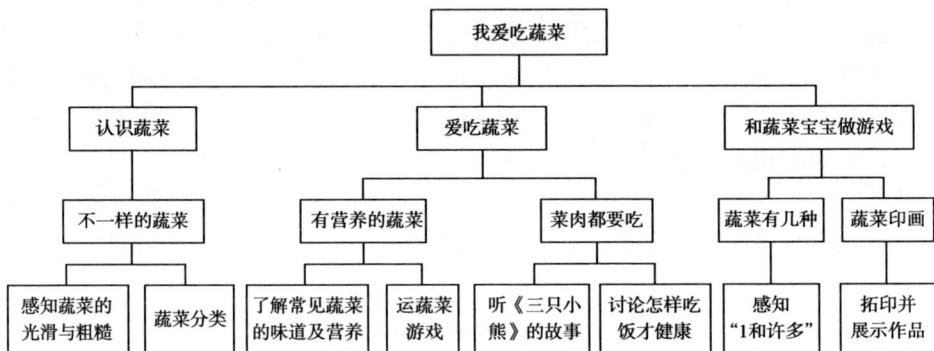

```
                        我爱吃蔬菜
         ┌──────────────┼──────────────────┐
      认识蔬菜          爱吃蔬菜        和蔬菜宝宝做游戏
         │         ┌──────┴──────┐      ┌──────┴──────┐
     不一样的蔬菜  有营养的蔬菜   菜肉都要吃  蔬菜有几种  蔬菜印画
      ┌────┴────┐  ┌────┴────┐  ┌────┴────┐    │         │
   感知蔬菜的 蔬菜分类 了解常见蔬菜 运蔬菜 听《三只小 讨论怎样吃 感知     拓印并
   光滑与粗糙       的味道及营养 游戏  熊》的故事 饭才健康 "1和许多" 展示作品
```

六、主题过程实录

活动一： 不一样的蔬菜 （社会领域）

活动目标

1. 感知蔬菜的外形特征，并能说出它的名称。

2. 初步理解光滑和粗糙的概念。

3. 愿意多吃蔬菜，体验品尝蔬菜的乐趣。

活动重难点

1. 活动重点：感知蔬菜的外形特征，并能说出它的名称。

2. 活动难点：初步理解光滑和粗糙的概念。

活动准备

1. 经验准备：幼儿有和父母去超市买菜的经历。

2. 物质准备：不同种类的蔬菜若干（西红柿、洋葱、土豆、茄子、花生、黄瓜、西蓝花、苦瓜）、布袋、两种标记的筐（横线和波浪线）。

活动过程

（一）感知蔬菜的外形特征，并能说出蔬菜的名称

1. 教师：今天，我给小朋友们带来了两样东西，它们藏在了布袋里，你

们想知道它们是什么吗？请小朋友摸一摸，有什么感觉？猜一猜里面可能是什么？

教师：这个摸上去很光滑的东西到底是什么呢？我们一起打开看一看。西红柿是什么样子的？

小结：教师出示西红柿图片，并用横线做记录。

2.教师：咦？那这个口袋里的东西摸上去会有什么感觉呢？谁愿意来摸一摸？这个很粗糙的东西会是什么呢？老师把它请出来。

小结：教师出示黄瓜，并用波浪线做记录。

（二）根据蔬菜的光滑和粗糙给蔬菜分类

教师：今天老师还给小朋友们准备了一些其他的蔬菜。这些蔬菜，有些摸上去是光滑的，有些是粗糙的。请小朋友们摸一摸，和旁边的小朋友说一说你拿的是什么蔬菜，它是光滑的还是粗糙的。

小结：小朋友们都摸到了很多种蔬菜，洋葱、土豆、茄子都是表面光滑的蔬菜，花生、西蓝花、苦瓜都是表面粗糙的蔬菜。你摸出来了吗？

（三）游戏：送蔬菜宝宝回家

教师：现在我们把蔬菜宝宝送回家，将光滑的蔬菜放在贴横线标记的筐子里，粗糙的蔬菜放在贴波浪线标记的筐子里（图2-1～图2-2）。

图 2-1

图 2-2

小结：小朋友们，今天我们认识了这么多蔬菜，知道了蔬菜有表面光滑的，也有表面粗糙的。

活动延伸

在进餐环节向幼儿介绍各种蔬菜的营养价值，让幼儿消除对蔬菜的陌生感，逐渐爱吃蔬菜。

活动二： 有营养的蔬菜（健康领域）

活动目标

1. 幼儿爱吃常见的几种营养价值高、但有特殊味道的蔬菜。
2. 了解这几种蔬菜的营养价值。
3. 初步养成不偏食的良好习惯。

活动重难点

1. 活动重点：了解几种蔬菜的营养价值。
2. 活动难点：尝试吃有特殊味道的蔬菜，逐渐不偏食。

活动准备

1. 经验准备：了解几种常见的蔬菜。
2. 物质准备：胡萝卜、芹菜、香菇。

活动过程

（一）引发兴趣，了解三种特殊味道的蔬菜

1. 依次出示胡萝卜、芹菜和香菇。

教师：今天，我们请来了几位小客人，这些小客人经常在我们的饭桌上出现，来看看它们是谁？

2. 闻一闻蔬菜的特殊味道。

教师：小朋友，你们喜欢这些蔬菜宝宝吗？我们用小鼻子去闻一闻它们身上的味道。

小结：小朋友都用鼻子闻了闻，知道这些蔬菜都很香，但每一种菜的气味都不一样。

（二）了解三种蔬菜的营养价值

一边操作实物木偶一边提问，让幼儿了解三种蔬菜的营养价值。

教师讲故事。胡萝卜宝宝说："我是胡萝卜宝宝，小朋友要和我做朋友，吃了我以后，我们的眼睛会变得更加明亮。"胡萝卜宝宝刚说完，香菇宝宝跑上去说："我是香菇宝宝，我身上有许多营养，吃了我，身体会更加健康。"芹菜宝宝也抢着说："我是芹菜宝宝，小朋友吃了我以后，就可以天天大便了。"

教师边操作边提问：吃了胡萝卜宝宝，我们会怎么样？吃了芹菜宝宝，会怎么样？香菇宝宝身上有什么？吃了香菇宝宝身体会怎么样？

小结：我们知道这些蔬菜有许多营养，经常吃对我们的身体有好处。

（三）游戏：运蔬菜

教师指导幼儿将所有的蔬菜运到食堂门口。

教师：这些蔬菜宝宝现在要回到我们幼儿园的食堂了，我们一起来把它们送回家好吗？

小结：蔬菜宝宝都回家了，我们也要回家了，跟蔬菜宝宝再见吧。

活动延伸

家园共育，将这些有特殊味道的蔬菜制作成好吃的菜肴。

活动三： 菜肉都要吃 （健康领域）

活动目标

1. 知道人体需要各种不同的营养。

2. 通过故事懂得只有又吃蔬菜，又吃荤菜，才有利于身体健康和生长发育。

3. 养成不挑食的好习惯。

活动重难点

1. 活动重点：懂得吃蔬菜有利于身体健康。

2. 活动难点：养成不挑食的好习惯。

活动准备

1. 经验准备：对常见的蔬菜有初步的认识和了解。

2. 物质准备：三只小熊（颜色、胖瘦不一样的）的图片。

活动过程

（一）教师出示三只小熊的图片，引导幼儿观察

教师：这三只小熊一样吗？什么地方不一样？

小结：通过引导幼儿观察图片，发现三只小熊的颜色、胖瘦不一样，对它们为什么不一样产生好奇。

（二）教师边操作图片边讲述《三只小熊》的故事

教师：是不是这样呢？我们请三只小熊来告诉大家。

小白熊："我是小白熊，我爱吃肉和甜牛奶，就是不喜欢吃素菜，才这么胖。"

小黄熊："我是小黄熊，我不吃肉，只吃一点点菜，妈妈老说我挑食。"

小棕熊："我是棕熊，我不挑食、不偏食，荤菜素菜样样吃，身体健康人人爱。"

（三）组织幼儿讨论怎样吃饭才健康

1. 教师依据故事内容提问，与幼儿讨论三只熊为什么不一样。

教师：白熊为什么会那么胖？黄熊为什么那么瘦？为什么大家都夸棕熊漂亮呢？

小结：白熊胖是因为它不吃蔬菜，只吃肉。黄熊瘦是因为它只吃蔬菜，不吃肉。棕熊漂亮是因为它不挑食，荤素搭配着吃。

2. 讨论怎样吃饭才健康。

教师：你愿意做哪只小熊呢？为什么？怎样才能像棕熊那样漂亮呢？

小结：大家都想做漂亮的小棕熊，那你们就要像小棕熊一样，又吃蔬菜，又吃肉，这样身体才能健康。

活动延伸

结合《三只小熊》的故事，另外请三个胖瘦不一的大班的哥哥姐姐扮演成挑食和不挑食的角色，给小班幼儿表演简单的情景剧，有利于小班幼儿直观地了解胖和瘦，了解挑食和不挑食的区别。

活动四： 蔬菜有几个 （科学领域）

活动目标

1. 在游戏中感知"1 和许多"的关系。

2. 在操作的过程中体验参与数学游戏的快乐。

3. 对各种蔬菜感兴趣，愿意参与和蔬菜有关的活动。

活动重难点

1. 活动重点：感知"1 和许多"的关系。

2. 活动难点：感知一个一个可以组成许多，许多可以分成一个一个。

活动准备

1. 经验准备：幼儿对与蔬菜相关的活动感兴趣。

2. 物质准备：活动室和睡眠室两间教室，用 KT 板自制的小树四到五棵，自制蘑菇、萝卜若干，用户外积木插成的小桥，篮子，小兔头饰每人一个。

活动过程

（一）创设情境，引发幼儿兴趣

教师：小兔宝宝们，今天天气真好，跟着兔妈妈去采蘑菇吧。大森林到了，你们看到了什么？

小结：我们看到了大树、好多蘑菇、小桥。

（二）通过游戏，感知"1 和许多"的关系

1. 游戏一：采蘑菇，感知"一个一个合起来成了许多"。

带领幼儿到小树林，教师先采，再请幼儿采。

教师：每个小兔子每次只采一个蘑菇哦。

小结：一个一个的蘑菇放在一起变成了许多蘑菇。

2. 游戏二：过小桥，感知"许多可以分成一个一个"。

教师：小桥是宽还是窄？（窄）那我们应该怎样过桥？

小结：许多的宝宝在过小桥时变成一个一个的了。

3. 游戏三：拔萝卜，进一步感知"一个一个可以组成许多，许多可以分成一个一个"。

先请一名幼儿拔萝卜，其他幼儿说儿歌；然后请其他幼儿一起拔萝卜；最后请所有幼儿一起把萝卜放到篮子里。

小结：一个一个萝卜变成了许多萝卜。

（三）结束部分

教师：请宝宝们帮忙，一人拿一个萝卜，许多萝卜又变成一个一个了。我们拿着蘑菇和萝卜回家吧！

活动延伸

游戏可以反复玩，每次游戏用不同的蔬菜。

活动五： 蔬菜印画 （艺术领域）

活动目标

1. 能够大胆用蔬菜的横截面印画。
2. 初步掌握印画的方法。
3. 充分发挥想象力，体验蔬菜印画的乐趣。

活动重难点

1. 活动重点：感受印画的乐趣。
2. 活动难点：学习印画的方法。

活动准备

1. 经验准备：之前玩过手指印画，掌握一些印画的技巧。
2. 物质准备：青菜根截面，胡萝卜截面，裙子、上衣、裤子形状的纸若干，小猴、小兔头饰，调色板，红色、绿色颜料，湿毛巾若干。

活动过程

（一）出示印花工具，引发幼儿参加活动的兴趣

1. 出示小猴手指印画图和没穿衣服的小兔图，引出印画工具。

教师：小朋友们，上次活动我们用手指印画给小猴做了一件新衣服，它可喜欢了，小兔子看见了，羡慕极了！它也希望小朋友们能够帮它设计一件与众不同的新衣服。

2. 教师提问，幼儿猜想，引出蔬菜可以用来印画。

教师：请小朋友们想一想，除了用手指，还可以用什么来印画呢？（可能的答案：玩具、手掌、瓶子等）

小结：小朋友们的想象力真丰富。这些想法都很棒，我们以后可以都尝试一下。

（二）幼儿进行蔬菜印画

1. 教师介绍蔬菜印画的方法。

教师：今天，老师请来了两位小帮手，快来看看它们都是谁？（出示青菜根和胡萝卜）你们想不想让小兔子的衣服上也开出美丽的花朵呢？

小结：强调要轻轻地蘸颜料，寻找空白的地方印画，按的时间久一点等印画方法。

2. 幼儿进行蔬菜印画（图 2-3～图 2-4）。

教师：小兔子的衣服在老师和小朋友们的共同努力下装饰得真漂亮，它高兴极了，把家里所有衣服都拿来了（出示各种款式的衣服），请我们一起用蔬菜帮它印出美丽的图案。等小朋友们设计好了，小兔子还想给我们表演一场换装秀呢！请你们轻轻地回到座位上开始吧。

图 2-3

图 2-4

幼儿选择自己喜欢的衣服，分组入座。教师巡视观察，及时肯定、表扬幼儿。

小结：如果不小心将颜料碰到了小手和衣服上，没有关系，可以用桌子上的湿毛巾擦一擦。

（三）作品展示与分享

教师：你用什么蔬菜印画的？你印出来的像什么？

小结：教师肯定幼儿的作品，为幼儿提供在集体面前分享和展示的机会。

活动延伸

开展小兔子换装秀表演，让幼儿到集体面前展示作品，增加成就感和自信心。

七、主题反思

人们每天的饮食都离不开蔬菜，蔬菜中含有许多其他食物无法代替的营养成分，蔬菜的选择往往影响着小朋友的身体健康与成长。幼儿对蔬菜的认识停留在表面，对蔬菜的接触是一种自然的接触，没有更深入的了解，现在我们打破传统的教学模式，把课堂教学转化为社会实践活动，让幼儿融入与自己生活密切相关的实践活动之中。

在"我爱吃蔬菜"这一主题里，我们从情感入手，调动幼儿内在的积极性和兴趣，让幼儿在看一看、闻一闻、做一做、尝一尝的过程中，萌发喜欢吃蔬菜的情感，在家里和幼儿园逐渐养成爱吃蔬菜的饮食习惯，懂得蔬菜是帮助我们健康成长的好朋友。

　　在主题活动开展过程中，为了让幼儿融入与自己生活密切相关的实践活动中，将主题活动生活化，我们开展了社会活动，带领幼儿走进菜场买菜，各种各样的新鲜蔬菜深深地吸引着孩子们，他们通过寻找、交流，都能成功地买到蔬菜。这一活动激发了他们对认识蔬菜、品尝蔬菜的兴趣，交往能力也得到了很大的提高。同时我们清楚地意识到，家长的人力资源也是实现课程整合不可缺少的一部分。我们指导家长经常带孩子去菜场买菜，帮助孩子认识和了解蔬菜；在家中多让孩子帮忙择菜、洗菜，做一些简单的凉拌菜，激发孩子对蔬菜的兴趣，养成喜欢吃蔬菜的良好饮食习惯；让家长在与孩子共同进餐时告诉幼儿蔬菜的名称和对人体的益处；请家长与幼儿共同收集蔬菜的图片和实物。这些活动不仅增加了孩子对蔬菜的了解，而且发展了孩子的表达能力、观察能力以及社会交往能力等。本次主题活动实现了多种智能的整合，如实现了个别学习、集体学习等学习方式的整合，实现了园内外的整合。我们不难看到，如今的整合更注重幼儿身边资源的利用，内容更加贴近孩子的生活方式。在活动中，有些孩子品尝了在家里从未吃过的蔬菜，如香菇、金针菇等，由此也引发了孩子们的一些有关蔬菜的问题，如蔬菜长在哪里，蔬菜是怎样长大的，我们吃的是蔬菜的哪个部位，蔬菜为什么有不同的颜色，不同的蔬菜是怎么烹饪的……

　　在主题活动中，我们为幼儿提供了各种材料，给幼儿自由探索的空间，引导幼儿进一步探索感兴趣的问题。我们在满足幼儿兴趣需要的同时，采用灵活多样的形式让幼儿主动学习、积极探索（图2-5～图2-8）。

（案例提供者：任　丛，封　硕）

图2-5　　　　　　　　　　　　　　　图2-6

图 2-7

图 2-8

中班主题活动 我是"光盘行动"小宝贝

一、主题由来

现在，人们的生活水平提高了，人们对待食物的态度也不同于过去了。升入中班后，我们班里有几个幼儿在吃饭时总是剩饭，一些幼儿吃得不干净，还有掉米粒的现象；有些家长面对孩子挑食、剩饭的现象也存在教育误区，觉得吃不完就倒了没什么，孩子愿意吃多少就吃多少。想起电视上很多偏远山区的孩子还在挨饿，以及饭店里经常看到的"我吃光，我光荣"的温馨提示语，我认为对幼儿及家长进行不浪费食物的正确引导势在必行。

通过在班级中开展不浪费食物的"光盘行动"主题教育，可以让幼儿知道食物来之不易，明白珍惜食物的意义，通过一个幼儿带动一个家庭，用行动践行"提倡节约，拒绝浪费"的理念。

二、设计思路

"我是'光盘行动'小宝贝"主题活动是基于幼儿在进餐时出现的剩饭现象衍生出的系列活动。在主题开展的过程中，教师通过家园共育的形式请幼儿了解身边的食物浪费现象，通过集体活动了解健康饮食的搭配，通过亲身实践的方式践行"光盘行动"，通过宣传动员的形式让身边更多的小朋友和老师加入"光盘行动"中。此外，教师还将主题与区域活动相结合，比如在图书区中提供图书《好吃的苹果》《谢谢你，好吃的面包》，在自然角中通过幼儿亲自种植小菜苗，真正理解食物的来之不易。本次主题活动的实施主要分为三个阶段。

第一阶段：食物来之不易

通过观察家园共同收集的浪费食物的图片，初步感受浪费食物是不对的行为。看图片对幼儿来说只是初步感知，因此在"大米变身记"的活动中，幼儿不仅了解了大米的来之不易，而且通过亲身体验淘米的环节，感受到农民伯伯以及厨房老师的辛苦。

具体环节包括：我发现的浪费现象、大米变身记。

第二阶段：健康饮食我知道

虽然幼儿经常听到老师和家长关于健康饮食的话语，但还是需要学习和体验合理的膳食搭配（食物金字塔），而自助餐就是很好的方式了，幼儿可以把对食物金字塔的认知结合体验自助餐活动，真正做到理论联系实际，从而养成健康合理的饮食习惯。

具体环节包括：食物金字塔、我爱幼儿园的自助餐。

第三阶段：我是"光盘行动"宣传员

理解了食物的来之不易以及健康的饮食结构后，幼儿就可以进行宣传工作了。在这个阶段，幼儿通过小组合作制作宣传海报、练习讲述内容后，在其他班级进行"光盘行动"的宣传。这不仅将"光盘行动"普及全园，而且让幼儿更好地将宣传口号铭记于心，起到时刻提示自己的作用。

具体环节包括：了解"光盘行动"宣传员的职责、分组实施宣传准备工作、我们去宣传。

三、主题目标

1. 愿意参与话题讨论，能够清楚、连贯地讲述自己发现的浪费食物的现象。

2. 感受食物的来之不易，萌发珍惜粮食的想法和愿望。

3. 理解珍惜食物的意义，愿意向家人、同伴宣传节约食物的理念。

4. 喜欢科学探索活动，通过工具材料解决问题，体验探索的快乐。

5. 通过参与美工制作、语言讲述等活动，为宣传活动做积极的准备。

6. 愿意与同伴一起当"光盘行动"宣传员，培养自信心。

四、家园互动

1. 家园共同搜集浪费食物的图片，并寻找在家中是否存在浪费食物的现象。

2. 亲子制订周末食谱，合理、健康饮食。

3. 家长与幼儿一起在家中践行"光盘行动"，不浪费食物。

五、主题网络图

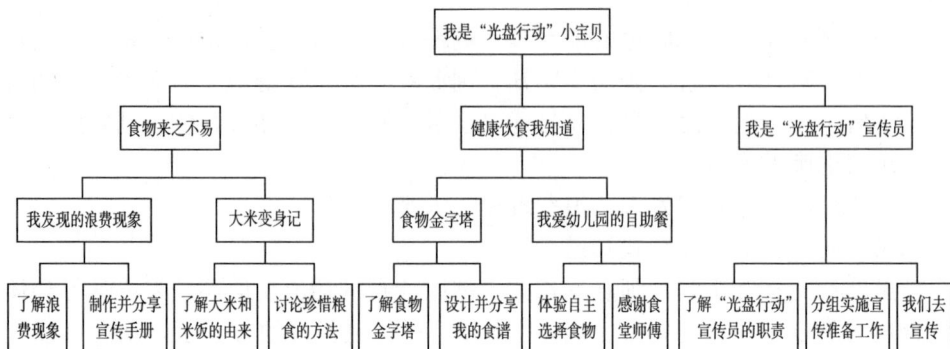

```
                    我是"光盘行动"小宝贝
        ┌───────────────┼───────────────────┐
     食物来之不易      健康饮食我知道      我是"光盘行动"宣传员
    ┌─────┴─────┐    ┌─────┴──────┐    ┌─────────┴─────────┐
我发现的浪费现象  大米变身记  食物金字塔  我爱幼儿园的自助餐  了解"光盘行动"  分组实施宣  我们去
                                                    宣传员的职责  传准备工作   宣传
```

了解浪费现象	制作并分享宣传手册	了解大米和米饭的由来	讨论珍惜粮食的方法	了解食物金字塔	设计并分享我的食谱	体验自主选择食物	感谢食堂师傅

六、主题过程实录

活动一：我发现的浪费现象（社会领域）

活动目标

1. 能大胆、清楚地说出人们在几种不同的场合浪费食物的现象。
2. 懂得珍惜食物，不能随便浪费食物。
3. 愿意与同伴交流和分享自己的想法，并愿意参与宣传活动。

活动重难点

1. 活动重点：发现并说出人们在不同场合浪费食物的现象。
2. 活动难点：能够说出浪费食物现象背后的原因。

活动准备

1. 经验准备：幼儿和家长去餐厅吃过饭，见到过浪费现象；在家中观察并和家长讨论家中是否有剩菜的现象，是怎么解决剩饭剩菜的。
2. 物质准备：师幼共同收集的浪费食物的图片、电教设备。

活动过程

（一）了解浪费现象

教师出示 PPT 图片，师幼讨论。

教师：小朋友和家长一起收集了很多人浪费食物的照片，我们一起来看看吧。他们都是什么人？他们在哪些地方浪费食物？都浪费了什么样的食物？

小结：在图片中，有人在酒席上浪费食物，有人在饭店里点了很多菜没吃完就走了，有些大学生在食堂吃了几口饭，剩下大半盘就走了，有些家庭将吃不完的饭菜直接倒了，有些孩子在幼儿园剩饭、掉饭粒。通过讨论，幼儿对浪费食物的现象有了初步的认识。

（二）制作宣传手册

1. 讨论正确的做法。

教师：你们认为他们浪费食物的行为对吗？正确的做法应该是什么？

小结：通过概括宴会上的食物浪费、餐厅里的食物浪费、家庭里的食物浪费、幼儿园的食物浪费得出结论，我们不应该随便浪费食物，要珍惜食物。

2. 幼儿绘画正确进餐的方法。

教师：我们把正确的做法画下来，制作成一本宣传手册吧！

小结：幼儿通过将正确的做法绘制成宣传手册，对珍惜食物有了更加深刻的认识和学习。

（三）幼儿分享宣传手册

教师将幼儿绘画好的宣传手册进行分类，如我在幼儿园不浪费食物、在家珍惜粮食和在外吃饭不浪费三类宣传手册。教师装订后，请幼儿进行分享。

教师：我们的宣传手册做好了，谁愿意来讲一讲呢？如果想让幼儿园更多的小朋友来学习，可以怎么做？我们可以怎样去宣传？

小结：分享宣传手册可以增强幼儿的成就感和自信心。制作后的手册不仅可以在班级学习和阅读，还可以在其他班级进行宣传，从而让更多的小朋友了解和学习。

活动延伸

在班级角色区（餐厅）中制作进餐须知和宣传口号，倡议不浪费食物。在语言区中练习讲述宣传手册，为之后的宣传活动做准备。

活动二：　大米变身记　（科学领域）

活动目标

1. 了解大米的来历及大米是如何变成米饭的。

2. 在操作体验中感受做饭的辛苦，树立珍惜粮食的意识。

3. 喜欢参与科学操作活动，体验成功的快乐。

活动重难点

1. 活动重点：知道米饭的演变过程，在操作体验中感受做饭的辛苦。

2. 活动难点：利用不同的工具材料验证淘米的适宜方法。

活动准备

1. 经验准备：知道米饭是经常吃的一种主食，知道米饭的样子和味道。

2. 物质准备：讲述大米生长过程的视频、大米实物、纱网淘米盆、不锈钢盆。

活动过程

（一）大米的由来

播放视频，了解大米的生长过程，感受大米的来之不易与农民伯伯的辛苦。

教师：你知道大米是由什么变成的吗？它是怎么种植的呢？种植大米容易吗？农民伯伯是怎么做的？

小结：农民伯伯通过播种、插秧、收割、去壳后才能将水稻变成大米。

（二）米饭是怎么做成的

1. 教师出示香喷喷的米饭图片，引发幼儿思考。

教师：硬硬的大米怎样变成软软的米饭呢？

小结：大米要经过清洗、蒸熟后才能变成香喷喷的米饭。

2. 教师发给每个小组一碗米，出示淘米工具，幼儿自主选择材料尝试淘米。

教师：厨房老师为我们做饭很辛苦，我们来帮助厨房老师淘米吧！你们打算用什么材料淘米？哪种工具最合适？怎样才能不将米粒掉出来？怎样才算将米清洗干净了？

小结：通过亲身体验淘米过程，在操作中验证哪种工具最适宜淘米，感受做饭的辛苦。

（三）珍惜粮食，从我做起

教师提问，幼儿讨论珍惜粮食的方法。

教师：米饭来之不易，我们要怎么珍惜呢？在家里可以提醒爸爸妈妈怎么做呢？

小结：引发幼儿养成珍惜食物的好习惯，通过讨论总结出爱惜粮食的好办法，如在班级中要做到"光盘行动"，在家中提示家长按合理的量做饭等。

活动延伸

开展种植小菜苗活动，幼儿每人种植并照顾一盆菜苗，增强幼儿的责任感、体验种植及收获的快乐。

活动三： 食物金字塔 （健康领域）

活动目标

1. 了解食物金字塔中的饮食营养结构。

2. 能够根据自己对食物的了解对食物进行分类。

3. 懂得营养搭配合理身体才会健康，愿意为让自己拥有健康的身体而努力。

活动重难点

1. 活动重点：了解食物金字塔中的饮食营养结构。
2. 活动难点：能够对食物进行分类。

活动准备

1. 经验准备：知道金字塔的构造，在生活中了解垃圾食品和健康食品。
2. 物质准备："食物金字塔"课件、健康食谱操作单、食物图片若干、三只小猪（一个胖、一个瘦、一个正常）图片。

活动过程

（一）了解健康饮食对身体的影响

1. 教师出示三只小猪的图片，引发幼儿对三只不同小猪的好奇。

教师：三只小猪长得一样吗？你知道为什么吗？我们来听一听三只小猪是怎么说的。

2. 教师请班中另外两位教师一同扮演三只小猪，讲述故事。

小结：教师通过简短的故事让幼儿了解不同的饮食会带来不一样的身体，从而理解健康饮食对身体的重要性。

（二）学习食物金字塔的营养结构

1. 教师播放课件，引导幼儿理解食物金字塔。

教师：我们的身体对营养的需求就像一座金字塔，你们知道金字塔的样子吗？

小结：金字塔从下到上慢慢变小，最底部是地基，是我们身体最需要的食物，而最上面是我们要少吃的食物。

2. 讨论与交流食物金字塔里有什么。

教师：你知道每一类食物都有什么营养吗？金字塔的地基可以有什么食物？第二层是什么食物？第三层是什么食物？最上面是什么食物？

小结：食物金字塔的第一层是最重要的粮谷类食物，它构成塔基，应占饮食中的很大比重。食物金字塔的第二层是蔬菜和水果，因此在金字塔中占据了相当重要的地位。食物金字塔的第三层是奶和奶制品，以补充优质蛋白和钙。每日摄取量为 200～300 克。食物金字塔的第四层为动物性食物，主要是肉、鱼、蛋等。食物金字塔的塔尖为适量的油、盐、糖。

3. 设计"我的一日健康食谱"。

教师发放健康食谱操作单和食物图片，幼儿将食物图片粘贴到操作单中，制作自己的健康食谱。

教师：你能设计一个你自己的食物金字塔吗？看看谁的饮食最健康。

小结：通过学习食物金字塔的饮食搭配，幼儿更加形象地理解什么是健康、合理的饮食，并且也知道不挑食、不偏食，营养健康的饮食搭配才能拥有健康的身体。

（三）分享交流幼儿设计的食物金字塔

教师：大家帮你把把关，看看你设计的食谱健康吗？厨房的老师们就是按照合理的饮食结构为我们搭配了健康的食谱，我们要好好吃饭，这样我们的身体才会更加强壮。

小结：通过分享，幼儿了解每天都要科学饮食，我们每天在幼儿园吃的饭菜都是通过营养搭配而来的，从而真正做到不挑食。

活动延伸

将幼儿设计的食谱带回家中，家长可以配合设计家庭健康食谱，为幼儿提供合理的周末饮食。

活动四： 我爱幼儿园的自助餐 （健康领域）

活动目标

1. 了解并掌握吃自助餐的礼仪，初步具备自我服务意识。
2. 懂得吃自助餐要健康搭配，要少拿勤取，吃完再添，做到不浪费食物。
3. 喜欢参与自助餐活动，能够对制作自助餐的老师表示感谢。

活动重难点

1. 活动重点：了解并掌握吃自助餐的礼仪，懂得健康饮食，不浪费食物。
2. 活动难点：初步具备自我服务意识，能自主夹取面点、菜等食物。

活动准备

1. 经验准备：幼儿有与父母吃自助餐的经历，学习了食物金字塔。
2. 物质准备：自助餐相关礼仪的课件、厨房老师为班级准备的自助餐、面食夹子、汤勺、幼儿餐具。

活动过程

（一）展示图片，激发兴趣

1. 出示课件，展示自助餐的照片，引入自助餐的概念。

教师：刚才我们看到了这么多好吃的食物，都有谁和爸爸妈妈一起吃过呢？谁知道这种自己选食物的形式叫什么呢？

2. 了解吃自助餐的礼仪。

教师：我们幼儿园里也要举办自助餐活动了，我们一起来看一看吃自助餐时要注意什么吧！

小结：通过观看课件中的图片内容，了解吃自助餐时的礼仪，包括排队取餐、不拥挤、互相谦让。吃自助餐要少拿，吃完再添加，不能浪费食物。要健康地吃自助餐，荤素合理搭配。吃完后整理好桌面，保持卫生整洁。

（二）幼儿体验吃自助餐

1. 说说准备怎么吃。

教师提前让幼儿了解幼儿园自助餐的食品，提供食物图片，请幼儿说一说自己准备怎么吃。

教师：厨房老师为我们提供了很多种食物，有热菜、肉类、点心、主食和汤，小朋友们要怎么选择食物呢？

2. 幼儿吃自助餐。

教师请幼儿分组洗手后，取自助餐（图2-9～图2-10）。

教师：请小朋友们排好队，拿好小盘子，自己去盛美味的食物吧！

进餐中注意指导幼儿排队、拿公共勺子盛饭、每样食物都盛一点、不浪费食物、吃完收拾餐具。

图 2-9

图 2-10

小结：结合幼儿园的自助餐活动，幼儿体验"我吃自助餐"。在体验的过程中，幼儿掌握进餐礼仪和健康饮食的方法，提升了自我服务意识。

（三）分享感受

教师：你们吃得开心吗？吃得这么开心，我们要感谢谁？我们可以怎么表示感谢？

小结：引导幼儿"吃水不忘挖井人"，学会感谢辛苦的厨房老师。

活动延伸

在角色区（餐厅中）开展自助餐活动，巩固自助餐的礼仪和规则。

活动五：我是"光盘行动"宣传员（语言领域）

活动目标

1. 明确"光盘行动"的任务和责任，增强任务意识和责任意识。

2. 能够通过绘画、讲述等不同的形式为"光盘行动"宣传活动做准备工作，学习为"光盘行动"宣传活动做准备计划。

3. 愿意参与宣传活动，并引发同伴之间互相学习的愿望和行动。

活动重难点

1. 活动重点：通过绘画、讲述等不同的形式为"光盘行动"宣传活动做准备。

2. 活动难点：做好"光盘活动"宣传活动的配合。

活动准备

1. 经验准备：知道要珍惜食物和食物来之不易的道理；知道"光盘行动"的含义。

2. 物质准备：画纸、笔、幼儿已做好的珍惜食物宣传册。

活动过程

（一）了解"光盘行动"宣传员的职责

通过谈话，引导幼儿了解"光盘行动"的宣传员应该做哪些准备。

教师：如果你是"光盘行动"小小宣传员，你应该怎么做？

小结：通过讨论了解宣传员的工作事项。

（二）分组实施宣传准备工作

两名教师将幼儿分成海报组和宣传员组两组，实施准备工作。

1. 海报组：教师提供绘画纸和笔，引导幼儿用海报的形式绘画。

教师：你们打算怎么制作宣传海报呢？我们可以把这些好方法画下来，去告诉幼儿园的弟弟妹妹或更多的人。

在制作海报的过程中，鼓励幼儿先想好画面布局，然后进行绘画。绘画过程中要谦让，先两个人画，其余的人可以先构思。

2. 宣传员组：提供珍惜食物宣传手册，供幼儿讲述。

教师：你们是怎么分配工作的？大家一起说，还是每人说一段话呢？在宣传时应该注意什么？说话的声音要怎样？站姿要是什么样的？

教师指导幼儿要想当好宣传员，就要像个小主持人一样，鼓励幼儿按照正确的做法进行讲述练习。

小结：通过两个小组的不同准备工作，幼儿可以将自己的长处展现出来。如绘画海报组的幼儿可以大胆表达自己的想法，同时能够倾听、了解同伴的意愿，然后将大家讨论好的结果用图画的方式表现出来；宣传员组的幼儿通过练习讲述，可以提升语言表达能力和自信心，引发同伴之间互相学习的愿望和行动。

（三）我们去宣传

鼓励幼儿想出宣传的好办法，让每一名幼儿都有机会为"光盘行动"做贡献（图 2-11～图 2-12）。

　　教师：宣传员太多可以怎么分配？宣传中还有哪些工作可以做？

图 2-11

图 2-12

　　小结：由于班级人数较多，宣传员可以轮流讲述，比如小一班谁来负责讲述，小二班由谁来讲述等。针对不同能力的幼儿，教师还要体现出个性化指导，比如提供不同的工种，以满足幼儿的不同需求。

活动延伸

　　开展面向全园的宣传活动"我是'光盘行动'宣传员"。给予每一名幼儿大胆讲述的机会，到其他班级进行宣传。

七、主题反思

　　主题活动结束了，孩子们常常在每顿饭吃完时，看看自己是不是做到"光盘"了，也看看同桌的小朋友有没有"光盘"。连其他班的老师也反馈说："这个'光盘行动'让我每次在剩饭时都决定把饭菜吃干净。"家长反馈说："孩子每天都监督我把饭吃干净，不许我剩饭，不许我倒饭。"还有的家长说："现在我们去饭店，孩子每次都提醒爸爸别点得太多了。我们去超市也是有计划地采购。"我很高兴，这些道理融入了孩子们的心里。在这个主题活动中，我和他们共同成长，回想起来有着许许多多的感悟。其中主要体现了以下三个教育理念。

　　（一）引导幼儿在自由宽松的氛围中养成自主学习的习惯和能力

　　这个主题是根据幼儿的需要生成的，幼儿在整个活动过程中始终表现出浓厚的参与兴趣，他们主动搜集信息、整理信息、制订计划、交流经验，尤其在去外面当"光盘行动"讲解员时，他们大胆讲说，主动性得到了充分的发挥，培养了自主学习的兴趣和意识。

　　（二）引领幼儿在与同伴共同学习的过程中实现目标化的活动区

　　在整个活动中，教师为幼儿提供和创设了丰富的活动区，在角色区添加了自助餐的内容，引导幼儿学会自助餐的礼仪及规则；在语言区进行了"光盘行动"的讲解练习，培养了他们的自信心和语言表达能力；在科学区，幼儿体验了种植小菜苗的活动，在培养幼儿的责任感的同时，也让幼儿看到菜苗的生长过程，拉近了我们与食物的距离，体验种植的成就感。就是这样轻松自由的环境为每个幼儿的个性发展提供了广阔的空间。幼儿逐步掌握了与同伴共同学习的方法和技巧，教师只是一个领航人，适时地引领他们体验共同学习的快乐与成功的感受。

（三）引导家长走进活动，实现互动化的家园共育

从主题的生成到开展，家长始终保持着浓厚的兴趣，他们不仅是教师和幼儿的支持者与合作者，更是活动积极的参与者。教师要有针对性地指导家长创设适宜幼儿当前发展需要的家庭环境和精神氛围，实现互动化的家园共育。

（案例提供者：王　伟）

大班主题活动　垃圾宝宝不乱丢

一、主题由来

"垃圾宝宝不乱丢"是生态养成活动下的主题活动。随着新版《北京市生活垃圾管理条例》正式发布，北京市生活垃圾分类将正式步入法制化、常态化、系统化的轨道。虽然幼儿园内已经设置了垃圾分类回收桶，但是由于种种原因，幼儿与教师的垃圾分类意识和行为并没有达到预期效果。

幼儿园和家庭都会制造各类垃圾，如果垃圾得不到正确的处理，就会污染环境；如果处理得当，就可以发挥其再利用的价值，节约资源，保护环境，甚至丰富幼儿园的玩教具材料。幼儿期是孩子们养成良好行为习惯的关键期，为了让孩子们养成良好的卫生习惯，爱护环境，知道很多垃圾是可以回收再利用的，我们设计了"垃圾宝宝不乱丢"的主题活动，让孩子们在探究中发现垃圾分类的方法，养成垃圾分类的意识，亲自行动起来，从身边的生活垃圾分类做起，养成健康文明的行为习惯。

二、设计思路

在"垃圾宝宝不乱丢"的主题活动中，幼儿通过体验垃圾分类、调查幼儿园垃圾、变废为宝制作、废品义卖等活动，不断丰富对垃圾分类的认知体验。本次主题活动主要分为四个阶段。

第一阶段：垃圾去哪里了

教师引导幼儿通过了解垃圾的危害与垃圾的处理方式与过程，知道哪些垃圾是可以回收再利用的，哪些是不能进行回收利用的。幼儿在分类操作单上体验垃圾分类，从而巩固了保护环境的意识。

具体环节包括：了解垃圾的含义、了解垃圾的处理方法。

第二阶段：幼儿园垃圾小调查

幼儿园每天都要消耗食物和各种各样的生活用品，与此同时，也产生了许多垃圾，那么幼儿园都会产生哪些垃圾？可以怎样分类？幼儿园在一天中产生垃圾的重量是多少？针对这些问题，教师引导幼儿通过一步步的讨论对垃圾进行分类并称重。在本阶段，幼儿体会到大量的垃圾被丢弃后，会给环境造成严重污染，影响生活和健康，进而慢慢树立起科学处理垃圾，减少垃圾对环境的污染的理念。

具体环节包括：讨论幼儿园每天产生哪些垃圾、调查统计幼儿园在一天中产生垃圾的重量。

第三阶段：我给垃圾分分类

教师通过介绍四种垃圾桶的颜色及标志，引导幼儿认识四种环保垃圾桶，知道垃圾可以分为可回收垃圾、有害垃圾、厨余垃圾和其他垃圾四类。创设游戏"送垃圾宝宝回家"，在游戏中观察幼儿对垃圾分类的了解情况，鼓励幼儿将垃圾宝宝送回家，养成不乱丢垃圾的好习惯。

具体环节包括：了解垃圾可分为四种类型、尝试给垃圾分类。

第四阶段：变废为宝好处多

经过前几个阶段的活动，幼儿想将废旧物品制作成好玩的玩具。通过变废为宝的活动，孩子们对回收废旧物品更感兴趣了。活动后，教师引导幼儿思考不能制作成玩具的废旧物品可以做些什么，幼儿通过讨论将废旧物品进行分类统计并进行义卖，将获得的爱心善款用来买书，捐赠给困难地区的儿童。

具体环节包括：废旧物品创意制作、体验废品义卖。

三、主题目标

1. 了解垃圾可以被人们通过许多方法进行处理或再循环利用，懂得垃圾分类摆放的益处。

2. 能用自己的行动积极对待日常生活中的垃圾。

3. 能用多种形式将废旧物品组合创新出各种物体、玩具，感受废旧物品组合创新的乐趣。

四、家园互动

1. 家长与幼儿共同收集家中一天的垃圾。

2. 家长与幼儿讨论日常生活中垃圾的处理方法。

3. 请家长帮助幼儿一起收集回收垃圾、处理垃圾的照片或图片，让幼儿初步了解垃圾回收的知识。

4. 幼儿回家后和家长讲讲哪些物品是由垃圾的再生材料制成的。

5. 观察居住的小区及周围环境，和家长一起收集生活中垃圾的相关图片。

6. 幼儿向家长宣传垃圾分类的意义，并付诸实践。

7. 家长与幼儿共同收集可利用的废旧垃圾。

五、主题网络图

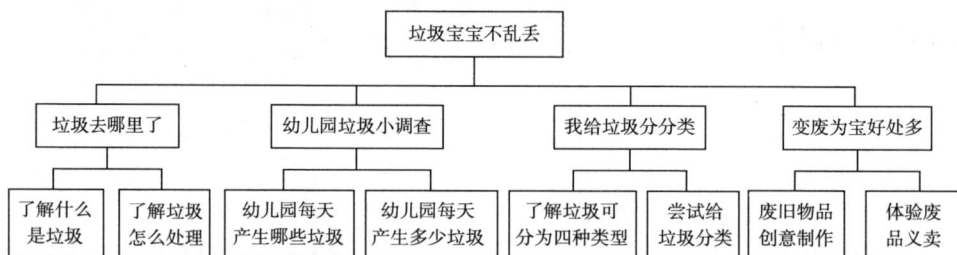

```
                        垃圾宝宝不乱丢
    ┌───────────┬──────────────┬──────────────┬──────────────┐
  垃圾去哪里了   幼儿园垃圾小调查   我给垃圾分分类    变废为宝好处多
  ┌──────┬──────┐ ┌──────┬──────┐ ┌──────┬──────┐ ┌──────┬──────┐
 了解什么  了解垃圾  幼儿园每天  幼儿园每天  了解垃圾可  尝试给   废旧物品  体验废
 是垃圾    怎么处理  产生哪些垃圾 产生多少垃圾 分为四种类型 垃圾分类  创意制作  品义卖
```

六、主题过程实录

活动一： 垃圾去哪里了 （科学领域）

活动目标

1. 了解垃圾可以被人们通过许多方法处理或循环利用，懂得垃圾分类摆放的益处。

2. 知道垃圾可以大致分为可回收垃圾和不可回收垃圾两类，并能够正确分类。

3. 关注垃圾的去向，提高保护环境的意识。

活动重难点

1. 活动重点：了解垃圾可以被人们通过许多方法处理或循环利用，知道垃圾可以大致分为可回收垃圾和不可回收垃圾两类。

2. 活动难点：能够正确区分可回收垃圾与不可回收垃圾。

活动准备

1. 经验准备：幼儿和家长一起收集过关于垃圾及垃圾处理的图片。

2. 物质准备：垃圾分类回收箱实物、图片，各种垃圾的图片，胶棒，水彩笔和纸。

活动过程

（一）了解垃圾

1. 教师：（出示垃圾图片）这是什么？什么是垃圾呢？

小结：垃圾是指没有用的、准备扔掉的东西。

2. 教师：你们平时见过哪些垃圾？你看到的垃圾是什么样的？能闻到什么气味吗？有垃圾的地方给人们什么样的感觉？垃圾对人类、动物、植物有什么影响吗？

小结：垃圾会散发出难闻的气味，不仅破坏风景，侵占土地，使人们的生活空间越来越小，而且垃圾还会滋生病毒、细菌，招来蚊虫，让人生病。

（二）了解垃圾的处理方法

1. 请幼儿交流自己了解到的处理垃圾的知识。教师再结合幼儿的介绍，补充关于垃圾回收、处理的知识。

教师：人们在日常生活中制造了许多垃圾，那么垃圾到最后都跑到哪儿去了呢？

小结：垃圾被倒入垃圾桶后，由环卫工人收集起来运走，大部分垃圾被埋到填埋场。填埋垃圾是专门把垃圾倒入一个地方，再用泥土把垃圾埋到里面。填埋场既占用面积又不利于环境保护。还有的垃圾被送到焚化炉焚化，但焚化垃圾的时候会排出有害的气体。

2. 出示可回收垃圾桶和不可回收垃圾桶的图片，引导幼儿讨论可回收垃圾都有哪些。

教师：我们在公园和马路边经常可以看到可回收垃圾桶与不可回收垃圾桶。小朋友们知道有哪些垃圾是可以回收再利用的吗？

小结：金属、纸张、玻璃、塑料属于可回收垃圾。废物回收的越多，送往填埋场的垃圾就越少，把可回收利用的废品送到回收中心，可以节约资源、减少污染。

（三）了解垃圾大致可以分为可回收垃圾和不可回收垃圾

1. 出示各种垃圾的图片，请幼儿判断该种垃圾应放入哪种垃圾桶。

教师：我们准备了一些垃圾的图片，小朋友们说一说这些垃圾都应该放在哪个垃圾桶里吧。

2. 引导幼儿自己在分类操作单上体验垃圾分类，互相分享操作经验（图 2-13～图 2-14）。

教师：每个小朋友桌上都有操作单和垃圾的小图片，请你给这些垃圾分分类，将它们贴在操作单上相应的垃圾桶里吧。贴完之后，和你同组的小朋友们讲讲你是怎么分的，为什么这么分。

图 2-13   图 2-14

小结：今天我们知道了哪些垃圾是可以回收利用的，哪些垃圾是不可以回收利用的，在今后的生活中，我们要对垃圾进行合理的分类，减少污染。

活动延伸

回家后和父母讲讲哪些垃圾可以回收再利用，尝试给家里的垃圾分类。

活动二： 幼儿园垃圾小调查 （科学领域）

活动目标

1. 了解幼儿园每天会制造出不同种类的垃圾。
2. 调查统计幼儿园一天制造垃圾的重量。
3. 养成不乱丢垃圾的好习惯，具备初步的环保意识。

活动重难点

1. 活动重点：调查统计幼儿园在一天中制造垃圾的重量。
2. 活动难点：能够用秤给垃圾称重。

活动准备

1. 经验准备：知道垃圾大致可以分为可回收垃圾与不可回收垃圾。
2. 物质准备：电子秤、钩子秤等。

活动过程

（一）讨论幼儿园每天产生哪些垃圾

1. 分组讨论幼儿园每天产生哪些垃圾，其中哪些是可回收的，哪些是不可回收的。

教师：我们在幼儿园每天都要消耗食物和各种各样的生活用品，与此同时，也产生了许多垃圾，你知道都有哪些垃圾吗？我们把它们堆在一起好吗？你还有什么想法？我们分小组讨论一下吧。

2. 全班交流。

教师：每个小组可以商量怎样给幼儿园产生的垃圾分类，用图画或符号的方式记录在纸上。

小结：我们做手工产生的碎纸、纸盒、纸卷桶、塑料瓶属于可回收垃圾；餐后的剩饭剩菜、果皮属于厨余垃圾；用过的纸巾、卫生纸属于其他垃圾；使用过的电池属于有害垃圾。

（二）调查统计幼儿园一天中产生垃圾的重量

1. 幼儿分组讨论给垃圾称重的方法。

教师：我们的幼儿园一天会产生多少垃圾呢？是否可以给垃圾称重？怎样称？

小结：我们可以分组到各个班级、老师的办公室、厨房、保安室给垃圾称重，最后将统计的数量加起来，这就是幼儿园一天中产生的垃圾总重量。

2. 幼儿调查统计幼儿园在一天中产生垃圾的重量（图 2-15～图 2-16）。

教师提供电子秤、钩子秤，幼儿分组行动，按照讨论出的给垃圾称重的方法，对垃圾进行称重记录，并统计幼儿园一天中产生垃圾的总重量。

图 2-15

图 2-16

（三）交流总结调查后的感受

幼儿代表分享。

小结：我们在幼儿园中会制造大量的垃圾。大量的垃圾会给环境造成严重污染，从而影响我们的生活和健康。我们要科学处理垃圾，减少垃圾对环境的污染。

活动延伸

幼儿园每天会产生这么多垃圾，那家中又会产生多少垃圾呢？请幼儿继续调查研究。

教师：小朋友们回家后和爸爸妈妈一起统计家中产生垃圾的重量。

活动三： 怎样科学地给垃圾分类 （科学领域）

活动目标

1. 能区分可回收垃圾、有害垃圾、厨余垃圾和其他垃圾，并能对垃圾进行正确分类。

2. 愿意为保护环境做一些力所能及的事。

3. 养成不乱丢垃圾的好习惯，树立初步的环保意识。

活动重难点

1. 活动重点：区分可回收垃圾、有害垃圾、厨余垃圾和其他垃圾，并能对垃圾进行正确分类。

2. 活动难点：对垃圾进行正确分类。

活动准备

1. 经验准备：知道垃圾大致可以分为可回收物和不可回收物。

2. 物质准备：废电池、废纸、塑料瓶、过期药品、玻璃瓶、剩菜、金属盒、渣土，自制的蓝色、绿色、红色、黄色垃圾桶四个。

活动过程

（一）出示外星人图片，引出主题，激发兴趣

播放 PPT 图片，分享感受。

教师：小朋友们，今天我们班里来了一位新朋友，他来自遥远的星球，是一位外星人呢！他有一个好听的名字，叫思思。思思听妈妈说，地球是个美丽的地方，于是他来到了地球。可是结果让思思很失望。因为，地球并不美丽。思思还拍了一些照片来证实自己说的话呢，让我们一起来看看。你从图片上看到了什么？你的心情怎么样？如果我们幼儿园也这样，你喜欢吗？为什么？那我们应该怎么办呢？

小结：我们都不喜欢有垃圾的地方，所以我们要保护环境，不乱丢垃圾。

（二）认识四种环保垃圾桶，知道垃圾的四种分类方法

1. 播放视频，了解四种环保垃圾桶。

教师：之前我们了解了垃圾大致可以分为可回收垃圾和不可回收垃圾两类。在实际生活中，我们还可以将垃圾分成更多种类。请小朋友们看看视频，说一说视频里的垃圾分为了几类？为什么会有不同颜色的垃圾桶呢？不同颜色的垃圾桶有什么不同的用处？

小结：垃圾可以分为可回收物、厨余垃圾、有害垃圾、其他垃圾四类。不同颜色的垃圾桶装不同类型的垃圾，这样便于垃圾分类回收再利用。

2. 介绍可回收垃圾和可回收垃圾桶的颜色及标志。

教师：可回收垃圾桶是什么颜色的？我们这个垃圾桶就是可回收垃圾桶，小朋友们有没有发现这里还有一个图案啊？这是什么形状？

小结：像这样的三角形，还有三个箭头的就是可回收垃圾桶的标志。可以回收再利用的垃圾就可以丢进蓝色的可回收垃圾桶里。老师这里有一些垃圾宝宝，请小朋友看看还有哪些是可回收垃圾，请你把它送回家吧。

3. 介绍厨余垃圾和厨余垃圾桶的颜色及标志。

教师：我们再来看看这个绿色的垃圾桶，有小朋友知道这个垃圾桶喜欢吃什么吗？这个垃圾桶叫什么名字呀？这个标志上有什么？

小结：绿色的是厨余垃圾桶，标志上有菜叶、果皮。我们吃完的瓜壳果皮、吃剩下的饭菜都是厨余垃圾。

4. 介绍有害垃圾和有害垃圾桶的标志及颜色。

教师：还剩下两个垃圾桶，小朋友们知道有害垃圾要放进哪个垃圾桶吗？红色的垃圾桶就是用来装有害垃圾的。有害垃圾有哪些？我们再来看一下视频，小朋友仔细看有害垃圾桶喜欢吃什么。

小结：红色代表警告，像电池、灯管、过期药品、过期化妆品等都属于有害垃圾，要放进红色垃圾桶。

5. 介绍其他垃圾和其他垃圾桶的颜色及标志。

教师：还有最后一个垃圾桶了，这个标志像什么呀？这个和可回收垃圾桶的标志有什么不一样？这个垃圾桶是什么颜色的？它叫什么名字？

小结：黄色的垃圾桶装其他垃圾。陶瓷、渣土、纸巾等难以回收的废弃物属于其他垃圾。小朋友们吃饭时用过的纸巾就属于其他垃圾，在分类投放的时候可不要放进厨余垃圾里哦。

（三）游戏：送垃圾宝宝回家

幼儿游戏，将垃圾送到正确的垃圾桶中（图2-17～图2-18）。

教师：老师这里有很多垃圾宝宝迷路了，它们找不到自己的家，想请小朋友们帮他们找到自己的家，小朋友们愿意吗？

图 2-17

图 2-18

小结：小朋友们真能干，把这些垃圾宝宝都送回了自己的家。为了保护我们的生存环境，小朋友可以做些什么呢？我们还要告诉我们的爸爸妈妈、爷爷奶奶，让他们一起来给垃圾分类，保护环境，那样我们的地球就会变得更加美丽。

活动延伸

1. 将垃圾分装桶放在活动室的一角，让幼儿在日常生活中学习分类处理垃圾。
2. 鼓励幼儿向父母宣传垃圾分类的意义，并付诸实践。

活动四： 变废为宝好处多 （艺术领域）

活动目标

1. 多种感官参与创新思维活动，知道废物利用所带来的社会价值。
2. 有发明创造的欲望和探索精神，发展想象力和动手操作能力，培养初步的创新意识。
3. 能用多种形式将废旧物品组合创新成各种物品、玩具，感受废旧物品组合创新的乐趣。

活动重难点

1. 活动重点：知道废物利用所带来的社会价值，体验变废为宝的乐趣。
2. 活动难点：能用多种形式将废旧物品组合创新成各种物品和玩具。

活动准备

1. 经验准备：幼儿提前收集废旧物品。
2. 物质准备：废旧物品若干、用废旧物品制作的玩具若干、课件。

活动过程

（一）欣赏故事《由废纸到吸水纸》，了解生活中有很多废旧物品可以再利用

1. 完整讲述故事《由废纸到吸水纸》。

教师：画面上的人在干什么？写在纸上的字发生了什么变化？这么多的纸成了一堆什么？人们发现了纸吸收水的原因后，用这种纸做了什么？技术人员进行了什么实验？发明了什么？

2. 引导幼儿简单总结故事内容。

教师：吸水纸是怎样发明的？你能分享生活中变废为宝的故事吗？

小结：生活中有很多可以再利用的物品，我们都可以想办法把它回收再利用，制作成有用的东西。

（二）废旧物品用途多

1. 请幼儿观看用废旧物品做成的玩具。

教师：今天老师给小朋友们带来了几件好玩的玩具，请你们看一看，它们都是用什么做成的？

小结：小朋友，这些玩具不但非常漂亮，而且全是用废旧材料做成的，你们千万不要小看身边任何一件看似没用的东西。以后在日常生活中可以搜集一些废旧材料，准备二次利用，这样既节约了资源，又能废物变宝。

2. 请幼儿交流废旧物品的用处。

教师：小朋友，你们还见过什么样的废旧物品？它们能制作成什么东西？

小结：生活中常见的快递箱、烟盒、药盒、鞋盒、纸杯、打印纸、蛋壳、酸奶瓶、光盘、玉米芯儿、竹竿等都可以再利用。我们可以把它们做成玩具和漂亮的美工作品。

（三）组合创新和分组操作

引导幼儿通过画、剪、粘贴、包装等方式，将不同的废旧物品制作成新颖独特的玩具和美工作品（图2-19～图2-22）。

教师：你们喜欢当一名小小设计师吗？那我们一起动动小手，将不同的废旧材料设计成有趣的作品，比比谁设计的作品更新颖独特。

图 2-19

图 2-20

图 2-21

图 2-22

小结：小朋友选择了不同的材料，运用不同的方法进行了制作，我们还可以把你们的作品和制作方法分享给同伴。

活动延伸

幼儿回到家中和家长一起进行废旧物品玩具制作。

活动五： 废品义卖 （社会领域）

活动目标

1. 收集废旧物品进行义卖。
2. 能与同伴合作对物品进行合理的分类统计。
3. 萌发关心他人、爱护他人的情感。

活动重难点

1. 活动重点：收集废旧物品进行义卖，萌发关心他人、爱护他人的情感。
2. 活动难点：能与同伴合作对物品进行合理的分类统计。

活动准备

1. 经验准备：幼儿园提前联系小区中收废品人员，幼儿收集废旧物品。
2. 物质准备：废旧物品若干。

活动过程

（一）交流讨论，萌发需求

教师：小朋友们，我们收集来的废品非常多，有一些我们将它做成了精美的玩具，还有一些不能用来制作，对于这些废品，我们可以怎么办呢？

小结：我们可以请来收废品的工作人员，针对这些废品开展一次义卖活动。

（二）体验废品义卖

1. 讨论废旧物品杂乱的解决方法。

教师：小朋友们，这些是我们收集的废旧物品，接下来应该怎么办呢？

小结：这些物品太乱了，会给收集废品的叔叔带来很大的麻烦，我们可以将物品进行分类。

2. 讨论分类方法。

教师：分类是个非常好的方法，怎么分才合适呢？谁来试试看？

小结：我们可以按照物品的价钱进行分类，将同样价格的物品放在同一个篮子里。

3. 讨论统计数量的方法。

教师：小朋友们，收废品的叔叔说你们的方法特别好，我们可以按照物品的价格进行分类，可是分类后怎样才能快速地知道同一价格的物品数量呢？

小结：我们可以分组去数一数物品的数量并记录下来，最后将结果告诉收废品的叔叔。

4. 讨论小组分工。

教师：我们小组怎样分工？都负责做什么呢？

小结：大家先将价格一样的物品放在同一个篮子中，然后一个小朋友负责点数，一个小朋友负责检查是否正确，一个小朋友负责记录物品的数量，一个小朋友负责将数过的物品放回篮子中。

5. 幼儿尝试将物品进行分类统计。

教师：小朋友们讨论出的办法特别好，那现在就让我们一起行动起来，将这些废旧物品按照价格进行分类，然后再数一数它们的数量。

小结：小朋友们，通过我们的共同努力，我们收集来的废品已经全部进行了义卖。

（三）交流分享，讨论善款用处

教师：我们获得这么多爱心善款，可以用它来做什么呢？谁需要我们的帮助呢？

小结：我们可以用这些爱心善款买书捐给贫困地区的小朋友，他们一定非常喜欢，让我们共同努力去帮助更多需要帮助的人。

活动延伸

邀请家长委员会来园，根据幼儿的想法将义卖所得的全部善款都用来购买书籍，捐给贫困地区的儿童。

七、主题反思

通过这一主题活动，幼儿知道了更多关于垃圾的知识，了解了人们在生活中会制造大量的垃圾，这些垃圾一经丢弃会给环境带来污染。活动中，各种垃圾的图片使活动气氛十分活跃，幼儿积极思考，大胆发言。幼儿了解了不同垃圾的处理方法，同时学会了简单的垃圾分类方法。

教师出示一些常见的垃圾，将孩子带入情境中，又采用游戏法，请小朋友尝试给垃圾分类，幼儿对活动的兴趣非常高，注意力也非常集中。在"变废为宝"的活动中，幼儿对废旧材料能制作成这么多的东西感到非常惊讶，有了制作的欲望，所以孩子们都能积极地投入到制作当中。

在谈话活动中，教师在幼儿已有经验的基础上，通过有效的提问帮助幼儿了解废旧材料是可以被再次利用的。孩子们纷纷说"我平时喝过的矿泉水瓶子可以留下。""我把爸爸的烟盒保存下来了。""我喝的酸奶瓶子也可以留下。"谈话激发了幼儿将这些废旧材料制作成有用的东西的欲望。

在制作前，教师向幼儿介绍了制作材料，并提出要求。在活动的过程中，及时帮助幼儿解决困难，对幼儿有创意的想法及时给予肯定。比如有个小朋友用矿泉水瓶子制作了一个沙漏，并且让全组的幼儿用来灌沙子。教师在评价中就特别给予肯定，为其他幼儿的制作起到了很好的榜样作用。

在整个主题活动开展过程中，幼儿始终保持着浓厚的参与兴趣。教师顺利地完成与幼儿语言和思维的交流，从而使幼儿生成新的知识或者将讨论的问题挖掘得更加深入，幼儿及家庭都树立了垃圾分类的环保意识（图 2-23～图 2-26）。

（案例提供者：张添铭，刘雅楠，刘　颖）

图 2-23

图 2-24

图 2-25

图 2-26

大班主题活动　公共场所礼仪我知道

一、主题由来

建国 70 周年庆期间，幼儿对天安门、阅兵、武器等非常感兴趣，于是幼儿尝试在建构区搭建天安门等古建筑。因为幼儿了解、见过的古建筑较少，对古建筑的特征也不是很了解，在搭建时不能体现出古建筑的特征，所以，教师、幼儿及家长在周末共同参观了中国古建筑博物馆。

在参观中国古建筑博物馆时，有的小朋友认真地听讲解员介绍，在博物馆里始终保持安静，眼睛看着讲解员。有的小朋友出现了这样的行为：在博物馆内大声说话、追逐奔跑、攀爬触碰围栏等。看着孩子们的这些行为，我深深地意识到，对幼儿进行在公共场所的礼仪教育是非常有必要的。周末或节假日，家长会经常带着幼儿去博物馆、商场、电影院、公园等公共场所，在公共场所应该怎样做？有哪些礼仪行为呢？针对以上问题，班级开展了"公共场所礼仪我知道"的主题活动。

二、设计思路

"公共场所礼仪我知道"主题活动是在幼儿参观古建筑博物馆后引发的一系列关于公共场所的讨论及体验活动。教师充分调动幼儿的已有经验，让幼儿了解身边常见的公共场所，并充分结合大班幼儿的年龄特点，采取分组的方式讨论公共场所的礼仪，并鼓励幼儿在真实的情境中体验礼仪行为，由了解逐步内化到行为。

第一阶段：分享参观古建筑博物馆的经历

前期，幼儿与家长利用周末时间参观了古建筑博物馆，因此第一阶段的活动以幼儿参观完博物馆后的讨论为切入点。幼儿大胆表达在博物馆里的行为，通过投票的方式选出适宜的行为和不适宜的行为，并表达自己的想法，教师鼓励幼儿用绘画的方式表达感受，通过讨论了解行为的适宜性。

具体环节包括：分享参观博物馆的经历、集体讨论行为的适宜性。

第二阶段：我知道的公共场所

这一阶段的活动充分调动幼儿的已有经验，教师鼓励幼儿大胆表达自己去过的公共场所，并通过照片的方式与大家分享。然后教师提出"还知道哪些公共场所呢？"的问题，幼儿结合生活经验自主表达。讨论结束后，幼儿将自己知道的公共场所画下来，并将作品展示在墙面上。

具体环节包括：自主表达知道的公共场所、给公共场所分类。

第三阶段：在公共场所应该怎样做

在公共场所应该怎么做呢？这一阶段的活动充分利用小组资源，鼓励幼儿小组讨论，并把想法记录在纸上，每个组请一名幼儿当代表，跟大家分享小组讨论的结果。这一环节丰富了幼儿的认知，幼儿对身边的公共场所有了进一步的了解。

具体环节包括：分组讨论各类公共场所的适宜行为。

第四阶段：我的公共场所参观计划

知道了常见的公共场所礼仪后，教师结合大班幼儿的年龄特点，请幼儿自己制订公共场所体验计划，并把计划分享给同伴。

具体环节包括：幼儿制订公共场所体验计划、分享计划。

第五阶段：公共场所来体验

幼儿按照计划到公共场所进行参观体验，并记录自己的行为。在体验活动中，幼儿将了解到的公共场所礼仪内化到自己的行为中。

具体环节包括：幼儿按计划体验、分享体验感受。

三、主题目标

1. 理解和遵守与自身关系密切的社会行为规则，能够做到初步自律，有初步的社会公德意识。

2. 通过讨论、体验等方式，理解公共场所礼仪。

3. 愿意与他人讨论问题，敢于在众人面前说话；能有序、清楚、连贯地讲述一件事。

4. 尝试制订简单的调查计划并按计划执行。

四、家园互动

1. 让家长了解公共场所礼仪（有哪些、重要性）。

2. 幼儿在博物馆、商场、电影院、公园等公共场所时，家长记录幼儿的行为。

3. 制作礼仪小书，并练习讲述。

4. 家长关注幼儿在公共场所的礼仪行为，引导幼儿遵守公共场所的礼仪。

5. 在群内开展关于"公共场所礼仪行为"的讨论活动，鼓励家长积极参与。

五、主题网络图

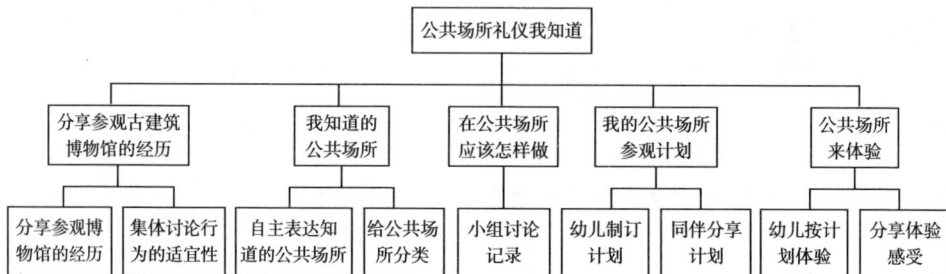

六、主题过程实录

活动一： 分享参观古建筑博物馆的经历 （语言领域）

活动目标

1. 能用完整、流畅的语言表达参观博物馆的行为。

2. 能判断行为的适宜性，知道哪些行为是适宜的，哪些行为是不适宜的，并说明理由。

3. 愿意围绕参观古建筑博物馆的话题进行讨论，能主动表达自己的发现及想法。

活动重难点

1. 活动重点：能用完整、流畅的语言表达参观博物馆的行为。

2. 活动难点：能判断行为的适宜性，并说明理由。

活动准备

1. 经验准备：幼儿有参观古建筑博物馆的经历。

2. 物质准备：参观博物馆的照片。

活动过程

（一）出示参观古建筑博物馆的照片，激发幼儿的讨论兴趣

1. 出示参观照片，教师提出问题（图 2-27～图 2-28）。

教师：这是什么地方？在古建筑博物馆里你看到了什么？有什么让你印象深刻的东西？

图 2-27

图 2-28

2. 幼儿结合参观经历，大胆表达自己的想法。

小结：古建筑博物馆里有各个时期的古建筑模型及古建筑的演变过程。

（二）幼儿自主表达参观博物馆的行为

1. 幼儿自主表达参观古建筑博物馆的行为。

教师：在参观古建筑博物馆时，你有哪些行为？哪位小朋友的行为和其他人的不一样？

2. 说一说我看到的行为。

教师：你看到了哪些行为？是谁做出的行为？

小结：参观博物馆时，有的小朋友认真倾听讲解员讲解，有的小朋友在博物馆里大声说话，有的小朋友在博物馆门口的台阶上拍照，有的小朋友攀爬栏杆，有的小朋友在院子里跑来跑去，还有的小朋友坐在大树上拍照等。

（三）幼儿结合已有经验判断行为的适宜性并说明理由

1. 幼儿讨论行为的适宜性并说明理由。

教师：你觉得哪些行为是适宜的，哪些行为是不适宜的，为什么？

2. 幼儿通过投票的方式判断行为的适宜性。

教师：小朋友们先仔细看这些行为，请你在适宜的行为下面贴一张贴画。

小结：小朋友们说得特别好，在台阶上拍照、认真倾听讲解等行为是适宜的；攀爬栏杆、大声说话、坐在大树上拍照、在院子里跑来跑去等行为是不适宜的。

活动延伸

1. 跟家长说一说我们讨论的参观古建筑博物馆的行为，哪些是适宜的，哪些是不适宜的，并说出理由。

2. 明天的活动区时间，我们把参观博物馆时适宜的行为画下来，制作成礼仪小书，分享给其他班的小朋友们。

活动二： 我知道的公共场所 （语言领域）

活动目标

1. 能大胆地说出自己去过的及知道的公共场所。

2. 愿意与同伴一起讨论关于公共场所的话题，大胆发言。

3. 能大胆运用各种语言表达方式清楚连贯地表达自己的想法。

活动重难点

1. 活动重点：能大胆说出自己去过的及知道的公共场所。

2. 活动难点：能用完整、清楚连贯的语言表达自己的想法。

活动准备

1. 经验准备：幼儿去过公共场所，如公园、商场、电影院、超市等；幼儿能清楚地表达自己去过的公共场所的名字及自己的经历。

2. 物质准备：幼儿在公共场所的照片。

活动过程

（一）出示公园图片，激发幼儿的讨论兴趣

1. 教师提出问题。

教师：这是什么地方？你去过哪些公园？在公园里你都做了什么事情？

2. 幼儿结合生活经历，与同伴相互表达。

教师：跟同伴说一说你去过哪个公园，在公园里做了什么事情？

3. 教师及时鼓励、表扬幼儿的表达行为。

小结：公园是公共场所，小朋友们在公园里要小声说话、排队买票、不乱扔垃圾、不踩踏草坪等。

（二）幼儿结合自身经历及已有经验自主表达知道的公共场所

1. 幼儿结合自身经历表达去过的公共场所（图 2-29～图 2-30）。

图 2-29　　　　　　　　　　　　　图 2-30

教师：你去过哪些公共场所？请你看着照片给大家介绍一下。

2. 幼儿结合已有经验表达知道的公共场所。

教师：除了小朋友们刚刚介绍的公共场所以外，你们还知道哪些公共场所？

小结：小朋友们去过的公共场所有电影院、动物园、博物馆、音乐厅、超市、温泉等；知道的公共场所有医院、飞机场、地铁站、图书馆等。

（三）结束部分

教师：今天我们大家一起讨论了有关公共场所的话题，你知道了哪些公共场所？我们给这些公共场所分一下类吧，可以怎么分呢？

小结：交通工具类的公共场所有火车站、飞机场、地铁站、公交站等；娱乐类的公共场所有游乐场、电影院、剧院、音乐厅、温泉、海边等；参观类的公共场所有公园、博物馆等。

活动延伸

1. 明天小朋友可以把去过的和知道的公共场所画下来，制作成《我知道的公共场所》小书，分享给其他班的小朋友们。

2. 把今天知道的公共场所名称说给家长听。

活动三： 在公共场所应该怎样做 （社会领域）

活动目标

1. 能围绕公共场所的礼仪行为这一话题进行讨论，清楚连贯地表达自己的想法。

2. 能与同伴共同讨论公共场所的礼仪行为，体验小组合作的快乐。

3. 愿意参加讨论活动，能大胆表达自己的想法。

活动重难点

1. 活动重点：能与同伴共同讨论公共场所的礼仪行为。

2. 活动难点：清楚连贯地表达自己的想法。

活动准备

1. 经验准备：幼儿知道常见的公共场所及名称。

2. 物质准备：公园中各种行为的视频、记录表、笔等。

活动过程

（一）幼儿看视频，讨论行为的适宜性

教师：今天老师给小朋友们带来了一段视频，请小朋友们仔细看，说一说视频中的小朋友在公园里的哪些行为是适宜的，哪些行为是不适宜的。

小结：排队检票、轻声交流、把垃圾扔进垃圾桶等行为是适宜的；大声喧哗、乱扔垃圾、摘花等行为是不适宜的。

（二）分组讨论各类公共场所的适宜行为

1. 幼儿分组选择想讨论的公共场所礼仪。

教师：公共场所分为哪几类？你们小组商量一下，你们要讨论哪一类公共场所的礼仪。

2. 出示公共场所礼仪行为记录表。

教师：小朋友们看一看礼仪行为记录表，左边一栏是你们小组选择的公共场所，右边一栏是你们需要讨论的公共场所礼仪行为，大家先一起讨论公共场所有哪些礼仪行为，然后把它记录下来。

3. 幼儿协商分工，小组讨论礼仪行为并记录讨论结果。

教师：小朋友们，你们小组先进行分工，然后大家一起讨论公共场所的礼仪并记录下来。

（三）结束部分

教师：现在我们分享一下讨论的结果，你们小组讨论的是哪一类公共场所，有哪些礼仪行为？

小结：交通类的公共场所礼仪有轻声交流、按顺序排队等；娱乐类的公共场所礼仪有不大声喧哗、不乱扔垃圾、按顺序排队等；参观类的公共场所礼仪有保持安静、排队买票、保持环境整洁、不追逐打闹等。

活动延伸

1. 小朋友们可以把各类公共场所的适宜行为画下来，做成小书，分享给其他班的小朋友。

2. 把你们小组讨论的公共场所类别及行为说给家长听。

活动四：　我的公共场所参观计划　（社会领域）

活动目标

1. 能用图画或符号的方式制订公共场所体验计划。

2. 愿意大胆分享自己制订的体验计划，能用清楚、连贯的语言表达。

3. 愿意参加制订计划的活动。

活动重难点

1. 活动重点：能用图画或符号的方式制订公共场所体验计划。

2. 活动难点：能用清楚、连贯的语言讲述自己的公共场所体验计划。

活动准备

1. 经验准备：幼儿知道常见的公共场所礼仪；幼儿有去过公共场所的经历。

2. 物质准备：计划表、笔等。

活动过程

（一）回顾前期经验，激发幼儿对活动的兴趣

1. 教师提出问题。

教师：你去过哪个公共场所？和谁一起去的？在公共场所里你是怎么做的？

2. 幼儿结合已有经验自主表达。

3. 教师及时表扬主动表达的幼儿。

小结：小朋友们特别棒，愿意大胆表达，能用清楚连贯的语言表达自己去过的公共场所及自己的行为。

（二）幼儿制订公共场所体验计划

1. 教师提问引导。

教师：小朋友们想一想，你想去哪个公共场所？在公共场所里你打算怎么做？小朋友们可以跟同伴说一说你的想法。

2. 出示公共场所体验计划表。

教师：计划表上有什么？第一栏记录什么？第二栏记录什么呢？

3. 幼儿自主制订公共场所体验计划，教师进行个别指导（图 2-31）。

教师：想好去哪个公共场所的小朋友就可以制订体验计划了，用图画或符号的方式把你想去的场所和怎么做记录下来。

图 2-31

4. 幼儿分享制订的公共场所体验计划。

教师：计划制订好了就可以分享给同伴了，跟同伴说一说你想去的公共场所名称及你的行为。

（三）结束部分

教师：小朋友们，你们制订了什么计划？制订计划前做了什么？

小结：小朋友们在制订计划前先思考想去的公共场所，能用图画或符号的方式记录自己的公共场所体验计划，并能主动把自己的计划分享给同伴。

活动延伸

把你制订的计划讲给家长听，说一说你想去哪个公共场所及你打算在公共场所里怎么做。

活动五： 公共场所来体验 （社会领域）

活动目标

1. 愿意参加公共场所体验活动。

2. 能按照计划去公共场所体验。

3. 能用图画或符号的方式记录自己在公共场所的行为。

活动重难点

1. 活动重点：能按照计划去公共场所体验，获得成功感。
2. 活动难点：能用图画或符号的方式记录自己在公共场所的行为。

活动准备

1. 经验准备：知道常见的公共场所；有用图画或符号记录的相关经验。
2. 物质准备：公共场所体验记录表、笔等。

活动过程

（一）按照计划去公共场所体验并记录发现

1. 幼儿按照计划去公共场所体验。

教师：小朋友们现在就按照计划去公共场所体验吧。

2. 幼儿记录自己在公共场所的行为。

教师：在公共场所体验后，用图画或符号的方式把你的行为记录下来。

（二）分享在公共场所的体验发现

1. 幼儿自主分享公共场所体验计划表。

教师：小朋友们在公共场所进行了体验，现在就把你的计划表分享给同伴吧，说一说你的计划是什么？你按照计划做了吗？你在公共场所的行为是什么？

2. 幼儿集体讨论体验行为的适宜性。

教师：听了小朋友的分享，你们觉得小朋友的哪些行为是适宜的，哪些行为是不适宜的？为什么？应该怎么做？

3. 幼儿表达参加体验活动的感受。

教师：小朋友们参加完在公共场所体验的活动后，你有哪些感受？还有谁跟他的感受不同？

（三）梳理提升幼儿在公共场所的礼仪经验

教师：你是按照计划做的吗？有哪些行为跟计划是一样的？在体验过程中你还出现了哪些行为，这些行为是适宜的吗？

小结：小朋友们能按照计划进行体验，在公共场所能保持安静，不打扰他人，都非常棒。

活动延伸

1. 把今天在公共场所体验的发现和感受讲给家长听。
2. 把在公共场所体验的感受画下来，制作成《公共场所体验感受》小书，分享给其他班的小朋友们。

七、主题反思

(一) 主题活动的开展源于幼儿的发展需要

"公共场所礼仪我知道"主题活动的开展是源于幼儿存在的问题，大班幼儿要理解和遵守与自身关系密切的社会行为规则，做到初步自律，有初步的社会公德意识。在参观博物馆时，教师发现了幼儿存在的问题，因此教师有目的地开展了本次主题活动。

(二) 社会领域的学习注重幼儿的体验

本次主题活动，教师给幼儿创设了真实的体验情境，鼓励幼儿在真实的情境中体验和发现，获得直接经验。前期，幼儿充分调动已有经验，通过分享、小组讨论等方式知道了公共场所有哪些以及在公共场所应该怎么做，接着教师鼓励幼儿自己制订参观计划，然后按照计划去真实的公共场所进行体验，并完成计划表，获得真实感受及体验。

(三) 结合大班幼儿的年龄特点开展活动

教师能把握大班幼儿的年龄特点开展活动。大班幼儿的年龄特点是做事的计划性增强，同伴之间的合作增多等。请幼儿分组讨论公共场所的礼仪，并用图画或符号的方式画下来体现了合作的特点；请幼儿制订去公共场所体验的计划，并鼓励幼儿按照计划进行实践体现了做事的计划性。

(四) 主题活动提升了幼儿的社会公德意识

幼儿通过参观博物馆、讨论行为的适宜性、再次亲身体验等方式知道了常见的公共场所，了解了在公共场所里应该怎样做，怎样在公共场所里成为受欢迎的人，提升了社会公德意识。

（案例提供者：于　静，刘天琪）

第三章　生态探究活动实践案例

小班主题活动　神秘的蚕宝宝

一、主题由来

近期，班中要开展新的主题活动，在和幼儿讨论的过程中，幼儿表示想在班里养小动物。《指南》中指出：3～4岁幼儿能够认识常见的动植物，能注意并发现周围的动植物是多种多样的。从卫生和安全的角度考虑，孩子们想养的小动物不太可能在班里实现。这时田老师带来的蚕子引起了小朋友们的关注，孩子们大胆猜测这个小黑点是什么，有的说是沙子，有的说是盐粒……当老师说这是我们班的新朋友时，孩子们的兴趣和探究欲望被激发了，生成了本次的主题活动"神秘的蚕宝宝"。

当孩子们知道这个小黑点会变成蚕宝宝的时候，一个个问题从孩子们的小脑袋瓜里冒了出来。"蚕宝宝喜欢吃什么？""蚕宝宝喝水吗？""蚕宝宝会变成蝴蝶吗？"……根据孩子们的问题，我们开展了一系列探究活动。在活动开展过程中我们也遇到了问题，如蚕宝宝突然集体死亡、蚕宝宝生病了，等等，我们没有将问题跳过，而是带领幼儿一起探索，一起寻找解决问题的方法。

二、设计思路

班里新来的"小黑点"激发了孩子们的兴趣，孩子们每天都来观察它们的变化。终于有一天，孩子们发现小黑点里面多了像蚂蚁一样的东西，他们坚信班里的新朋友就是蚂蚁，也有的小朋友说是蚕（因为家里在养蚕，已具备前期经验）。通过一起上网查阅资料，孩子们知道原来这个神秘的朋友真的是蚕宝宝。答案揭晓后，孩子们开心极了，但对于大部分小朋友来说，蚕宝宝是陌生的、神秘的……他们既好奇又兴奋，提出了很多关于蚕的问题，老师帮助记录并将问题分类，开启了寻找答案之旅。

第一阶段：你好，神秘的"小黑点"

班里的"小黑点"激发了幼儿的兴趣和好奇心，他们大胆猜测这个"小黑点"是什么，每天都去观察它的变化。当它变成像小蚂蚁的东西时，养过蚕的小朋友说这是蚕，但对于大部分小朋友来说，蚕宝宝是陌生的、神秘的。

具体环节包括：观察蚕子、猜想蚕子的孵化方法。

第二阶段：蚕的秘密

蚕宝宝一天天长大，孩子们的好奇心被大大地激发，他们心中萌发了很多问题，如"蚕宝宝喜欢吃什么？""蚕宝宝喝水吗？""蚕宝宝长大以后是什么样子？"等。根据幼儿提出的问题，教师引导幼儿先进行猜想，然后鼓励他们利用各种方法去寻找答案，如可以和爸爸妈妈到书上或者网上去寻找答案，再将答案带回幼儿园和大家分享。

具体环节包括：认识蚕宝宝、蚕宝宝仰头了、蚕宝宝变色了。

第三阶段：漂亮的蚕宝宝

本阶段的活动充分和艺术领域相结合，带领幼儿在美工区用彩泥捏各种各样的蚕宝宝，画蚕宝宝的各种状态，并且鼓励幼儿充分发挥自己的想法大胆创作。

具体环节包括：用绘画、捏泥等方法创作蚕宝宝。

三、主题目标

1. 对探究蚕感兴趣，能够根据蚕的变化提出问题。

2. 能够通过感官感知并发现蚕的典型特点，初步了解蚕的身体结构、生活习性和生长过程。

3. 养成热爱生命、喜欢小动物、热爱大自然的情感。

四、家园互动

1. 家长从网上购买桑叶，或和幼儿一起采集桑叶并带到班中。

2. 家长支持幼儿周末将班中的蚕宝宝带回家照顾。

3. 对于幼儿提出的问题和需要调查的内容，鼓励家长通过查阅书籍、网络帮助幼儿一起寻找答案。

4. 家长为班级提供和蚕有关的科学绘本，供幼儿阅读。

五、主题网络图

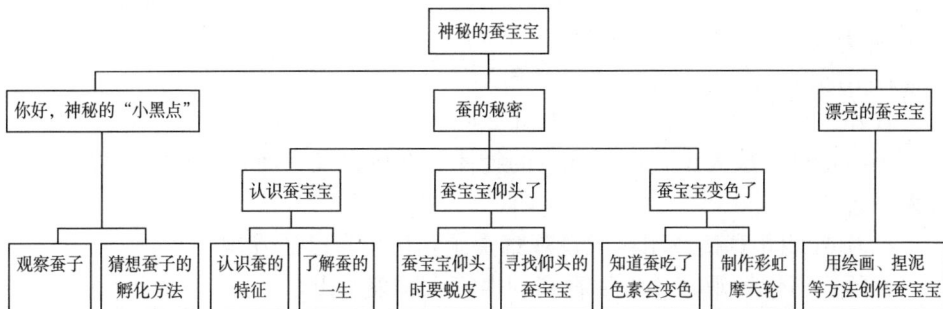

六、主题过程实录

活动一：你好，神秘的"小黑点"（科学领域）

活动目标

1. 通过对蚕子的观察，初步认识蚕子。

2. 细致观察并能大胆猜测、表达自己的发现。

3. 通过观察蚕，形成爱护小动物的情感。

活动重难点

1. 活动重点：通过对蚕子的观察，初步认识蚕子。

2. 活动难点：通过细致观察，大胆猜测、表达自己的发现。

活动准备

1. 经验准备：班中有个别幼儿在家中养过蚕；幼儿有观察动植物的经验。

2. 物质准备：蚕子、放大镜、昆虫观察盒。

活动过程

（一）出示蚕子，激发兴趣

教师出示蚕子，鼓励幼儿大胆猜测（图 3-1～图 3-2）。

图 3-1　　　　　　　　　　　　　图 3-2

教师：小朋友们，请你仔细观察这个黑点，看看它像什么？

小结：这个小黑点是蚕子。

（二）观察蚕子，大胆表达

1. 出示放大镜，介绍放大镜的作用。

教师：小朋友，你们知道这是什么吗？

小结：这是放大镜，把要观察的物体放在放大镜下面，放大镜可以让物体放大。

2. 引导幼儿直接或用放大镜观察蚕子，说出自己的发现。

教师：请仔细观察，将你看到的内容大胆表达出来。

小结：蚕子像个小芝麻，随着它长大，会从里面出来蚕宝宝。

（三）孵化蚕宝宝的方法

1. 讨论怎样让蚕子从卵中孵化出来。

教师：请你猜一猜，怎样才能从这个小黑点里孵出蚕宝宝？

小结：把蚕子放在一个容器里，静静地等待，蚕宝宝就会出来了。

2. 引导幼儿猜测用什么办法能让蚕宝宝快点孵出来。

教师：请小朋友猜一猜，有什么办法能让蚕宝宝快点孵出来？

小结：把蚕子放在温暖的阳光下，蚕宝宝出来得就比较快。

3. 鼓励幼儿用自己猜想的办法孵化蚕子。

小结：可以把蚕子放在太阳光下，或者放在暖和的地方。

活动延伸

鼓励幼儿经常去观察蚕子的变化，将自己的发现及时告诉老师或者同伴。

活动二： 认识蚕宝宝 （科学领域）

活动目标

1. 通过观察、交流，初步了解蚕的外形特征。

2. 能够将自己观察到的现象表达出来。

3. 能在活动中体验发现的乐趣。

活动重难点

1. 活动重点：通过观察、交流，初步了解蚕的外形特征。

2. 活动难点：能够将自己观察到的现象表达出来。

活动准备

1. 经验准备：在日常饲养、观察蚕宝宝的过程中，已初步了解蚕爱吃的食物。

2. 物质准备：蚕的动物标本、介绍蚕的视频、蚕及桑叶。

活动过程

（一）观察蚕宝宝，知道它们的名称及主要特征

1. 分组观察，请幼儿大胆表达自己的发现。

教师：今天老师带来了许多蚕宝宝，请你仔细观察蚕宝宝孵出来的样子，大胆表达自己的发现（图3-3～图3-4）。

图 3-3

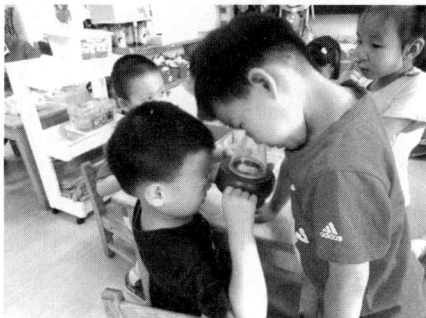

图 3-4

小结：蚕宝宝刚孵出来像一条小黑线一样，又细又小。现在这个阶段是蚕宝宝的蚁蚕阶段，小朋友不能捏蚕宝宝。

2. 播放介绍蚕的视频。

教师：请小朋友观察视频里的蚕宝宝，看看蚕宝宝长大了是什么样子的。

小结：蚕由头和身体构成，头上有嘴和两只小小的眼睛；身体呈圆形，长而软；身体下面有许多对小脚；身体旁边有气孔，气孔可以呼吸和散热；尾部有小尖，叫尾角，用来保持身体平衡。蚕宝宝长大了会变成蛾子。

（二）了解蚕的一生

1. 出示蚕的一生的标本，请幼儿认真观察。

教师：今天老师带来了蚕宝宝一生的标本，上面有蚕从一个小黑点一步步进化成蛾子的过程。

小结：蚕的进化过程为蚕子—蚁蚕——龄蚕—二龄蚕—三龄蚕—四龄蚕—五龄蚕—蚕蛹—蛾子。

2. 我最想了解蚕宝宝的……

教师：今天我们观察了蚕宝宝，也了解了蚕宝宝的一生要经历的几个阶段。现在关于蚕宝宝，你还有哪些问题呢？

小结：教师统计幼儿最想了解的关于蚕的问题，以小任务的形式让小朋友们自己去寻找答案。

活动延伸

请幼儿回家和家长一起通过查阅图书或者上网解决两个问题：蚕喜欢吃什么？蚕喝水吗？

活动三： 蚕宝宝仰头了 （科学领域）

活动目标

1. 能够连续观察蚕宝宝，提高做事的持久性与观察能力。
2. 能够观察到蚕仰头的现象，加深对蚕的生长过程的了解。
3. 在观察过程中能够大胆提出问题。

活动重难点

1. 活动重点：连续观察蚕宝宝，观察到蚕仰头的现象。
2. 活动难点：加深对蚕的生长过程的了解。

活动准备

1. 经验准备：幼儿有观察蚕的经验。
2. 物质准备：长大一些的小蚕、桑叶、正处在眠期的小蚕、有关图片。

活动过程

（一）小蚕不动了

出示蚕宝宝仰头的照片，引导幼儿观察。

教师：最近，有小朋友发现有的蚕宝宝仰着头，不吃也不动，这是为什么呢？

小结：通过小朋友回家上网查阅资料，我们了解到这是蚕生长过程的一种现象，仰头代表蚕进入了眠的阶段，在这个阶段，蚕不吃不喝。蚕一生一共要眠四次，眠之后，蚕宝宝会蜕皮进入下一阶段。

（二）寻找仰头的蚕宝宝

1. 每组一盒蚕宝宝，请幼儿寻找仰头的蚕宝宝（图3-5～图3-6）。

教师：请小朋友找一找有几只仰头的蚕宝宝，有没有蚕宝宝蜕下来的皮。

图3-5

图3-6

小结：引导幼儿将蚕蜕下来的皮收集到一起。

2. 说一说仰头的蚕宝宝是什么样子的。

教师：请认真观察仰头的蚕宝宝，它除了仰头不吃东西，身体还有哪些特点？

小结：有的仰头的蚕宝宝，身体有一些透明，证明它准备进入吐丝阶段了。

3. 我来照顾仰头的蚕宝宝。

教师：蚕宝宝要蜕皮了，我们应该怎么照顾它呢？

小结：蚕宝宝要蜕皮时会出现不吃桑叶的现象，我们不要打扰蚕宝宝。

（三）我来模仿蚕宝宝

与幼儿做模仿仰头的蚕宝宝的游戏。

教师：今天我们观察了仰头的蚕宝宝，谁可以用动作来模仿一下蚕宝宝呢？

活动延伸

引导幼儿将仰头的蚕宝宝从养蚕盒里挑出来单独照顾。

活动四： 蚕宝宝变色了（科学领域）

活动目标

1. 知道蚕宝宝吃了带有色素的桑叶会变色。
2. 能够尝试制作彩虹摩天轮。
3. 观察彩虹糖的变化，并能用语言表达。

活动重难点

1. 活动重点：知道蚕宝宝吃了带有色素的桑叶会变色。
2. 活动难点：制作彩虹摩天轮。

活动准备

1. 经验准备：幼儿吃过彩虹糖。
2. 物质准备：彩色蚕、染过色素的桑叶、彩虹糖两包、一次性纸盘、清水、食用色素。

活动过程

（一）出示彩色蚕宝宝，激发幼儿兴趣

1. 出示彩色蚕宝宝（图 3-7）。

教师：我们的蚕宝宝怎么了？你知道蚕宝宝为什么变成彩色的了吗？看看这片彩色的桑叶。

小结：蚕宝宝是吃了带有色素的桑叶才变了颜色。

2. 出示具有魔法的"彩色药水"，让幼儿猜想并自由表达。

教师：今天老师带来了具有魔法的"彩色药水"，请小朋友想一想我们要用它来做什么？

小结：这种"彩色药水"就是给桑叶染色的食用色素，我们吃的食物里有些就加入了食用色素。我们一会儿来玩一个小游戏，把食物里的食用色素变出来。

图 3-7

（二）出示彩虹糖，介绍玩法

1. 出示彩虹糖，请幼儿描述。

教师：这是什么？它为什么有这么多种颜色？

小结：这种圆圆的、有很多种颜色的糖果就是彩虹糖。彩虹糖里面加入了食用色素，所以它的颜色才这么漂亮。

2. 拿出彩虹糖，介绍玩法。

教师：今天，我们要用彩虹糖进行一个彩虹摩天轮的实验，下面老师介绍实验步骤。

（1）取出约 20 粒彩虹糖，把不同颜色的糖粒交叉摆放在盘中，围成一圈（图 3-8）。

（2）向盘子中央轻轻倒入常温清水，水面高度是彩虹糖高度的一半。

（3）静静地等待，观察彩虹糖中的色素在盘中扩散的现象。

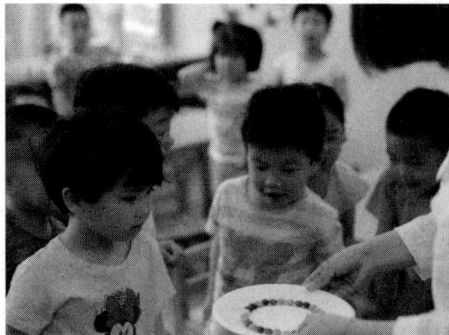

图 3-8

（三）幼儿制作彩虹摩天轮

幼儿尝试实验，教师关注幼儿操作情况并给予指导（图 3-9）。

教师：老师在每个小组的桌上都准备了彩虹糖和水，下面请小朋友们一起做一做这个有趣的实验吧！

图 3-9

小结：

（1）彩虹糖接触水后，颜色开始向四周扩散。当扩散到一定程度时，开始朝盘子中央扩散，逐渐形成一个类似摩天轮的形状。

（2）彩虹糖身上的颜色就是食用色素，和变色的蚕宝宝吃的色素是一样的。

活动延伸

请小朋友回家寻找还有哪些食品中含有色素。

活动五：　各种各样的蚕宝宝　（艺术领域）

活动目标

1. 喜欢参加美工活动，有自己的想法。
2. 学会双面胶的使用方法。
3. 喜欢蚕，乐意用多种方式表现蚕的样子。

活动重难点

1. 活动重点：喜欢参加美工活动，在制作过程中有自己的想法。
2. 活动难点：乐意用多种方式表现蚕的样子。

活动准备

1. 经验准备：幼儿了解蚕的样子。
2. 物质准备：《有趣的蚕》PPT，绘画工具，彩色黏土、卫生纸、瓶盖等低结构材料。

活动过程

（一）欣赏多媒体文件《有趣的蚕》

和幼儿谈谈蚕宝宝的生活，激发孩子的创作欲望。

教师：蚕宝宝从小到大会变成各种样子，真有趣，我们今天来制作蚕宝宝，好吗？

小结：引导幼儿用多种材料表现蚕宝宝的样子。

（二）探讨交流

在幼儿自由讨论的基础上，请幼儿介绍自己的想法或提出问题。

教师：用什么材料和方法制作蚕宝宝呢？

小结：教师根据幼儿提出的想法或问题，和幼儿一起商量解决。

（三）制作蚕宝宝

1. 出示材料，鼓励幼儿按照自己的想法大胆尝试。

教师：今天老师为小朋友们准备了画笔以及很多低结构材料，你们可以自由选择材料。

小结：引导幼儿选择和别人不一样的材料进行大胆创作。

2. 介绍双面胶的用法。

教师：今天老师向小朋友介绍一下双面胶的使用方法。首先选择你需要使用的双面胶长度，将双面胶撕下来，然后将双面胶的一面固定到要粘贴的物体上，用力固定。固定好以后，将双面胶上面的白色纸条撕下来就可以了。撕的时候一定要小心，不要着急，相信你一定会成功的。

小结：介绍完双面胶的用法后，可以让小朋友亲自尝试一下。

3. 幼儿制作，教师观察，适时指导。

小结：在幼儿的操作过程中，及时关注幼儿的需求，鼓励幼儿大胆创作。

4. 分享作品。

教师：你在制作过程中遇到的困难是什么？最后是如何解决的？请你和大家分享。

小结：肯定幼儿分享的同时，可针对大部分幼儿在制作中出现的问题进行总体点评，帮助幼儿解决在制作中出现的问题。

活动延伸

在美工区寻找不同的低结构材料或美工材料进行创作。

七、主题反思

（一）幼儿的收获

主题活动"神秘的蚕宝宝"培养了幼儿的观察能力、发现问题和解决问题的能力，如幼儿能发现蚕宝宝仰头不动了、不吃桑叶了等一些变化，并能及时将这些发现告诉老师和小朋友，根据观察到的现象提出自己的问题。在幼儿产生问题后，我们没有马上将答案告诉幼儿，而是有目的地培养幼儿回家和家长一起查阅资料，培养幼儿的任务意识、语言表达和复述问题的能力等。在主题开展的过程中，我们注重在饲养蚕的过程中培养幼儿爱护动物的情感和责任感，如每个周末都会有小朋友主动将蚕宝宝带回家进行照顾。在日常活动中，幼儿能把养蚕的经验迁移到其他活动中，如我们在幼儿园一起捉蜗牛、在班里饲养蝈蝈，幼儿都能认真观察小动物的变化，并能及时将自己的发现分享给老师和小朋友。

（二）教师的收获

主题活动从生成到完成，整个过程中幼儿是主体，教师和家长是活动的引导者和支持者。活动内容不需要过多预设，要围绕活动中孩子们发现的问题、感兴趣的内容在实践体验中进行深入探究。在本次主题活动中，幼儿在发现问题、动脑思考、解决问题等方面都有了很大的提高，并能将获得的知识经验迁移到别的活动中。教师在主题开展方面有了新的发现、新的思路和新的启发。

（三）家园共育

主题的开展需要家长的配合，家长能够清楚地了解各项活动的目标，并能够看到孩子的发展和变化，从而愿意配合幼儿园开展各项活动，共促幼儿发展。如家长从网上购买桑叶或和幼儿一起采集桑叶带到班中；家长支持幼儿周末将班中的蚕宝宝带回家进行照顾；对于幼儿提出的问题和需要调查的内容，家长通过书籍、网络帮助幼儿一起查阅资料寻找答案；家长为班中提供和蚕有关的科学绘本供幼儿阅读……

（案例提供者：田　菲，张添铭）

中班主题活动　蜥蜴王国

一、主题由来

升入中班以后，一名幼儿把家中的两只鬃狮蜥带到幼儿园饲养，之后班中又来了两只豹纹守宫蜥蜴。在幼儿的强烈要求下，我们开展了"蜥蜴王国"的主题活动。《指南》中指出：中班幼儿能对事物或者现象进行观察比较，发现其相同与不同。为此，我们开展和蜥蜴有关的各种探究活动，在活动开展的过程中指导幼儿对两种不同种类的蜥蜴进行观察比较，在这个过程中感知和发现蜥蜴的生长变化，了解蜥蜴的身体结构、生活习性等。在饲养和照顾蜥蜴的同时，可以培养幼儿的爱心和责任心。

二、设计思路

"蜥蜴王国"的主题活动源于幼儿对小动物的探究兴趣。在主题实施的过程中，教师注重追随幼儿的观察与发现开展活动，幼儿会对观察到的现象进行提问，从而生成新的问题进行探究，在这个过程中，孩子们学会了如何去寻找答案。

第一阶段：认识蜥蜴

对于新到来的蜥蜴，孩子们感到陌生又好奇。这一阶段主要是让幼儿认识蜥蜴，引导幼儿认真观察蜥蜴的外形特征，鼓励幼儿大胆用语言去表达自己的发现。

具体环节包括：认识鬃狮蜥、了解鬃狮蜥的外形特征。

第二阶段：蜥蜴的小秘密

班中的蜥蜴最近不太喜欢吃东西，而且其中一只蜥蜴蜕皮了，于是教师引导幼儿猜测蜥蜴不吃东西的原因，观察蜥蜴蜕皮时的变化，如进餐情况、身上的变化、精神状态等。在这个过程中，孩子们还了解了蜥蜴的尾巴是可以再生的。

具体环节包括：观察蜥蜴蜕皮时的变化、知道蜥蜴的尾巴是可以再生的。

第三阶段：不一样的蜥蜴

养了一段时间鬃狮蜥，班里又来了两只豹纹守宫。这两种蜥蜴在外观、形态、饮食等方面都完全不同。《指南》中指出，中班幼儿能对事物或者现象进行观察比较，发现其相同与不同，因此在活动开展的过程中，教师注重引导幼儿对两种蜥蜴进行观察比较，发现其相同与不同，并在这个过程中感知和发现蜥蜴的生长变化，了解蜥蜴的身体结构、生活习性等。

具体环节包括：了解蜥蜴不同的外形特征、绘画蜥蜴。

第四阶段：蜥蜴别墅

在饲养两种蜥蜴的过程中，孩子们发现蜥蜴住的房子的设计不同，里面的设施也不相同，于是我们邀请北京动物园科普馆的老师来为幼儿普及有关蜥蜴别墅的相关知识，并请幼儿亲自为蜥蜴设计别墅。

具体环节包括：了解不同种类的蜥蜴的生活习性、给蜥蜴设计别墅。

三、主题目标

1. 能在饲养蜥蜴的过程中提出问题，并大胆猜测答案。

2. 能和家长共同通过简单的调查收集信息。

3. 能感知和发现蜥蜴的生长变化，了解蜥蜴的身体结构、生活习性。

4. 能对两种不同种类的蜥蜴进行观察比较，发现其相同点与不同点。

四、家园互动

1. 周末带蜥蜴回家进行照顾。

2. 家长自发为蜥蜴购买杜比亚和面包虫。

3. 家长购买和蜥蜴有关的图书并带到幼儿园供幼儿阅读。

五、主题网络图

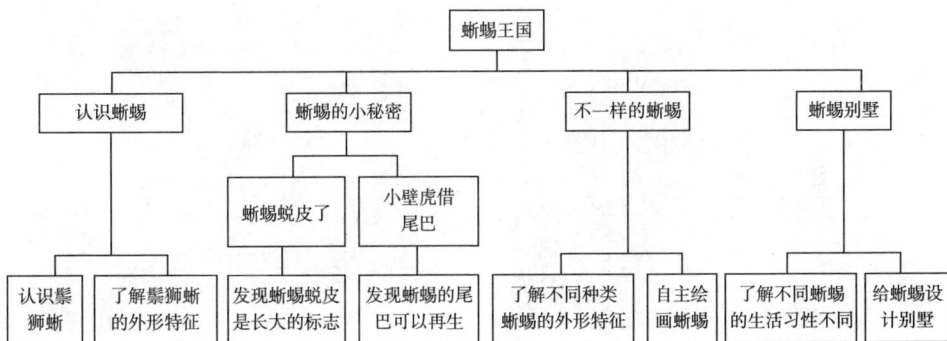

```
                          蜥蜴王国
        ┌──────────┬──────────┴──────────┬──────────┐
     认识蜥蜴    蜥蜴的小秘密          不一样的蜥蜴      蜥蜴别墅
                 ┌────┴────┐
              蜥蜴蜕皮了   小壁虎借
                          尾巴
  ┌────┬────┐ ┌────┬────┐ ┌────┬────┐ ┌────┬────┐
 认识鬃  了解鬃狮蜥 发现蜥蜴蜕皮 发现蜥蜴的尾 了解不同种类 自主绘 了解不同蜥蜴 给蜥蜴设
 狮蜥  的外形特征 是长大的标志 巴可以再生   蜥蜴的外形特征 画蜥蜴 的生活习性不同 计别墅
```

六、主题过程实录

活动一： 认识蜥蜴 （科学领域）

活动目标

1. 认识鬃狮蜥。

2. 了解蜥蜴的外形特征和生活习性。

3. 在活动中有自己的想法并能大胆表达。

活动重难点

1. 活动重点：认识鬃狮蜥。

2. 活动难点：通过观察图片了解蜥蜴的外形特征和生活习性。

活动准备

1. 经验准备：幼儿每天都能够观察到蜥蜴，并与其互动。

2. 物质准备：活体鬃狮蜥两只、记录单人手一张。

活动过程

（一）观看蜥蜴视频，激发幼儿兴趣

播放蜥蜴视频，观看蜥蜴在大自然中的生存状态。

教师：今天老师带来了一个视频，请小朋友们认真观看。

小结：视频里的动物是我们今天要介绍的鬃狮蜥。

（二）幼儿观察蜥蜴，记录观察发现，提出自己的问题

1.出示蜥蜴，观察认识鬃狮蜥。

教师：请小朋友观察鬃狮蜥身上的颜色、花纹，摸一摸它的皮肤。

小结：引导幼儿轻轻抚摸蜥蜴的背部，不要摸蜥蜴的嘴。

2.记录发现。

教师：今天老师为每个小朋友准备了一张记录单，你可以将自己的发现记录到上面（图3-10～图3-11）。

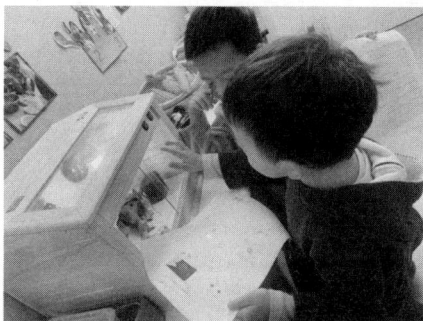

图 3-10

图 3-11

小结：引导幼儿用符号或者图画的形式记录自己的发现。

3.提出问题。

教师：每个小朋友将自己想了解的关于蜥蜴的问题用图画的形式记录下来。

4.分享问题，教师解答。

教师：请小朋友将自己的问题提出来和大家分享。

小结：鼓励幼儿大胆表达并积极回答问题。

（三）了解鬃狮蜥的生活习性

教师：小朋友，你了解鬃狮蜥的生活习性吗？你猜一猜它喜欢住在哪儿？吃什么食物（图3-12～图3-13）？

小结：鬃狮蜥喜欢吃的食物是杜比亚，每周吃一次油麦菜，喜欢泡澡。每次观察完蜥蜴一定要洗手，注意卫生。

活动延伸

回家和家长分享自己的发现和收获。

图 3-12

图 3-13

活动二：蜥蜴蜕皮了（科学领域）

活动目标

1. 观察蜥蜴的变化并能用语言表达出来。
2. 通过观察蜥蜴了解其身体变化。
3. 愿意照顾蜥蜴。

活动重难点

1. 活动重点：观察蜥蜴的变化并能用语言表达出来。
2. 活动难点：通过观察蜥蜴，了解其身体变化。

活动准备

1. 经验准备：幼儿每天都能够观察到蜥蜴，对蜥蜴有一定的了解。
2. 物质准备：活体鬃狮蜥两只。

活动过程

（一）观察蜥蜴身上的变化，激发幼儿的兴趣

观察蜥蜴，引导幼儿发现蜥蜴身体上的变化（图 3-14～图 3-15）。

教师：今天小朋友在蜥蜴身上观察到了什么？

小结：蜥蜴开始蜕皮了。

（二）讨论蜥蜴蜕皮的原因及在蜕皮的时候如何照顾蜥蜴

1. 请幼儿大胆猜测蜥蜴蜕皮的原因，并表达自己的想法。

小结：蜥蜴蜕皮是因为在成长，蜥蜴一生会蜕好几次皮。

图 3-14

图 3-15

2. 请幼儿回忆蜥蜴蜕皮期间的表现。

教师：蜥蜴蜕皮时会怎么样呢？

小结：蜥蜴蜕皮期间，食欲会下降，不喜欢活动。

3. 讨论在蜥蜴蜕皮期间应如何照顾蜥蜴。

教师：蜥蜴蜕皮期间，我们该怎样照顾它呢？

小结：可以给蜥蜴泡澡，加速蜕皮。蜥蜴蜕皮期间不打扰它，让它好好休息。

4. 讨论蜥蜴蜕皮后的变化。

教师：小朋友们有没有观察到蜥蜴蜕皮后会怎么样？

小结：蜥蜴蜕皮后会把自己的皮吃掉，用来补充蛋白质。小朋友们如果想观察蜥蜴的皮，可以把它收集到一个密封袋子里，用放大镜去观察。

活动延伸

请幼儿将蜥蜴蜕下的皮收集到一个密封袋子里进行观察。

活动三： 小壁虎借尾巴 （语言领域）

活动目标

1. 能认真倾听故事，理解故事的内容。

2. 了解小鱼、老牛、燕子尾巴的作用及小壁虎尾巴再生的功能。

3. 大胆进行角色扮演，感受表演的乐趣。

活动重难点

1. 活动重点：了解小鱼、老牛、燕子尾巴的作用及小壁虎尾巴再生的功能。

2. 活动难点：大胆进行角色扮演，感受表演的乐趣。

活动准备

1. 经验准备：幼儿听过《小壁虎借尾巴》的故事。

2. 物质准备：小壁虎、壁虎妈妈、小鱼、老牛、燕子的头饰，故事课件。

活动过程

（一）出示壁虎断尾的图片，激发幼儿的兴趣

教师：看了图片以后，你发现了什么？你们知道小壁虎的尾巴为什么会断吗？请听下面的故事，让我们一起来找找答案吧！

（二）讲述《小壁虎借尾巴》的故事内容

1. 边讲边引导幼儿听故事的前半部分。

教师：故事中有哪些小动物？小壁虎在抓蚊子的时候发生了什么事？

2. 讲述故事的后半部分，帮助幼儿初步了解动物尾巴的作用及小壁虎尾巴再生的功能。

教师：小壁虎向哪些小动物借了尾巴？它借到尾巴了吗？小鱼姐姐、牛伯伯、燕子阿姨为什么不把尾巴借给小壁虎？小壁虎和小动物借尾巴时说了什么？

小结：小壁虎向小鱼、老黄牛和小燕子借了尾巴，没有借到。因为它们的尾巴都不适合小壁虎。

（三）教师边放课件边完整讲述故事，激发幼儿进行角色扮演

教师：小壁虎没有借到尾巴时，它的心情怎么样？为什么又高兴起来了呢？

小结：小壁虎没有借到尾巴的时候心情不好，后来自己长出了尾巴，所以很高兴。

（四）引导幼儿戴上头饰进行角色扮演，并感受角色中优美的语言

教师：老师给每个小组都准备了头饰，小朋友们可以戴上头饰进行角色扮演。

小结：原来小壁虎的尾巴断了以后还可以再生，小鱼的尾巴可以拨水，老牛的尾巴用来赶苍蝇，燕子的尾巴用来掌握方向。

活动延伸

请幼儿回家查询其他小动物的尾巴的作用。

附故事：《小壁虎借尾巴》

小壁虎在墙角捉蚊子，一条蛇咬住了它的尾巴。小壁虎一挣，挣断尾巴逃走了。没有尾巴多难看啊！小壁虎想去借一条尾巴。

小壁虎爬呀爬，爬到了小河边。他看见小鱼在河里摇着尾巴游来游去。小壁虎说："小鱼姐姐，您的尾巴借给我行吗？"小鱼说："不行啊，我要用尾巴拨水呢。"小壁虎告别了小鱼，又向前爬去。

小壁虎爬呀爬，爬到了大树上。他看见老黄牛在树下甩着尾巴吃草。小壁虎说:"黄牛伯伯,您的尾巴借给我行吗?"老黄牛说:"不行啊,我要用尾巴赶蝇子呢。"小壁虎告别了老黄牛,又向前爬去。

小壁虎爬呀爬,爬到了屋檐下。他看见燕子在空中摆着尾巴飞来飞去。小壁虎说:"燕子阿姨,您的尾巴借给我行吗?"燕子说:"不行啊,我飞的时候,要用尾巴掌握方向呢。"

小壁虎借不到尾巴,心里很难过。他爬呀爬,爬回家里找妈妈。小壁虎把借尾巴的事告诉了妈妈。妈妈笑着说:"傻孩子,你转过身子看看。"小壁虎转身一看,高兴地叫起来:"我长出一条新尾巴啦!"

活动四: 不一样的蜥蜴 (艺术领域)

活动目标

1. 欣赏不同种类蜥蜴的图片,了解蜥蜴不同的外形特征。
2. 能抓住不同蜥蜴的特征并用绘画的形式表现出来。
3. 能在美术活动中大胆想象,自由创作。

活动重难点

1. 活动重点:能抓住不同种类蜥蜴的特征并用绘画的形式表现出来。
2. 活动难点:在美术活动中大胆想象,自由创作。

活动准备

1. 经验准备:幼儿可以每天观察蜥蜴,并与蜥蜴近距离接触。
2. 物质准备:不同种类蜥蜴的图片、油画棒、水彩笔、绘画纸、桌布等。

活动过程

(一)出示不同种类蜥蜴的图片,引导幼儿认识蜥蜴的外形特征

1. 引导幼儿观察图片中的鬃狮蜥,了解其外形特征。

教师:这是什么蜥蜴?它有什么最明显的特征?它像什么?它的身体是什么样子的?

小结:鬃狮蜥的尾巴细细长长的,身体扁扁的。

2. 引导幼儿观察豹纹守宫的特征。

教师:这又是什么蜥蜴?它有个最明显的特征是什么?粗粗的尾巴是什么样子的?

小结:豹纹守宫的尾巴很粗。因为粗粗的尾巴要储存营养。

(二)幼儿自主绘画蜥蜴,并装饰自己的画

1. 幼儿用线描装饰的方法大胆作画。

教师:今天我们要用线描装饰的方法来画蜥蜴,可以先在纸上将蜥蜴的轮廓画出来,再用不同的线条和花纹装饰蜥蜴的身体。

2. 给蜥蜴画做装饰。

教师：蜥蜴画好后，小朋友还可添画上植物来丰富画面。

（三）展示幼儿作品

教师：哪个小朋友想把自己的作品分享给大家？

小结：教师鼓励幼儿相互分享绘画作品（图 3-16～图 3-17）。

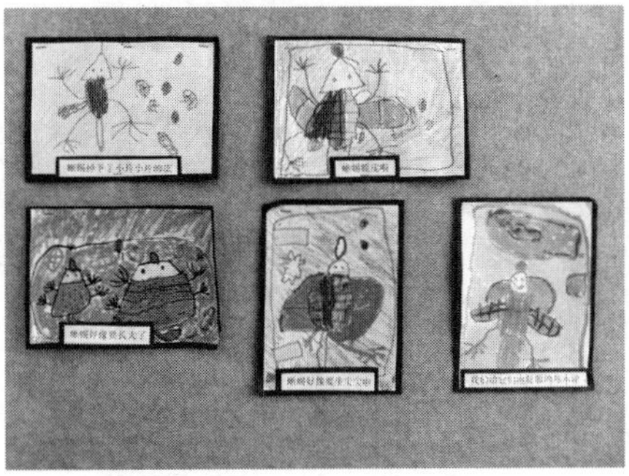

图 3-16

图 3-17

活动延伸

将作品带回家和家长进行分享。

活动五：设计蜥蜴别墅（艺术领域）

活动目标

1. 了解不同种类的蜥蜴，其生活习性不同。

2. 能抓住不同蜥蜴的生活习性设计蜥蜴别墅。

3. 在活动中大胆想象和创作。

活动重难点

1. 活动重点：了解不同种类的蜥蜴，其生活习性不同。

2. 活动难点：能抓住不同蜥蜴的生活习性设计蜥蜴别墅。

活动准备

1. 经验准备：幼儿可以每天观察到蜥蜴，并与蜥蜴近距离接触。

2. 物质准备：油画棒、水彩笔、绘画纸、黏土、桌布等美术工具。

活动过程

（一）出示两种蜥蜴，引导幼儿回忆蜥蜴的生活习性

1. 引导幼儿观察鬃狮蜥，回忆其生活习性。

教师：你还记得鬃狮蜥喜欢住在什么地方吗？它都在什么时间睡觉呢？

小结：鬃狮蜥喜欢住在沙子里，它和人一样，白天活动，晚上睡觉。

2. 引导幼儿观察豹纹守宫，回忆其生活习性。

教师：豹纹守宫在什么时间睡觉呢？它喜欢生活在哪里？

小结：豹纹守宫是夜行动物，白天睡觉，晚上活动，因为它们不喜欢阳光。

（二）设计自己心中的蜥蜴别墅

教师：今天小朋友可以自己给蜥蜴设计它的家。你想怎样设计呢？

小结：引导幼儿发挥自己的想象力去设计。

教师：请小朋友自己选择需要用到的材料，可以画下来，也可以用黏土去制作。

小结：引导幼儿结合蜥蜴的生活习性，用自己喜欢的方式去设计、表现蜥蜴别墅。

（三）分享我的蜥蜴别墅

1. 邀请幼儿分享自己设计的蜥蜴别墅。

教师：今天小朋友设计了自己心目中的蜥蜴别墅，谁愿意来和大家分享一下自己的作品？

小结：肯定幼儿的设计，请幼儿观察小朋友设计的蜥蜴别墅和班里的蜥蜴别墅不一样的地方。

2. 请幼儿给自己设计的蜥蜴别墅起名字。

教师：请小朋友们给自己设计的蜥蜴别墅起个名字。

活动延伸

可以将作品带回家，和家人分享并介绍自己的作品。

七、主题反思

"蜥蜴王国"的主题活动是我们在开展蚕宝宝主题活动后的第二个和动物有关的主题。班中孩子对动物的好奇心和求知欲望非常高，周末参加了动物园的"动物课堂"，我们还将北京动物园科普馆里的工作人员请到幼儿园，给幼儿讲有关蜥蜴的知识和正确饲养蜥蜴的方法，小朋友们非常喜欢。在主题活动开展的过程中，孩子们观察、对比两种蜥蜴，并在这个过程中发现蜥蜴的相同点与不同点。如鬃狮蜥是白天活动，晚上睡觉，而豹纹守宫是夜行动物，喜欢白天睡觉，晚上活动。鬃狮蜥的食物是杜比亚和油麦菜，豹纹守宫的食物是面包虫等。

家长也因为孩子喜欢这个动物而大力支持班中开展的有关蜥蜴的活动，不但主动给蜥蜴买食物，还购买了和蜥蜴有关的绘本带到幼儿园，让幼儿查阅资料。每周都有小朋友主动带来油麦菜给班中的鬃狮蜥吃。有的家长因为孩子喜欢蜥蜴而克服了害怕面包虫的心理障碍。在这个过程中，幼儿、教师和家长都非常有收获。

在活动的开展过程中，幼儿的观察能力、思考问题的能力和语言表达能力都得到了提高。幼儿愿意把自己观察到的内容用图画的形式记录下来，喜欢和蜥蜴互动。

（案例提供者：田　菲，张添铭）

中班主题活动　有趣的种植

一、主题由来

有人说过："庄稼是人和自然最好的结合物。"一句简单的话道出了在幼儿阶段开展种植活动的必要性。因此，随着素质教育的深入实施，教师要更新教育教学观念，引导幼儿在充满生机、充满植物的生态种植活动中丰富知识，让幼儿亲身体验、亲自感知，在全方位、多渠道、多元化、开放式的环境中获得健全的发展。

陈鹤琴先生说过："大自然、大社会是活教材。"幼儿园的种植活动具有操作性、真实性及社会性等特点。种植活动可以让幼儿在亲历种植的过程中提高观察、探索、表达、表现的能力及相关的知识经验，培养幼儿对周围世界的好奇心和探究欲望等品质，并体验到劳动收获的快乐。

春天到了，万物复苏，幼儿对自然产生了浓厚的兴趣。结合幼儿园开展的农耕节种植活动，幼儿想亲自动手尝试种植，于是教师与幼儿一起开展了"有趣的种植"主题活动。

二、设计思路

本次种植活动为幼儿接触自然、生活事物和现象积累了有益的直接经验和感性认识。幼儿通过直接感知植物生长的条件、体验使用种植工具和实际操作种植蒜宝宝学习了种植。本次主题活动分为五个阶段，每个阶段的活动都是追随幼儿在种植过程中的问题和需要而生成的。

第一阶段：植物的生长条件

教师通过出示干枯的植物引出植物生长条件的主题，激发幼儿探究的兴趣与欲望。教师与幼儿一起做了三个实验，并通过一段时间的观察后，探究并验证了植物生长所需的条件。

具体环节包括：猜想植物的生长条件、实验验证植物的生长条件。

第二阶段：认识种植工具

在本阶段的活动中，教师带领幼儿认识常见的种植工具，如铲子、三齿耙、锄头。让幼儿知道工具的使用方法，可为后续的种植活动奠定基础。在幼儿认识并了解种植工具的使用方法后，教师带领幼儿来到农耕园亲身体验种植，并在使用工具的过程中感受工具的便利。

具体环节包括：认识常见的种植工具、知道种植工具的用途和使用方法。

第三阶段：种植蒜宝宝

本阶段的活动带领幼儿了解蒜的外形特征，在此基础上知道种植蒜苗的方法。在种植过程中，幼儿不仅要动手尝试种植，而且要在日常生活中照顾自己的植物，这不仅培养了幼儿的观察能力，而且培养了幼儿的责任心。

具体环节包括：探究蒜的种植方法并持续照顾蒜宝宝。

第四阶段：制作除虫药

在这一阶段，幼儿对植物长虫了这个现象很感兴趣，所以教师抓住这一兴趣点，在家长的配合下，幼儿搜集制作除虫药的方法和材料，与大家一起制作除虫药。在这个过程中，教师更关注幼儿的主动探索，幼儿发现问题、主动探索和解决问题的能力得到了全面的提高。

具体环节包括：了解植物长虫的危害、探究制作除虫药。

第五阶段：好吃的蒜苗

幼儿通过操作活动品尝用自己种植的蒜苗做成的美食。教师利用家长的资源，让家长与幼儿一起制作并品尝蒜苗美食。幼儿感受到种植带来的成就感，也养成了爱吃蔬菜的好习惯。

具体环节包括：分享用蒜苗做成的美食。

三、主题目标

1. 愿意参与到种植活动中，在照顾植物的过程中提升责任感。

2. 在种植活动中，能够对植物的生长进行细致的观察。

3. 在观察与照顾植物的过程中，能随时发现问题并积极解决问题。

四、家园互动

1. 与家长一起搜集种植活动的相关资料。

2. 家长带领幼儿一起将种植的大蒜和种子带到幼儿园。

3. 与幼儿一起制作蒜苗美食。

五、主题网络图

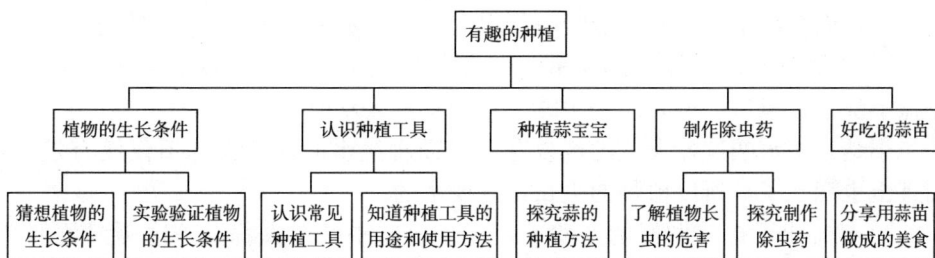

```
                          ┌──────────┐
                          │ 有趣的种植 │
                          └──────────┘
        ┌───────────┬──────────┬──────────┬──────────┐
  ┌──────────┐ ┌──────────┐ ┌──────────┐ ┌──────────┐ ┌──────────┐
  │ 植物的生长条件 │ │ 认识种植工具 │ │ 种植蒜宝宝 │ │ 制作除虫药 │ │ 好吃的蒜苗 │
  └──────────┘ └──────────┘ └──────────┘ └──────────┘ └──────────┘
   ┌────┬────┐   ┌────┬────┐     │      ┌────┬────┐      │
┌─────┐┌─────┐┌─────┐┌─────┐┌─────┐┌─────┐┌─────┐┌─────┐
│猜想植物的││实验验证植物││认识常见││知道种植工具的││探究蒜的││了解植物长││探究制作││分享用蒜苗│
│生长条件 ││的生长条件 ││种植工具││用途和使用方法││种植方法││虫的危害 ││除虫药  ││做成的美食│
└─────┘└─────┘└─────┘└─────┘└─────┘└─────┘└─────┘└─────┘
```

六、主题过程实录

活动一：植物生长的条件（科学领域）

活动目标

1. 了解植物生长所需的条件。

2. 愿意参与到探究植物生长的活动中。

3. 萌发照顾植物的情感。

活动重难点

1. 活动重点：了解植物生长所需的条件。

2. 活动难点：根据实验发现植物生长所需的条件。

活动准备

1. 经验准备：幼儿对种植活动感兴趣，在家中见过盆栽花。

2. 物质准备：干枯的植物、视频《种子发芽了》、芸豆、大蒜、容器、花盆等。

活动过程

（一）了解植物为什么干枯了

教师出示干枯的植物并进行提问。

教师：小朋友们，你们看老师手里的植物怎么了？它与正常的植物有什么不同？

小结：植物干枯了，叶子都变黄了。正常的植物叶子都是绿绿的。

（二）讨论了解植物生长所需的条件

教师：我们知道，如果没有水，植物就会干枯，甚至死掉。那除了水，你们觉得植物要长大，还需要什么条件呢？

1. 教师出示提前做好的实验一：芸豆两个，一个在花盆的底部，一个在花盆的浅土层处。

小结：在花盆最底层的种子，经过了一段时间的照顾并没有发芽，而埋在浅土层处的种子已经开始发芽了。因为花盆最底层的种子没有办法接触到足够的空气，而在浅土层的种子能吸收到空气，所以植物生长是需要空气的。

2. 教师出示提前做好的实验二：在相同的容器里种上大蒜，一盆浇水、一盆不浇水，经过一段时间的照顾，你们有什么发现吗？

小结：浇水的这盆大蒜已经发芽了，而不浇水的这盆大蒜不仅没有发芽，而且土也变干了，所以植物的生长是需要水的。

3. 教师出示提前做好的实验三：一个容器中种上大蒜，一边用黑色的纸箱包住，一边可以照到阳光。你们发现了什么现象？

小结：照到阳光的大蒜是绿色的，照不到阳光的大蒜是黄色的。所以植物的生长需要阳光。

小结：根据我们做的三个实验，知道植物的生长需要空气、水、阳光。

（三）观看视频《种子发芽了》，直观地了解种子发芽的过程

教师：我们一起来看看种子是怎样发芽、长大、开花的。

总结：原来，冬天的时候，因为天气太冷了，种子和小动物一样在睡觉。等到春天天气变暖了，下雨了，种子就开始发芽了。

活动延伸

1. 鼓励幼儿回家后跟家长说一说植物的生长条件。

2. 在农耕园或者植物角开展种植活动，体验种植带来的乐趣（图 3-18～图 3-19）。

图 3-18

图 3-19

活动二： 认识种植工具 （科学领域）

活动目标

1. 初步学会种植和照料植物的方法。

2. 认识常见的种植工具。

3. 知道种植工具的用途和使用方法，体验工具给生活带来的便利。

活动重难点

1. 活动重点：认识常见的种植工具。

2. 活动难点：知道种植工具的使用方法，体验工具给生活带来的便利。

活动准备

1. 经验准备：幼儿对照料植物感兴趣，知道在种植时需要使用种植工具。

2. 物质准备：铲子、三齿耙、锄头。

活动过程

（一）出示种植工具，激发幼儿的兴趣

教师：小朋友们，今天老师带来了三个好朋友，我们一起来看看都是什么吧（图 3-20）。老师手里拿的是什么呀？你们认识它吗？你在哪里见过它们？

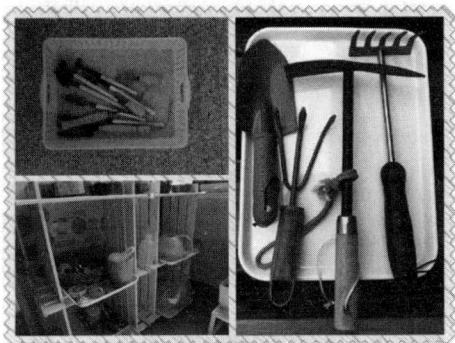

图 3-20

小结：它们分别是铲子、三齿耙和锄头，都是在种植的时候需要用到的工具。

（二）知道工具的用途和使用方法，体验工具给生活来的便利

1. 出示铲子，了解其作用和使用方法。

教师：老师手里拿的是铲子，铲子分为宽铲子和窄铲子。那你们知道它们都是怎么用的吗？两种铲子的使用方法有什么区别吗？

小结：窄铲子的作用是起苗、种植。宽铲子的作用是松土、移盆。我们用手握着手柄处，向下对着土就可以了。

2. 出示三齿耙，了解其作用和使用方法。

教师：我现在拿的是三齿耙，你们知道它有什么作用吗？是怎么用的？

小结：它的作用是松土、平土。松土有利于植物根系呼吸，促进植物对水分

和营养的吸收。用的时候也是手握着手柄，三齿耙向下对着土，轻轻地来回刮。

3. 出示锄头，了解其作用和使用方法。

教师：我现在拿的是锄头，小朋友们知道它有什么作用吗？

小结：锄头的作用是除草。当种植的地方出现杂草的时候，我们就可以用它把杂草清理干净。杂草会与种植的植物争营养，所以为了让植物可以更好地生长，就需要用锄头把杂草除掉。

教师：如果没有这些工具，我们的生活会变成什么样子呢？你们觉得这些工具给我们的生活带来了什么便捷呢？

小结：小朋友认识了很多的种植工具，但是如果是大面积的土地耕作，只靠这些工具是很辛苦的，所以人们发明了更多的新型农具，比如拖拉机、播种机、脱粒机，等等。总之，种植工具给人们的生活带来了便利，可以很快、很方便地种植。

（三）幼儿尝试使用工具

教师：小朋友们认识了这么多工具，我们带着种植工具一起去农耕园试试它们吧。

活动延伸

1. 在农耕园或者自然角种植时使用种植工具（图 3-21）。

2. 在过渡环节使用小工具照顾植物。

3. 在过渡环节或者教育活动中带领幼儿了解新型农具给生活带来的便利，如拖拉机、播种机、脱粒机等。

图 3-21

活动三： 种植蒜宝宝 （科学领域）

活动目标

1. 知道大蒜的基本特征和蒜的生长过程。

2. 了解蒜的种植方法。

3. 愿意参与到大蒜的种植活动中，愿意照料大蒜的生长。

活动重难点

1. 活动重点：了解蒜苗的种植方法并亲自种植蒜苗。

2. 活动难点：知道在种植时蒜根朝下放入土中，蒜尖朝上。

活动准备

1. 经验准备：幼儿知道蒜生长需要的条件。

2. 物质准备：蒜生长过程的视频、蒜、蒜苗、水壶、泥土、花盆、种植工具等。

活动过程

（一）出示蒜苗，引出种蒜苗的主题

教师：你们看老师手里拿的是什么呀？你们吃过蒜苗吗？它是什么味道的？

小结：今天老师带来的是自己种植的蒜苗，小朋友们应该都吃过蒜苗，老师觉得蒜苗吃起来有点辣。如果你把它做成美味的食物，味道就会变得不一样呢。

（二）种植蒜苗

1. 知道蒜的基本特征。

教师：我们平时吃的蒜苗都是从超市或者菜市场买来的，都是农民伯伯自己种植的。今天我们要自己动手尝试种植蒜苗。先让我们一起看一看大蒜有什么特征。你见过的大蒜是什么样子的？

小结：蒜是由多个小瓣组成的，蒜瓣围成了一圈，每个蒜瓣都有白白的蒜根，尖尖的地方是蒜尖，最外面的是蒜皮，用手一剥，蒜皮就掉了。

2. 播放种蒜瓣及其生长过程的视频。

教师：刚刚我们一起观看了蒜生长过程的视频，你有什么感受吗？

3. 教师示范种蒜苗。

教师：了解了蒜的生长过程，现在我们开始种大蒜，这时需要用到我们的种植工具。首先把大蒜剥成一个个小蒜瓣，然后用小铲子松松土。土松好后，拿起一个小蒜瓣，将它插进泥土里，蒜根朝下，蒜尖朝上，盖好土。最后给蒜瓣浇水，放到有阳光的地方就种好了。平时我们要多照顾自己的蒜苗，给它浇水，如果有杂草也要清理干净。

4. 幼儿自己动手种植蒜苗（图 3-22）。

教师：刚刚老师示范了蒜苗的种植

图 3-22

方法，现在小朋友们可以自己动手试一试了。在种植的时候，把袖子往上卷一卷，以防弄脏衣服。

（三）结束环节，提升幼儿照顾蒜苗的兴趣

教师：小朋友们真能干，别忘了每天来看看自己种植的蒜苗，给它浇水、除草等。看看谁的蒜苗先长大吧！

活动延伸

1. 给自己种植的蒜苗设计标志牌，可以有种植日期、种子名称（图 3-23）。
2. 鼓励幼儿在平时或者过渡环节照顾自己的植物（图 3-24）。

图 3-23

图 3-24

活动四： 制作除虫药 （科学领域）

活动目标

1. 愿意参与到保护植物的活动中。
2. 了解植物长虫对植物的危害。
3. 能够大胆尝试，探索制作除虫药的方法。

活动重难点

1. 活动重点：探索制作除虫药的方法。
2. 活动难点：能够根据害虫的习性制作除虫药。

活动准备

1. 经验准备：幼儿知道虫子会影响蔬菜的正常生长，提前搜集制作除虫药的方法。
2. 物质准备：制作除虫药的物品，如烟丝、水瓶、辣椒粉、花露水、洗衣粉、喷壶、水等。

活动过程

（一）发现蔬菜长虫

教师：昨天我们一起去农耕园照顾我们种植的蔬菜了，好多小朋友发现农耕园的蔬菜好像生病了，请小朋友们来说一说你们发现农耕园的蔬菜怎么了（图 3-25）？

小结：蔬菜的叶子上出现了很多小虫子，小虫子把蔬菜的叶子都咬出了洞，蔬菜得了虫害病。

（二）通过讨论和查阅资料，了解蔬菜长虫的危害

教师：小朋友知道蔬菜长虫对蔬菜有什么危害吗？小朋友们在家查阅了很多的资料，请小朋友来说一说吧。

小结：蔬菜长虫会使蔬菜严重失去水分和营养，形成叶面皱缩、发黄，严重时造成叶片"坍塌"，此外还可以

图 3-25

传播病毒，引起病毒病产生。所以如果蔬菜长虫了，必须赶紧除虫。

（三）引导幼儿依据查阅的资料，大胆尝试制作除虫药

1. 分享自己的调查结果，知道害虫最害怕的东西。

教师：小朋友们回家都找到了害虫的习性以及最害怕什么，请小朋友们来说一说吧。

小结：蚜虫的天敌是七星瓢虫，它害怕味道大的东西，如烟丝等。

2. 自己动手尝试制作除虫药。

教师：小朋友们回家搜集了制作除虫药的材料，请小朋友们分享一下。

教师：老师也搜集到一些方法，就像小朋友们说的，可以把烟丝泡在水里，然后喷在蔬菜上，也可将辣椒粉喷在蔬菜上，还可以往喷壶里放入花露水，然后把少量的洗衣粉放进去，最后用力摇匀，使水、花露水、洗衣粉混合均匀即可。好了，小朋友们可以根据自己收集的材料或者利用老师提供的材料开始制作吧。

活动延伸

1. 教师带领幼儿给蔬菜除虫，试一试哪种自制除虫药最有效（图 3-26）。

2. 回家跟家长说一说自己是如何制作除虫药的。

图 3-26

活动五： 好吃的蒜苗 （健康领域）

活动目标

1. 了解用蒜苗做成的美食。
2. 体验蒜苗丰收的喜悦。
3. 愿意与同伴分享用自己种的蒜苗做成的美食。

活动重难点

1. 活动重点：体验蒜苗丰收的喜悦。
2. 活动难点：能用语言表达丰收的感受。

活动准备

1. 经验准备：幼儿吃过用蒜苗做成的美食。
2. 物质准备：丰收的蒜苗、幼儿和教师在家中把蒜苗做成美食的照片。

活动过程

（一） 出示蒜苗，引出将蒜苗做成美食的主题

教师：经过了一段时间，小朋友们种植的蒜苗丰收了，并且也带回家中做成了各种各样的美食。老师也把自己种植的蒜苗做成了美食，来看一看老师做的美食吧。我把蒜苗切成了小段，然后把它和鸡蛋结合，做成了美味的鸡蛋饼。

（二） 与同伴分享用蒜苗做成的美食

播放幼儿做的蒜苗美食的照片，进行集体分享（图 3-27）。

教师：让我们一起来看看小朋友们都把自己种植的蒜苗做成了什么美食吧。说说你是如何制作的？

小结：听了小朋友们的介绍，原来蒜苗可以做成很多好吃的，可以放到鸡蛋饼里、汤里，还可以炒着吃等。我们可以把小朋友们分享的照片做成蔬菜小书投放在图书区，小朋友们可以随时翻阅。

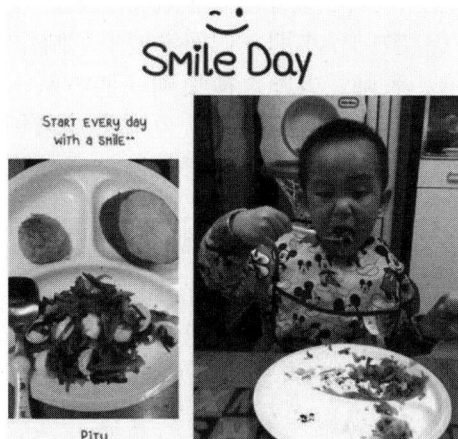

图 3-27

（三） 幼儿分享蒜苗丰收的感受

教师：小朋友们吃了自己种植的蒜苗，有什么感受？你的心情是什么样的？

小结：老师吃了用自己种植的蒜苗做成的美食后，我感到很开心。看着自己亲手种下的小蒜苗一天天长大，再把它做成美食，我感觉非常自豪。同时，我也感受到农民伯伯的辛苦，要照顾这么多植物是一件非常辛苦的事情，所以不管是自己种植的蔬菜，还是买来的蔬菜，我们都不要浪费。

活动延伸

1. 将自己的种植过程用绘画的方式记录下来。

2. 将自己种植蒜苗及做成的美食的照片制作成小书投放到图书区。

3. 把自己种植蒜苗到制作美食的过程做成海报，给弟弟妹妹或者其他班级进行分享。

七、主题反思

（一）种植类的主题活动对幼儿来说是必不可少的

随着主题活动在幼儿园的实施，幼儿园的主题活动越来越丰富、新颖，越来越接近时代的发展。可是在幼儿的知识经验越来越丰富的同时，我发现，幼儿对主题活动的了解不能仅仅停留在教师的说教上，而应该让幼儿亲身体验、动手感知。种植活动能够让幼儿参与到活动中，从了解工具到种植，再到收获并做成美食，是一个完整的过程，所以在幼儿园开展种植性的主题活动是必不可少的。

（二）主题的开展要给幼儿真体验

在主题活动中，幼儿会在持续的一段时间内，不断地探究一个或一类问题，活动的过程中要给幼儿真实体验的机会，这样的主题活动才是鲜活的。本次主题活动在开展的过程中，幼儿感受到种植的快乐，所以即使开展了新的主题活动，教师依然让幼儿不断关注着植物的生长情况。随后幼儿进行了收获、分享、品尝等真实的体验。相信这样的活动对幼儿来说，印象会更加深刻。

教师为幼儿提供了记录本，引导幼儿关注蔬菜的生长变化，激发幼儿照顾、观察蔬菜的生长过程的兴趣。本次活动充分调动了幼儿继续探究的欲望，幼儿在探究活动中接受科学知识，丰富种植经验，其思维能力、认知水平等方面都得到了发展。种植活动是一项有趣的探索活动，改变了单一、封闭式的课堂教育形式，在幼儿的探索体验过程中，教师发现问题，寻找教育的契机，帮助幼儿获得一定的经验与解决问题的能力。

（三）在种植过程中培养幼儿的语言表达能力

每个幼儿都有自我表现的愿望，在活动中，孩子们非常积极，不仅利用口头交流的方式表达自己的想法，还勇于在小组之间或者全班幼儿面前表达自己的发现，提高了幼儿的语言表达能力。

（案例提供者：刘天琪，于　静）

中班主题活动　玉米城堡

一、主题由来

图书漂流活动中，一本《玉米》绘本引起了幼儿的注意，幼儿对书中的内容产生了浓厚的兴趣。追随幼儿的兴趣，幼儿家长利用个人资源，带领幼儿走进中国农业大学试验田，和玉米进行了亲密接触。小朋友们在采摘玉米的过程中，对玉米身上为什么有须子，为什么玉米地上面有裂缝，玉米身上为什么有各种各样的虫子等问题产生了兴趣。为了进一步激发幼儿的探究欲望，班级自然生成了本次"玉米城堡"的主题活动。

幼儿园的主题活动是以幼儿的生活为出发点，以游戏和活动为基本形式，以幼儿自主探究学习为主要方式的综合性活动。《指南》指出："教师要善于发现幼儿感兴趣的事物、游戏和偶发事件所隐含的教育价值，把握时机，积极引导。"由《玉米》绘本生成的主题活动，从生成到实施都秉承尊重幼儿的兴趣，追随幼儿的问题，支持幼儿探究的理念，让幼儿在自主探索的过程中体会到快乐。

二、设计思路

"玉米城堡"的主题活动源于幼儿在采摘玉米后萌发的对玉米的探究兴趣，教师尊重幼儿的想法生成了主题活动。主题活动的开展以幼儿对玉米的发现和问题为切入点，通过认识玉米、种植玉米、玩转玉米等活动，培养了幼儿的观察能力、动脑思考能力。

第一阶段：认识玉米

教师通过引导幼儿观察不同种类的玉米，了解不同种类玉米的特征。在活动中，鼓励幼儿大胆表述自己的发现，体验探究的乐趣。

具体环节包括：了解玉米的种类、发现不同种类玉米的特征。

第二阶段：我和玉米的第一次亲密接触

这一阶段，教师注重引导幼儿通过实践体验来观察玉米，并设计了挑选玉米种子和参与玉米种植的活动。

具体环节包括：挑选玉米种子、种玉米。

第三阶段：玩转玉米

玉米的玩法有很多，我们开展了教育活动"玉米（芯）制作""歌曲《小玉米》"等。此外，教师还在班里投放了很多干玉米，生成了很多区域活动，如孩子们在过渡环节进行"搓玉米"活动，探究用哪个工具搓玉米粒是最快的；佟亚轩从家里拿来了石墨，孩子们探究石墨的用法；美工区的孩子借助干玉米进行各种美工活动；表演区的孩子们对歌曲《小玉米》进行舞蹈创编活动；建筑区利用干玉米搭建玉米城堡；孩子们还任意拼摆玉米杆，进行体育活动。

具体环节包括：借助干玉米进行各种美工活动、歌曲《小玉米》舞蹈创编活动。

三、主题目标

1. 在体验活动中观察、感知玉米，并根据观察结果提出问题。

2. 知道通过图书、电脑、交谈等多种途径得到与玉米相关的信息，获得知识和感受快乐。

3. 喜欢动手动脑探究玉米的多种玩法，并乐在其中。

四、家园互动

1. 借助家长资源联系农大试验田，开展亲子摘玉米活动。

2. 亲子共同开展玉米创意制作。

3. 家长走进课堂，与幼儿一起创作玉米粘贴画。

4. 家长和幼儿共同查询有关玉米的知识。

五、主题网络图

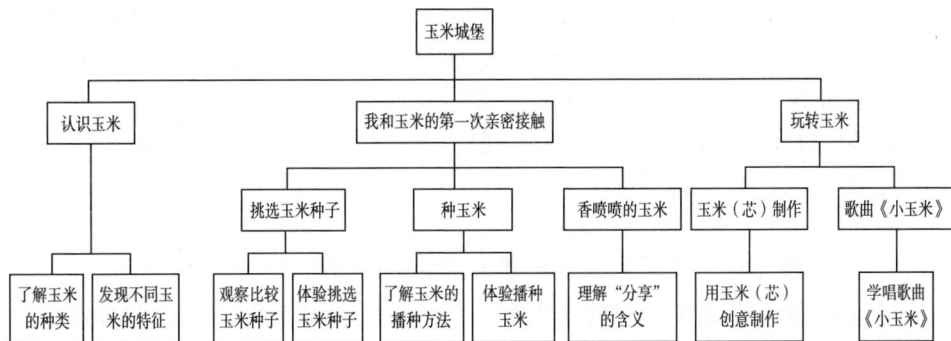

六、主题过程实录

活动一： 认识玉米 （科学领域）

活动目标

1. 了解玉米的种类。

2. 观察三种类型的玉米，能发现它们的不同特征。

3. 大胆表述自己的发现，体验探究的乐趣。

活动重难点

1. 活动重点：了解玉米的种类和生长过程。

2. 活动难点：观察三种类型的玉米，能发现它们的不同特征。

活动准备

1. 经验准备：幼儿在日常生活中见过、吃过这三种玉米；活动前请家长和孩子共同收集有关玉米的各种资料；幼儿有记录的经验。

2. 物质准备：自制魔术棒一根、魔术背景音乐、三种类型的玉米（甜玉米、糯玉米、紫玉米）生的和煮熟的各一根、记录单。

活动过程

（一）情境导入，激发幼儿兴趣

播放魔术背景音乐，教师用魔法棒变出三种类型的玉米（甜玉米、糯玉米、紫玉米）。

教师：小朋友们，今天老师要给你们变个魔术。老师有个神奇的魔法棒，还有块神奇的毯子，现在我要开始变魔术了。小朋友们认真看哦！

（二）认识生活中常见的三种玉米，观察比较它们的不同特征

1. 认识三种常见的玉米。

教师：你认识这三种玉米吗？你吃过它们吗？味道有什么不同？

小结：今天老师带来的是甜玉米、糯玉米和紫玉米。甜玉米吃起来比较甜、比较嫩，糯玉米吃起来黏黏的，紫玉米里面有花青素，所以颜色是深紫色的。

2. 幼儿自由观察三种玉米（图 3-28～图 3-29）。

教师：你发现这些玉米有什么不同呢？你可以看一看、摸一摸、闻一闻，跟旁边的小朋友说一说。

小结：三种玉米的颜色、大小和软硬都不同。

（三）观察比较，发现生玉米与熟玉米的不同特征

1. 播放魔术背景音乐，教师用魔法棒变出三种煮熟的玉米，引导幼儿运用各种感官感知、对比，发现熟玉米与生玉米的不同。

图 3-28

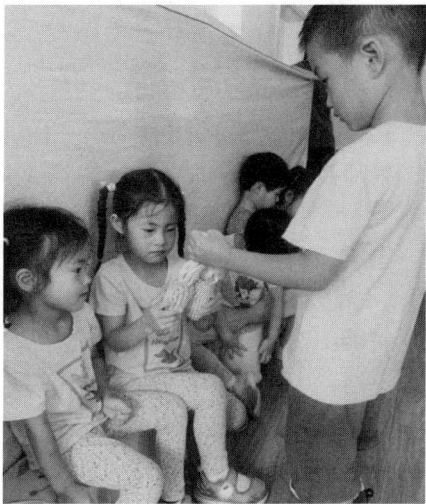

图 3-29

教师：这三种玉米和刚才的三种玉米有什么不一样？老师为你们提供了一份记录单，你们可以把发现的不同点用符号的形式记录下来。

2. 幼儿分享记录单，总结提升探究经验。

教师：刚才我们对比了生玉米与熟玉米，还请小朋友们用不同的方式进行了记录，下面就请你来分享一下自己的发现吧。

小结：煮熟的玉米的颜色会变得深一些，味道闻起来更香，捏起来也更软。

活动延伸

将记录单带回家，和家长分享自己的发现。

活动二：挑选玉米种子（社会领域）

活动目标

1. 知道种子的好坏直接关系到秧苗的成长，学习挑选种子的方法。
2. 在选种子的过程中发展观察对比能力。
3. 通过参加活动感受到快乐。

活动重难点

1. 活动重点：学习挑选玉米种子的方法。
2. 活动难点：在选种子的过程中发展观察对比能力。

活动准备

1. 经验准备：幼儿有剥玉米的经验。

2. 物质准备：幼儿剥好的玉米种子若干、盘子人手一个。

活动过程

（一）了解种子与植物的关系

1. 出示图片：两棵大小不一样的秧苗。

教师：图片上的两棵秧苗都是同一天种的，为什么一棵强壮，一棵弱小呢？

小结：引导幼儿通过观察秧苗的不同，大胆进行猜想。

2. 猜想秧苗大小不一的原因。

教师：请你猜一猜两棵秧苗大小不一的原因是什么呢？

小结：因为种子在播种前，一颗饱满，一颗瘦瘪。饱满的种子发芽后就成为强壮的秧苗，而瘦瘪的种子长成了弱小的秧苗，所以在播种前我们先要挑选好的种子，才能有更多的收获。

（二）观察比较种子

引导幼儿观察比较两颗种子，发表自己的意见。

教师：现在有两颗玉米种子，如果让你们来挑选，你会挑选哪一颗呢？

小结：我们要挑选表面看上去胖胖的、大大的种子，那样才能种出好的玉米。

（三）幼儿挑选种子

幼儿通过观察比较，挑选出好的种子（图 3-30～图 3-31）。

教师：现在每人自取一些玉米种子放在盘子里，请你仔细挑选。然后请你介绍自己是怎样进行观察比较的，怎样挑选出好的种子的。

图 3-30   图 3-31

小结：在挑种子的过程中，可以请幼儿记录挑种子的好方法。

（四）挑种子比赛

开展挑种子比赛，看看谁能又快又好地挑出十粒种子。

教师：小朋友们都掌握了挑选种子的方法，现在让我们来比一比，谁能又快又好地挑出十粒种子。

小结：引导幼儿在挑种子的过程中要保持认真，不能粗心大意。

活动延伸

在区域活动中投放挑种子的材料。

活动三：　种玉米　（社会领域）

活动目标

1. 学会种玉米的方法。
2. 发展手部肌肉，喜欢参加种植活动。
3. 能在播种的过程中感受到劳动带来的快乐。

活动重难点

1. 活动重点：喜欢参加种植活动。
2. 活动难点：学会播种玉米的方法。

活动准备

1. 经验准备：幼儿观看过播种玉米的视频。
2. 物质准备：玉米粒若干、大花盆、水、种植工具、来自中国农业大学的家长志愿者。

活动过程

（一）认识玉米种子

1. 出示玉米棒，激发幼儿的兴趣。

教师：今天老师给小朋友带来了几个老玉米，请你说一说，这些玉米长得怎么样？

小结：玉米粒都很整齐地排列着，一列列地围成一圈，整个玉米一头大一头小。

2. 引导幼儿观察玉米种子的特点。

教师：玉米种子有哪些特别的地方？

小结：玉米粒一头大一头小，外面是黄色的，里面有一个乳白色的芯。

（二）了解种植玉米的方法

1. 家长志愿者介绍种植玉米的方法。

教师：今天我们请到了来自中国农业大学的专家，下面请专家给我们讲讲怎么种植玉米吧。

小结：种玉米的第一步是要把土松好整平，第二步要均匀地播撒种子，第三步要用细喷头喷水。

2. 个别幼儿示范播种。

教师请个别幼儿示范播种，在此期间发现问题并及时解决。

3. 幼儿分组在大花盆中播种玉米。

教师：每个小组都有一个大花盆，请小朋友按照播种的方法和顺序播种属于你们组的小玉米。

小结：提示幼儿在播种过程中保持一定的距离，不要浇太多水，土壤颜色变了就可以了。

（三）讨论照顾玉米的方法

教师：今天老师带小朋友一起播种了玉米，我们平时应该怎样照顾玉米呢？

小结：我们每天在户外活动前或者户外活动结束后，都来看看玉米，将它的变化记录下来。如果种玉米的花盆干了，要及时给它浇水。

活动延伸

回家把播种玉米的方法和家长进行分享。

活动四： 香喷喷的玉米 （语言领域）

活动目标

1. 理解故事《香喷喷的玉米》的内容，喜欢参加语言活动。

2. 愿意用语言表达自己的想法。

3. 理解"分享"的含义。

活动重难点

1. 活动重点：理解故事内容，喜欢参加语言活动。

2. 活动难点：理解"分享"的含义。

活动准备

1. 经验准备：幼儿听过故事《香喷喷的玉米》。

2. 物质准备：《香喷喷的玉米》图书、小白鼠和小灰鼠的图片、动画视频《香喷喷的玉米》。

活动过程

（一）谈话导入故事主题

教师：你喜欢吃什么？得到自己最喜欢吃的东西时，你会怎样做？

小结：引导小朋友知道，自己喜欢吃的东西还可以分享给好朋友和家人。

（二）通过故事引导幼儿乐于与别人分享

1. 出示故事主人公：小白鼠和小灰鼠。

教师：今天故事里的主人公是一只小白鼠和一只小灰鼠。

小结：引导幼儿记住故事主人公。

2. 出示大图书，理解故事内容。

教师：请你根据画面内容猜测它们之间发生的故事，并用语言表达图片的内容。

小结：引导幼儿大胆想象并表达。

3. 教师分段讲述故事内容并提问。（第一段从开始到"把虫子除光了"；第二段从"在小灰鼠的精心照料下"开始到最后）

教师：你喜欢小白鼠还是小灰鼠？为什么？

小结：小白鼠。因为小白鼠乐于和别人分享，分享是件幸福的事。

4. 请幼儿谈谈与别人分享的经历。

教师：你有没有过和他人分享的经历呢？

小结：教师肯定小朋友分享的行为并鼓励幼儿大胆表达。

（三）观看动画《香喷喷的玉米》

教师：今天老师还带来了好看的动画《香喷喷的玉米》，请小朋友认真观看。

小结：和别人分享是件幸福的事。

活动延伸

回家和家长说说"分享"的含义，并和家长分享这个有趣的故事。

活动五：制作玉米（芯）人偶（艺术领域）

活动目标

1. 对美工活动感兴趣，乐于动手操作。

2. 大胆想象，尝试用玉米（芯）制作人偶。

3. 能按照自己的想法进行创作。

活动重难点

1. 活动重点：对美工活动感兴趣，乐于动手操作。

2. 活动难点：大胆想象，尝试用玉米（芯）进行制作。

活动准备

1. 经验准备：幼儿有手工制作的经验。

2. 物质准备：玉米（芯）、玉米（芯）人偶成品、彩纸、黏土、油画棒、毛根、剪刀、玉米须等。

活动过程

（一）玩一玩有趣的玉米（芯）人偶

教师：老师今天请来一位有趣的朋友，请你们来玩一玩，看看这个人偶的身体是用什么材料做成的？

小结：原来这个人偶是用玉米芯做的，玉米芯还有这么大的用处啊，我们也来试试吧！

（二）说一说会变的玉米（芯）

教师：你想用玉米（芯）做什么？

小结：教师肯定幼儿的想法，可适当提出建议。

（三）玉米（芯）制作

1. 介绍用剪刀制作时的注意事项。

教师：今天我们要用到剪刀，小朋友们在使用和取放剪刀时一定要注意安全。

小结：使用剪刀时注意安全，剪下的纸屑放在桌上的盒里，保持桌面、地面整洁。

2. 教师巡回指导，鼓励幼儿发挥想象，大胆创作（图 3-32～图 3-35）。

教师：现在请小朋友选择好你今天要使用到的材料，大胆地去创造你心中的玉米（芯）作品吧！

图 3-32

图 3-33

图 3-34

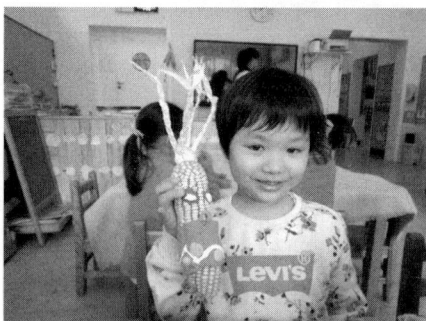

图 3-35

小结：幼儿在制作过程中遇到问题时，教师可以引导幼儿自己想办法或者寻求同伴的帮助。

（四）引导幼儿介绍自己的作品

教师：今天小朋友们都做了自己心中的玉米（芯）作品，赶快和大家分享一下你的作品吧！

活动延伸

将作品带回家和家长分享。

活动六：歌曲《小玉米》（艺术领域）

活动目标

1. 感受歌曲《小玉米》活泼、欢快的节奏。
2. 尝试用填词演唱的方法学唱歌曲。
3. 初步获得有关切分音休止符的经验。

活动重难点

1. 活动重点：尝试用填词演唱的方法学唱歌曲。
2. 活动难点：初步获得有关切分音休止符的经验。

活动准备

1. 经验准备：幼儿听过《小玉米》这首歌曲。
2. 物质准备：音乐《小玉米》、图谱。

活动过程

（一）感知音乐，熟悉音乐旋律

1. 弹奏乐曲，幼儿欣赏。

教师：今天老师带来了一首好听的歌曲，请小朋友认真听歌曲里唱到了什么。

2. 幼儿自由发表听音乐后的感受。

小结：这是一首歌唱玉米的歌曲，把玉米当作小朋友一样来歌唱。

3. 教师带领幼儿仔细倾听旋律及哼唱，使幼儿初步感受音乐活泼欢快的性质。

教师：下面老师来唱一遍这个歌曲，小朋友可以和老师一起哼唱。

小结：引导幼儿和教师熟悉音乐旋律。

（二）理解并学习歌词

1. 出示图谱。

教师：请小朋友看看图谱上有什么？它们代表什么意思？

小结：图谱上有歌词，我们要配着好听的旋律将歌词唱出来。

2. 教师根据幼儿的讲述及时梳理歌词。

教师：老师边说歌词边将里面的重点词语画下来，帮助小朋友记忆歌词。

3. 师幼一起学习歌词。

教师：请小朋友和老师一起说一遍歌词。

小结：可以提示幼儿根据教师画的图记忆歌词。

（三）填词学唱

1. 看图谱和老师的指挥棒，听着音乐先默唱一遍。

2. 幼儿跟着音乐，看教师指挥棒试唱。

3. 重点学唱难句。教师范唱后，幼儿比较异同。

教师：现在老师示范唱一些比较难的句子，小朋友认真听。

小结：将幼儿唱错的难句进行范唱，通过比较引导幼儿发现问题，从而学会正确的唱法。

4. 完整演唱。

教师：请小朋友们用歌声唱出此时此刻欢快的心情。

活动延伸

幼儿在表演区创编歌曲的舞蹈动作（图3-36～图3-37）。

附：《小玉米》歌词

小啊小玉米，我要送啊送给你，大家一起分享是多么得开心，

大西瓜和芒果和苹果和雪梨，我最喜欢的还是小玉米。

小啊小玉米，我要送啊送给你，大家一起分享是多么得开心，

哈密瓜和葡萄水蜜桃板栗，但是我最喜欢的还是小玉米，

清澈的湖水，阳光多么得温暖，养育着我最心爱的小玉米，

我的心情甜如蜜。

图 3-36

图 3-37

七、主题反思

大自然、大社会都是活教材，教师要改变传统的"死教书"的方法，冲破

幼儿园这一狭小的天地，让孩子到自然和社会中去学习。我们根据制订的主题活动计划，灵活把握孩子发展的动态，将主题分为三个子主题，分别是"认识玉米""我和玉米的第一次亲密接触""玩转玉米"。在三个子主题里，我们将五大领域的内容渗透其中，结合每个活动的目标、幼儿的兴趣，运用收集资料、拍照、分享、绘画、科学探索、家园互动等形式，有重点地开展活动（图3-38～图3-41）。

图 3-38

图 3-39

图 3-40

图 3-41

我们还开展了"家长走进课堂"活动，家长们积极参与，和小朋友一起进行"鸡蛋皮玉米画"活动；家长半日活动中，分组开展"玩转玉米"活动，此次活动得到了家长的一致好评，幼儿更加自主地参与主题活动，创意各具特色。

主题活动带给我们快乐，作为教师，我们更真切地感受到主题活动让我们走进了孩子的内心世界，能全面深入地了解他们，使我们有效地因人施教。孩子在活动中处于一种更自主、更放松、更自然的状态，这便于他们的学习、合作，使他们各方面的能力得到锻炼。

（案例提供者：田 菲，张添铭）

中班主题活动 雾霾来了

一、主题由来

近几年开始出现雾霾天气，每遇雾霾天气，孩子们就不能进行户外活动，无论是早接园，还是做操、升旗都会受到影响。有很多小朋友在雾霾天里会咳嗽，嗓子不舒服。孩子们不禁发出了疑问，雾霾是大怪物吗？它是从哪里来的？

为了用浅显易懂的方式让幼儿了解保护环境的重要性，培养幼儿初步的环保意识，我们设计了本次主题活动。活动让幼儿通过亲身观察、问卷调查等方式了解环境污染的原因、危害；通过宣传、倡议表达对蓝天白云和对自由游戏的渴望，进而表达对大自然的热爱，为今后自觉保护环境打下基础。

二、设计思路

每到雾霾天气，孩子们不能进行户外活动时就会抱怨声不断，之后引发一系列讨论。教师充分调动幼儿的已有经验，通过对雾霾成因、危害等的了解，学会主动观察、问卷调查，初步掌握简单的科学学习方法。在积极探寻减轻雾霾的好办法的活动中，学习如何做判断，逐渐养成遇到问题主动想办法，勇于克服困难的学习品质。通过倡议活动，大胆运用语言表达想法，表达保护大自然、保护地球的美好愿望，培养初步的环保意识。本次主题活动主要分为三个阶段。

第一阶段：雾霾大闯关

引导幼儿用不同的表达方式表现自己对雾霾天气的感受，通过调查寻找雾霾天气的形成原因及危害。

具体环节包括：对雾霾天气的感受、雾霾天气的形成、雾霾天气的危害。

第二阶段：怎样防雾霾

随着主题活动的深入开展，孩子们对雾霾的了解逐渐加深，萌发了主动防雾霾的愿望。追随孩子的愿望，我们开展了防雾霾的活动。在这一阶段，幼儿与家长共同搜集防雾霾的方法，一起分享。为了带领孩子们深入探究，教师向孩子提出了新的问题：只有我们一个班的小朋友这样做是远远不够的，怎样让更多的人知道我们的好办法呢？经过讨论，孩子们决定每个人都做环保小卫士，将我们想到的好办法宣传给更多的人。

具体环节包括：讨论减霾自护的方法、制作防霾减霾宣传海报。

第三阶段：雾霾天的室内游戏

由于雾霾天没法进行户外体育活动，孩子们萌发了设计室内游戏的愿望。在哪里可以进行室内游戏，在室内可以进行哪些游戏成为幼儿探究的问题。因此，在这一阶段，教师带领幼儿在园内寻找可以在雾霾天开展室内游戏的地点，与幼儿讨论场地的适宜性，并在确定了活动场地后，由幼儿自主选择身边的材料设计体育游戏，再支持幼儿实地体验，从而支持幼儿主动思考和解决问题。

具体环节包括：雾霾天在哪里运动、多种多样的室内游戏。

三、主题目标

1. 了解雾霾的产生原因和危害。

2. 学会主动观察，问卷调查，初步掌握简单、科学的学习方法。

3. 在积极探寻减轻雾霾的好办法的活动中，学习如何做判断，逐渐养成遇到问题主动想办法、勇于克服困难的学习品质。

4. 通过倡议活动，尝试大胆运用语言表达想法，表达对保护大自然、保护地球的美好愿望，培养初步的环保意识。

四、家园互动

1. 教师、幼儿、家长共同收集雾霾天气的图片。

2. 教师、幼儿、家长共同寻找雾霾的成因。

3. 教师、家长共同将幼儿带入探寻答案的气氛中。

4. 邀请在环保局工作的家长走进课堂，为孩子们讲解雾霾的相关知识和正在实行的治理方法等。

5. 向家长宣传防雾霾的方法。

6. 开展亲子体验活动，利用家长资源，再次拓展游戏内容。

五、主题网络图

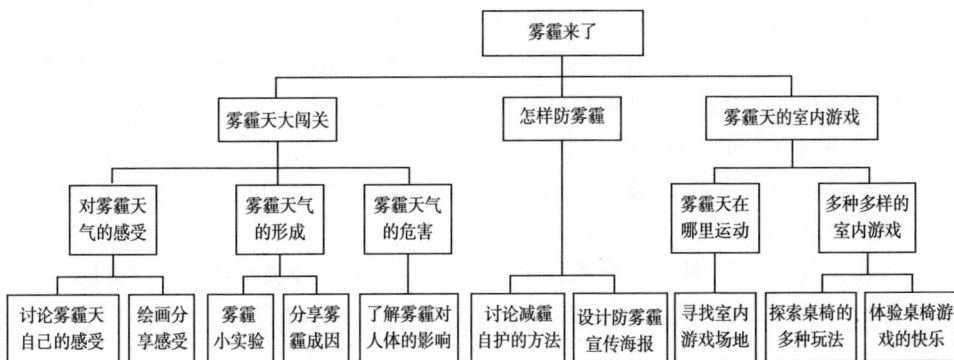

六、主题过程实录

活动一： 谈谈对雾霾天气的感受 （语言领域）

活动目标

1. 了解雾霾天气对人们健康的影响，了解环境不一样，空气也是不一样的。

2. 能用比较完整的语句表达自己在雾霾天的感受。

3. 懂得保护环境的重要性，树立环保意识。

活动重难点

1. 活动重点：了解环境不一样，空气也是不一样的，懂得保护环境的重要性。

2. 活动难点：能用比较完整的语句表达自己在雾霾天里的感受。

活动准备

1. 经验准备：幼儿经历过雾霾天，有对雾霾天气的直观感受。

2. 物质准备：雾霾天气图片、专家解读雾霾天气的视频。

活动过程

（一） 观看各种有关雾霾天气的图片和视频，引起共鸣

出示孩子们收集的雾霾图片和照片。

教师：你们看看这是什么天气？（雾霾天气）我们一起来听听气象专家是怎么说的。

小结：这种天气是雾霾天气，雾霾天气对我们的生活影响很大。

（二） 幼儿谈论对雾霾天气的感受

1. 教师提出问题，引导幼儿交流对雾霾天的感受。

教师：小朋友们在这样的天气里有什么感觉呢？

2. 小组讨论，谈谈自己身处雾霾天气的切身体会。

小结：看不清周围的景物，感觉哪里都是灰蒙蒙的；路上的车身上有很多灰，看起来很脏；洗头、换衣服的次数变多了……

（三） 将感受画下来，进一步分享

请幼儿将自己在雾霾天气中的感受画下来，与其他幼儿进行分享。教师巡回指导（图 3-42）。

教师：我们可以用什么颜色表示雾霾？用什么符号表示心情？小朋友们可以用自己的方式在画纸上表达出来。画完的小朋友可以把你的心情讲给同伴听。

图 3-42

小结：今天我们分享了自己在雾霾天气中的感受，小朋友们都说得非常清楚完整。雾霾让天空变得灰蒙蒙的，也让我们的心情变得不好了。回家后，可以继续和家长分享你的感受。

活动延伸

请幼儿和家长一起搜集雾霾天气的成因。

活动二： 雾霾天气是怎么形成的 （科学领域）

活动目标

1. 初步了解雾霾天气的形成原因。
2. 愿意用比较完整的语言表达自己的观点。
3. 懂得保护环境的重要性，树立环保意识。

活动重难点

1. 活动重点：初步了解雾霾天气的形成原因。
2. 活动难点：愿意用比较完整的语言表达自己的观点。

活动准备

1. 经验准备：幼儿经历过雾霾天，搜集了雾霾天气的形成原因。
2. 物质准备：香烟、打火机、两个干净的塑料袋。

活动过程

（一） 谈话活动，激发幼儿探究雾霾成因的兴趣

教师：你们都见过雾霾，知道雾霾是怎样产生的吗？我们今天来做个小实验，看看雾霾是怎么产生的。

（二） 实验演示，直观地制造雾霾

实验：准备两个干净的塑料袋，在其中一个塑料袋中点燃香烟，通过香烟的燃烧来制造小颗粒。引导幼儿观察两个塑料袋中空气的不同。

教师：你们都看见了什么？两个袋子里装有的空气一样吗？其中一个塑料袋里黑色的点点是什么？

小结：点燃香烟的塑料袋里面的空气中漂浮着黑色的点点；没有香烟的塑料袋里没有黑色的点点。香烟燃烧会产生灰尘一样的颗粒物。在雾霾天，空气里会漂浮很多细小的颗粒物，其中就有 PM2.5 颗粒物。

（三）请幼儿介绍雾霾的其他成因

教师：小朋友们搜集了雾霾形成的多种原因，下面我们来分享一下你们的调查发现吧。

小结：雾霾天气产生的原因有很多，包括空气不流动，汽车尾气排放，工业化生产排放的大量污染颗粒，燃煤企业排放的大量污染颗粒物，道路扬尘，建筑施工扬尘，吸烟等。这么多的原因都可以形成雾霾，那么雾霾的危害有哪些呢？我们下次再来讨论。

活动延伸

请幼儿和家长一起搜集雾霾的危害，并用自己喜欢的方式记录下来，带到幼儿园来与同伴进行分享。

活动三： 雾霾的危害 （健康领域）

活动目标

1. 初步了解雾霾对人体健康的影响。
2. 愿意将自己搜集到的材料与同伴进行分享。
3. 懂得保护环境的重要性，树立环保意识。

活动重难点

1. 活动重点：初步了解雾霾对人体健康的影响。
2. 活动难点：将自己搜集到的雾霾的危害用比较完整的语言表达出来。

活动准备

1. 经验准备：了解雾霾的相关知识及形成原因，与家长一起查阅了与雾霾的危害相关的知识。
2. 物质准备：活动二中雾霾小实验的视频。

活动过程

（一）观看视频，引发回忆

教师：小朋友们，你们还记得上次活动我们做的小实验吗？

播放活动二时录制的点燃香烟收集颗粒物的实验视频。

（二）通过讨论，了解雾霾对人体健康的影响

1. 讨论空气中的 PM2.5 颗粒物如何进入身体，幼儿自由发言。

教师：这些颗粒会进入我们身体里吗？它们是怎样进入我们身体里的？

小结：我们用鼻子呼吸，鼻子里有鼻毛，呼吸时，这些鼻毛可以阻隔大的颗粒物，而小颗粒的就容易被呼吸到身体里。

2. 观察对比戴过的和没戴过的防 PM2.5 口罩的不同。

教师：老师今天带来了两个防 PM2.5 口罩，一个是新的，一个是用过一段时间的，请小朋友们观察一下，这两个口罩有什么不同？

小结：使用过的防 PM2.5 口罩与新口罩相比明显变黑了，说明空气中的颗粒物附着在了口罩上面。

3. 交流讨论吸入 PM2.5 等颗粒物对人体的危害。

教师：我们如果吸入了这些颗粒物，会对身体产生哪些影响呢？会对我们的生活产生哪些影响？

小结：一般来说，对人体健康有害的颗粒物易被鼻腔、咽喉阻隔拦截。但是，由于 PM2.5 是较小颗粒物，一旦被人长期吸入，就会刺激呼吸道，出现咳嗽、呼吸困难等症状，诱发许多疾病。不仅如此，雾霾还会影响交通，雾霾天能见度较低，很容易造成交通事故。

(三) 提出问题，引导幼儿搜集雾霾天保护自己的方法

教师：如果出现雾霾天气，我们出门时应该如何保护自己呢？请小朋友们去搜集保护自己的好办法，并将这些办法记录下来，我们下次再来一起分享。

活动延伸

回家后和爸爸妈妈一起找一找对抗雾霾的办法。

活动四：雾霾天气中如何保护自己 （健康领域）

活动目标

1. 知道雾霾对人体健康的影响，总结减少雾霾的方法。
2. 分组设计、制作防雾霾宣传海报。
3. 懂得保护环境的重要性，树立环保意识。

活动重难点

1. 活动重点：掌握雾霾天气的应对措施。
2. 活动难点：分组设计、制作防雾霾宣传海报。

活动准备

1. 经验准备：幼儿与家长一同搜集了雾霾天气的自我保护方法。
2. 物质准备：无车日和熄灯一小时图片、水彩笔、画纸。

活动过程

(一) 讨论如何在雾霾天保护自己

教师：大家都在家中搜集了雾霾天保护自己的好办法，请你们拿着记录单，跟小朋友们分享一下吧。

小结：雾霾天保护自己的方法有很多，比如出门戴口罩；在家少开窗，最好等太阳出来后再开窗通风；最好不出门或晨练，在室内活动；饮食清淡等。

（二）讨论如何减少雾霾

1. 根据雾霾产生的原因，结合自身实际情况，讨论如何为减少雾霾出一份力。

教师：在之前的活动里，我们了解了雾霾形成的原因，对照这些原因，我们怎样才能减少雾霾呢？

小结：小朋友们想到了很多种方法，简单实用，都是我们平时能够做到的，包括骑自行车或步行上学；多乘公交车，尽量不乘坐私家车；随手关灯，及时关掉电视等电器的插头；纸张双面使用；购物时自备购物袋；少用或不用一次性物品；多参与植树活动。

2. 介绍社会上现行的其他减少雾霾的方法。

教师：我们的国家已经采取了以下一些措施，如无车日、植树节、熄灯一小时等，这些都是为了让我们呼吸到更好的空气，拥有更好的生活环境。

（三）分组设计宣传海报

教师：小朋友们总结的方法非常好，我们怎样才能让更多的人知道防雾霾的方法呢？请大家分组设计宣传海报吧（图3-43）。

图 3-43

小结：在设计海报的过程中，与幼儿讨论海报上可以有哪些内容，可以通过什么符号或图画表示出来。幼儿制作完成后进行集体分享。

活动延伸

1. 走进幼儿园其他班级进行宣传（图3-44）。

2. 利用晚离园前的时间向家长们宣传（图3-45）。

3. 走进社区，向社区居民宣传（图3-46）。

图 3-44

图 3-45

图 3-46

活动五： 雾霾天在哪里运动 （健康领域）

活动目标

1. 知道雾霾天可以在什么地方开展体育活动。
2. 体验体育游戏的乐趣。
3. 懂得锻炼身体的重要性。

活动重难点

1. 活动重点：知道雾霾天可以在什么地方开展体育活动。
2. 活动难点：了解适合在雾霾天开展体育活动的场地的共同特点。

活动准备

1. 经验准备：幼儿在室内进行过体育游戏。
2. 物质准备：A4 纸、彩笔若干。

活动过程

（一）谈话引入雾霾天可以在哪里锻炼身体的问题

教师：平时天气好的时候，我们会到室外进行体育游戏来锻炼身体。现在雾霾天气的时候，我们出不去，还能锻炼身体吗？我们可以在哪里进行体育游戏呢？今天我们就"雾霾天可以在哪里锻炼身体"来进行一次讨论活动。

（二）寻找适合在室内开展体育游戏的地点

1. 分组讨论、探索适合在雾霾天开展体育游戏的地点。

教师：小朋友们现在分组讨论并探索合适的游戏地点，把讨论的结果画出来，稍后大家一起分享（图 3-47）。

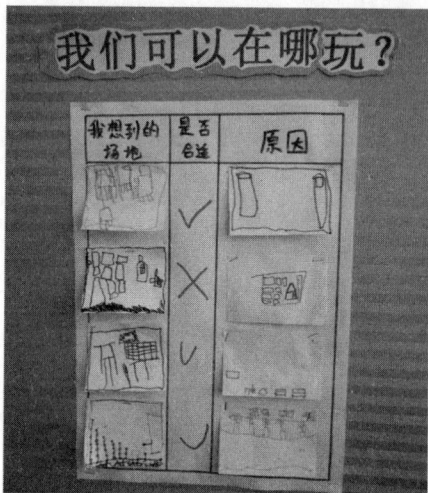

图 3-47

2. 分组展示确定的场所。

幼儿分组讨论后，展示绘画好的场地，如活动室、楼梯、楼道、音体教室、门厅等。

3. 展示讨论好的场地后，全体幼儿一起讨论该场地是否适合开展体育游戏。

教师：小朋友们想一想，刚才大家讨论出的地点都适合玩体育游戏吗？为什么？

小结：适合开展体育游戏的场地要具备足够宽敞的空间、不能有其他的物品影响幼儿游戏、场地要安全等特点。我们园适合在雾霾天玩室内游戏的地点有门厅、音体室、楼道、活动室。

（三）确定游戏地点，为下次活动做准备

在确定好能开展体育游戏的场地后，大家一起来到确定的地点实地考察（玩游戏等）。

教师：小朋友们可以想象一下这个地点适合玩什么样的游戏，这个游戏要怎样玩，还有什么新的玩法。

小结：今天我们通过讨论知道了什么样的场地才最适合开展室内体育锻炼，那下次活动小朋友们就要一起来创编新的体育游戏了。

活动延伸

请小朋友们思考有哪些适合在室内玩的游戏器材，可以用这些器材玩哪些游戏。

活动六： 多种多样的桌椅游戏 （健康领域）

活动目标

1. 尝试探索桌椅的多种玩法。
2. 乐意在椅子游戏中互相合作，遵守规则。
3. 愿意参加室内体育游戏，在钻爬等活动中锻炼身体的协调能力。

活动重难点

1. 活动重点：尝试探索椅子的多种玩法。
2. 活动难点：能够发挥想象力，开发出不同以往的椅子游戏。

活动准备

1. 经验准备：参加过室内体育活动。
2. 物质准备：桌椅、各种小型体育器械。

活动过程

(一) 回忆引出新问题，激发幼儿利用桌椅开发新游戏的兴趣

教师：最近雾霾天气很多，在上次的活动中，我们一起寻找到了适合开展体育活动的室内场地，那在适合活动的场地中我们可以进行哪些活动呢？如果只在班级里，我们可以玩哪些活动？可以使用什么材料呢？

小结：班级场地有限，适合小朋友运动的大型材料有桌子和椅子，可以利用桌椅来开展体育游戏。

(二) 尝试探索桌椅的多种玩法

1. 出示小椅子，让幼儿探索小椅子的不同玩法，教师记录。

教师：我们可以怎样玩小椅子？怎样摆？

小结：通过讨论，椅子可以摆成迷宫；两把椅子对齐可以当平衡木；椅子围成圈可以玩抢椅子的游戏，等等。

2. 出示桌子，让幼儿探索桌子的不同玩法，教师记录。

教师：我们可以怎样玩桌子？怎样摆？

小结：通过讨论，可以将五张桌子并在一起，从上面爬过去，从下面爬回来；还可以将桌子角对角地摆放好，从上面走过去，等等。

3. 幼儿投票确定本次活动中要体验的桌椅游戏。

教师：刚才小朋友们想象出了很多的桌椅游戏，一会儿我们来尝试一下。可是这么多游戏项目，我们通过投票决定玩哪个吧。

小结：小朋友们可以利用投票的方式确定本次活动要体验的游戏项目，可以在活动室设计桌子游戏，在睡眠室设计椅子游戏，得票最多的两个项目就是今天要体验的项目。

（三）尝试游戏

1. 幼儿集体商讨并制定游戏活动的规则。

教师：好玩的游戏就要开始啦，在玩之前，我们来说一说要遵守哪些规则呢？

小结：合作布置活动场地，游戏时排队体验，游戏中不拥挤、不打闹，活动后收材料等。

2. 幼儿体验桌椅游戏，在钻爬等活动中锻炼身体的协调性（图 3-48～图 3-49）。

图 3-48

图 3-49

3. 在舒缓的音乐中放松身体，结束游戏。

活动延伸

为幼儿提供更多的材料，请他们继续利用各种小型材料设计不同的室内游戏。

七、主题反思

在主题活动的开展过程中，幼儿通过亲身参与和体验找出了较为感兴趣的探索内容，促使主题能够以幼儿的兴趣为中心逐渐开展，幼儿能够主动交流自己的发现，为主题活动的不断丰富和发展起到了促进作用。

从幼儿善于观察方面来说，幼儿能够通过自己的观察和感受说出对雾霾天的感受，并将感受画出来与小朋友进行交流。

从幼儿的主动性方面来说，幼儿能够从许多的好办法中选择出最需要进行宣传的，说明幼儿对于内容的选择是有思考和取舍的，这个过程就是幼儿主动学习的表现。

从幼儿喜欢提问方面来说，幼儿能够在观察活动中积极地思考，提出自己想要了解的问题。在这个过程中，幼儿是积极主动地去参与活动的，说明教师创设的环境能够促进幼儿的发展。幼儿结合生活中的事件提出适宜的问题，说明幼儿对自己感兴趣的事物和现象产生了更加浓厚的兴趣，愿意更加深入地去了解和探究。

从幼儿积极解决问题方面来说，幼儿在活动中产生了解决问题的愿望，教师支持幼儿的猜想活动，例如场地的选择、玩具的选择，再支持幼儿进行实地验证。

（案例提供者：刘　磊，任　丛）

中班主题活动　电动车、燃油车大比拼

一、主题由来

最近，班里一名幼儿在周末和爸爸妈妈参观了汽车博物馆，回到班级后向同伴介绍了自己去汽车博物馆的见闻，引发了班级幼儿对汽车的兴趣。孩子们开始讨论自己见过的汽车以及自己的汽车玩具，等等。拼插区的幼儿开始尝试拼汽车并介绍自己拼搭的汽车，美工区的幼儿开始画自己见过的汽车。

汽车成了班级的热门话题，于是有家长提议周末一起带幼儿去汽车博物馆参观，班级的其他家长也积极响应。参观结束回到班级后，大家积极地介绍自己的见闻，很多孩子介绍了自己在汽车博物馆看到的新能源汽车。追随幼儿的兴趣，我们开展了"电动车、燃油车大比拼"这一主题活动，希望幼儿在真参观、真实践中获得相关的知识经验，同时提升观察能力和表达能力。

二、设计思路

"电动车、燃油车大比拼"主题活动是在班级幼儿去参观汽车博物馆后产生的，幼儿参观后对汽车产生了浓厚的兴趣。主题活动中，我们由参观汽车博

物馆的汽车到观察现实生活中的汽车。幼儿在活动中直接感知电动车与燃油车的不同，选择自己支持的车型进行辩论，创意设计未来的汽车，不仅获取了相关的知识经验，更积累了优秀的学习品质。

第一阶段：多种多样的汽车

幼儿参观完汽车博物馆后，将自己的发现用照片或者绘画的形式带回了班级，分享自己的发现。

具体环节包括：分享参观汽车博物馆的发现、制作参观图画书。

第二阶段：观察电动汽车和燃油汽车

在这一阶段，我们为幼儿提供真实践、真体验的机会，将电动汽车和燃油汽车开到幼儿园里，幼儿对两辆车的外观、内饰、发动机进行观察比较。观察后，孩子们将自己的发现进行了分享。

具体环节包括：实地观察了解电动汽车和燃油汽车的区别、集体分享感受。

第三阶段：采访车主

在这一阶段，幼儿针对自己喜欢的车开始搜集资料，了解这种车的优点和缺点，为辩论会做充分的准备。我们通过采访车主，帮助幼儿梳理经验。

具体环节包括：设计采访流程、分组采访电动车主与燃油车主。

第四阶段：汽车辩论会

这一阶段，我们开展了两次辩论会。首先由家长引领辩论，在微信群中开展了家长辩论会，幼儿通过家长辩论会积累经验，为自己的辩论会做准备。接下来在班级中开展幼儿现场辩论会。

具体环节包括：选择自己支持的车型、根据自己支持的车型进行辩论。

第五阶段：设计未来的车

在这一阶段，给幼儿充分的设计平台，幼儿通过自己的创意、想象来设计未来的车。中班幼儿具有天马行空的想象力，每个幼儿都会设计出一辆未来的汽车，相信孩子们设计的车就是我们未来的车。

具体环节包括：自由表达设计想法、自选材料进行创作。

三、主题目标

1. 了解汽车的种类、基本结构等相关信息，能用完整连贯的语言表达自己对汽车的认识。

2. 感受汽车在现实生活中的作用，体验汽车与人们生活的关系。

3. 对比电动汽车和燃油汽车的区别，具备初步的环保意识。

4. 愿意用多种方式表达、表现与汽车相关的感受和体验，感受创造性活动的快乐。

四、家园互动

1. 家庭物质资源：当今，汽车进入了许多家庭，我们可以最大限度地发挥汽车的教具作用。许多孩子在活动时能正确地说出汽车的结构，对各项基本部件的功能也非常了解。

2. 家长信息资源：家长带领孩子们走进汽车博物馆并向孩子介绍与汽车有关的知识，比如汽车的发展史、汽车的不同类型、汽车的制造工艺，可以协助孩子收集有关汽车的图片、书籍、物品等，引导孩子观察汽车的不同品牌、认识各种汽车的商标、了解车牌颜色与数字包含的意义、指导孩子仔细分辨不同汽车发出的声音等。

五、主题网络图

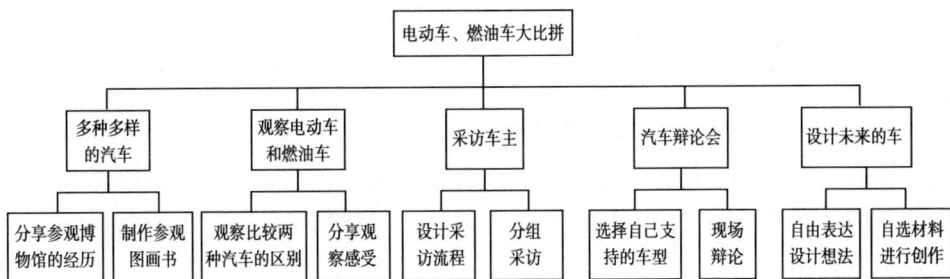

六、主题过程实录

活动一：多种多样的汽车（语言领域）

活动目标

1. 知道常见汽车的名称、外形和用途，感受汽车与人们生活的关系。
2. 能够大胆地表达自己参观汽车博物馆的发现。
3. 体验与他人一起分享的快乐。

活动重难点

1. 活动重点：能够大胆地表达自己参观汽车博物馆的发现。
2. 活动难点：能够认真倾听其他小朋友的表达。

活动准备

1. 经验准备：幼儿参观过汽车博物馆。
2. 物质准备：幼儿将自己参观后的发现画在了纸上、幼儿参观汽车博物馆的照片。

活动过程

（一）分享照片，回忆参观汽车博物馆的经历

1. 幼儿回忆自己的参观过程（图3-50）。

图 3-50

教师：你们参观汽车博物馆时都看到了什么？

2. 邀请个别幼儿拿着自己画的图画和照片进行介绍。

小结：你们观察得特别细致，好多汽车都是老师没见过的。相信还有很多小朋友想分享自己的见闻，接下来我们就分组进行分享，每个小朋友都可以分享自己的收获。

（二）幼儿分组制作参观发现表格，并分享自己的发现

1. 幼儿自由结组。

教师：现在你们可以自由结组了，并完成每组一张的表格。找到自己的队员后就可以开始了。

2. 每组有一张表格，将每个人的发现用简笔画的形式画在表格中。

教师：小组要进行分工，每个人都要分享，有一人记录。同样的内容只需记录一次，最后每组有一名幼儿来分享本组的发现。

3. 教师巡回指导，关注幼儿分享和表达的过程，提示幼儿认真听其他小朋友分享。

（三）集体分享各组的参观发现表格

1. 每组由一名幼儿分享，分享后将自己组的内容张贴到墙上。

2. 教师要肯定、表扬幼儿的发现和表达，积极回应幼儿提出的问题。

小结：我们的生活中有各种各样的汽车，它们给我们的生活带来了很多的便利。关于汽车，你们还想了解什么？

活动延伸

幼儿将自己的画制作成图书投放在图书区，区域游戏时可以去图书区继续分享自己的发现。

活动二： 比较燃油汽车和电动汽车 （社会领域）

活动目标

1. 通过真实的参观，了解电动汽车和燃油汽车的区别。

2. 大胆表达参观后的发现。

3. 对参观活动感兴趣，愿意参与活动。

活动重难点

1. 活动重点：了解电动汽车和燃油汽车的区别。

2. 活动难点：大胆表达自己的想法。

活动准备

1. 经验准备：幼儿参观过汽车博物馆，知道汽车的类别。

2. 物质准备：电动汽车和燃油汽车。

活动过程

（一）展示两种汽车，激发幼儿的兴趣

邀请幼儿园老师将自己的电动汽车和幼儿园的燃油汽车开到幼儿园里（图 3-51）。

图 3-51

教师：今天我们要把电动汽车和燃油汽车开到幼儿园，请小朋友们来参观。你们要仔细观察这两辆车有什么不一样。

（二）带着问题，实地观察

1. 幼儿分组观察。

教师：我们分成两组观察，请你来观察电动汽车和燃油汽车到底有什么不一样的地方。

（1）班级幼儿分成两组，一组观察电动汽车，一组观察燃油汽车，之后再进行交换。

（2）幼儿带着问题进行观察。

2. 教师在幼儿观察的过程中，有目的地进行拍照，将幼儿的发现及时记录下来。提示幼儿在观察的过程中要注意安全。

教师：快来看看汽车的后边，两辆车有什么不一样啊？请老师打开汽车的引擎盖，观察一下里面有什么不一样。

小结：汽车有排气筒，电动汽车没有排气筒。电动车的发动机和汽车的发动机不一样。

（三）回班分享发现

1. 说一说自己的发现。

教师：你们通过实际观察，都发现了什么？

小结：电动车和燃油车在外观上没什么区别，它们最主要的区别是驱动方式不同，电动车是靠电池驱动的，燃油车是靠汽油驱动的。

2. 教师帮幼儿把发现记录在表格中，一边是电动汽车，一边是燃油汽车。最后将幼儿的发现进行对比和梳理小结。

3. 提出问题，为接下来的探究活动做铺垫。

教师：为什么有人选择开电动汽车，有人选择开燃油汽车呢？请小朋友们回家和爸爸妈妈讨论一下吧。

活动延伸

幼儿将全班小朋友的发现以绘画的形式记录下来。

活动三： 采访车主 （语言领域）

活动目标

1. 通过采访车主，初步了解燃油汽车和电动汽车的优点和不足。
2. 在讨论中，能够自主设计合理的采访流程。
3. 在采访过程中，能够积极思考，大胆地对车主进行提问。

活动重难点

1. 活动重点：自主设计合理的采访流程。
2. 活动难点：大胆对车主进行提问，记录他们选车的原因。

活动准备

1. 经验准备：幼儿观察过小记者采访活动，对采访活动有初步的了解；提前和两位车主沟通好采访的事宜。
2. 物质准备：纸、笔。

活动过程

(一) 讨论采访的内容

幼儿分成电车组和油车组，分别说一说自己的问题。

教师：上次观察完电动汽车和燃油汽车后，很多小朋友对两辆车有一些疑惑。今天我们来做一次小记者，对两位车主进行采访。我们分成两个组，电车组负责采访刘老师，油车组负责采访蔡老师。现在你们可以说一说要提的问题。

(二) 设计采访流程

1. 分组设计采访流程，要分工明确。

教师：现在我们来分组设计采访流程，可以从以下两个方面来设计：

(1) 采用什么形式进行采访？每个问题由谁来提问？

(2) 谁负责记录？谁负责拍照？

2. 各组幼儿开始讨论，教师巡回指导。

教师对各组的方案提出建议，指导幼儿讨论时要罗列出提纲，谁负责什么画清楚，负责记录的小朋友要用简单的符号做记录。

3. 幼儿分享自己的采访流程。

教师：两组小朋友都设计好了自己的采访流程，下面请讲一讲你们的采访流程吧。

小结：两个小组分工非常明确，问题都描述得很清楚并且有针对性，相信通过这次采访，你们一定会有很多收获。接下来我们就要去采访了。

(三) 幼儿分组采访电动车主与燃油车主过程实录

1. 电动车组。

幼儿提问：刘老师，您好，我是小记者×××，您为什么选择电动汽车呢(图 3-52)？

图 3-52

刘老师回答：电动汽车不用摇号；电动汽车很环保，不会产生尾气；电动汽车比较省钱等。

幼儿追问：那您觉得您的车有什么不足呢？

刘老师回答：电动汽车充电时间会比较长，需要 8 个小时左右。一次充电最多只能跑 300 公里。现在充电桩不是很多，充电不太方便，也就是说不能跑太远的路。

2. 燃油车组。

幼儿提问：蔡老师，您好，我是小记者×××，您为什么选择燃油汽车呢（图 3-53）？

图 3-53

蔡老师回答：燃油汽车比较方便，加油只需要几分钟，而且可以跑得很远；燃油汽车可以选择的车型很多。

幼儿追问：那您觉得您的车有什么不足呢？

蔡老师回答：燃油汽车排放的尾气会造成污染，不是很环保。

3. 教师小结：小朋友们通过采访，对电动汽车和燃油汽车有了更多的了解，同时也有了自己喜欢的车。有的喜欢电动汽车，因为电动汽车噪音小，很环保；有的喜欢燃油汽车，因为燃油汽车加油快，跑得远。两种汽车都有它们自己的优点和不足。

活动延伸

回家以后可以通过看书、采访家长，对自己喜欢的车有更多的了解。

活动四： 辩论会——电车、油车你更喜欢哪一款 （语言领域）

活动目标

1. 能够大胆表达个人见解，坚定自己的意见。

2. 尝试根据同伴的发言进行辩论。

3. 喜欢参与话题互动，体验辩论活动的乐趣。

活动重难点

1. 活动重点：能够大胆坚定地表达自己的意见。
2. 活动难点：尝试去反驳他人的观点。

活动准备

1. 经验准备：幼儿参观过家长示范的辩论活动。
2. 物质准备：幼儿准备好的演讲稿。

活动过程

（一）谈话活动，引出辩论话题

1. 提出辩论会的要求，宣布辩论会的流程。

教师：经过了小朋友们的认真准备，我们今天的辩论会马上开始，我来宣布一下今天的辩论会流程。首先由电车一辩、油车一辩分别做陈述，然后每个队员依次陈述自己的观点，之后是自由辩论时间，最后由各方的队长做总结陈词。

2. 幼儿各队分别喊出自己的口号，为自己的队加油。

3. 每队有一名家长志愿者作为队长，带着全队的小朋友做准备活动。

（二）辩论活动正式开始

1. 主持人致开场词（图 3-54～图 3-55）。
2. 电动汽车方一辩陈述观点。
3. 燃油汽车方一辩陈述观点。
4. 电动汽车方二辩陈述观点。
5. 燃油汽车方二辩陈述观点。
6. 双方每名辩手陈述观点。
7. 自由辩论（10 分钟）。双方进行自由辩论，教师及时提醒幼儿要尊重对方的发言。
8. 总结陈词：双方队长（家长）做总结陈词。

图 3-54　　　　　　　　　　　　　　　图 3-55

（三）反思小结，提升经验

小结：今天的辩论会非常精彩，双方的小朋友说得都很有道理，电动汽车方的小朋友认为电动汽车节能环保，能够节约有限的能源，保护我们的环境。燃油汽车方的小朋友认为燃油汽车能够给我们的生活带来更多的便利。老师为你们的精彩辩论表示喝彩，在辩论的过程中，每位小朋友都大胆地表达了自己的观点，你们都是最棒的。不管是电车还是油车，都有它自己的特点，有优点也有缺点，只要是自己喜欢的就好。我们友谊第一，辩论第二，在辩论会上你们是对手，在生活中你们还是亲密的好朋友，让我们双方的小朋友拥抱一下吧。

活动延伸

将幼儿收集的观点装订成册，投放在图书区，幼儿可以在区域游戏时继续进行辩论和讨论活动。

活动五： 设计未来的汽车 （艺术领域）

活动目标

1. 充分发挥想象力，设计未来的汽车。
2. 愿意用绘画、制作等形式表现自己的创意。
3. 愿意向同伴大胆介绍自己设计的汽车。

活动重难点

1. 活动重点：愿意用绘画、制作的方式表现自己的创意。
2. 活动难点：能够清楚地介绍自己设计的车。

活动准备

1. 经验准备：幼儿对电车和油车的优点和不足有所了解。
2. 物质准备：水彩笔、画纸、胶棒、纸盒、双面胶等辅助材料。

活动过程

（一）谈话导入，激发幼儿参与设计活动的兴趣

教师：在上次的辩论会中，小朋友们都知道了电车和油车的优点与缺点，那有没有一款车既能有电车环保的优点，也能拥有油车的优点呢？今天，请小朋友们来当设计师，设计一款未来的汽车。想想未来的汽车会是什么样子的？

（二）幼儿表达自己的设计想法

教师：你想设计一款怎样的车，能够集合电车和油车的优点，还有一些特殊的功能？

小结：教师鼓励幼儿大胆想象。对于幼儿设计的车，教师要给予充分的肯定。

（三）幼儿自选材料进行创作

幼儿可以选择画纸画出自己设计的车，也可以选择材料制作出自己设计的车（图3-56）。

图 3-56

教师：接下来，你们可以自选画纸，把你们设计的车画出来。也可以选择一些材料，把你设计的车制作出来。

小结：教师关注幼儿的创作情况，提示幼儿握笔姿势及工具的使用方法，对幼儿进行有目的地指导。

（四）交流分享，提升经验

1. 先完成的小朋友可以相互分享，说一说自己设计的车有什么功能。

教师：已经完成的小朋友可以找同伴进行交流分享，介绍一下自己设计的未来的车，如它有什么功能，能否节省能源等。

2. 作品展示，增加幼儿的自信（图3-57～图3-58）。

教师：今天你们设计的车都非常棒，请将已经完成的作品放在展示台上进行展示。

图 3-57

图 3-58

小结：教师为幼儿创设宣传展示的场地，为幼儿提供在集体面前讲解自己作品的机会，在活动中提升幼儿的语言表达能力。教师还可以在活动后把幼儿的作品收集起来，举办未来汽车博览会，邀请幼儿园其他班级的小朋友来参观，每名幼儿都是小小讲解员，负责介绍自己的车。

活动延伸

1. 召开未来汽车博览会活动，邀请其他班级的幼儿来参观，提高幼儿的讲述能力。

2. 幼儿在美工区继续发挥创意，设计未来的汽车。

七、主题反思

"电动车、燃油车大比拼"贴近幼儿的生活，同时汽车也是孩子们非常感兴趣的内容。通过主题活动的开展，班级幼儿学会了收集资料，知道了收集资料的用处。通过观察对比真实的汽车，锻炼了幼儿的观察能力。虽然辩论会活动对于中班幼儿来说有些难度，但是家长的微信辩论给孩子们提供了一次学习的机会，激发了孩子想要辩论的欲望，在这个活动中，有效地利用了家长资源，家长的参与度很高，也能让家长及时了解我们的主题活动，有效达到家园共育的效果。幼儿的辩论会充分锻炼了幼儿的语言表达能力，幼儿逐渐学会倾听他人的观点，同时也对辩论活动有了初步的认识。电车和油车都有优点和缺点，我们希望未来能有一种车既节能又环保，还能跑得远，幼儿开始发挥自己的创意，想象、创作未来的汽车。中班幼儿具有天马行空的想象力，每个幼儿都设计了一辆未来的汽车，他们给自己设计的汽车赋予了一个名称和一个小故事，相信孩子们设计的车就是我们未来的车。

（案例提供者：高云飞，刘　磊）

大班主题活动　社区植物探秘

一、主题由来

《指南》中指出：5～6岁幼儿能感知并了解季节变化的周期性，知道变化的顺序。为了让幼儿充分感知和了解季节的变化，我们带着幼儿到社区里对植物（树木和花）进行探秘活动。

秋冬之交，社区的植物在悄悄地发生着变化，树木的果实和落叶引发了孩子们的探究兴趣。我们结合幼儿的兴趣，组织开展了亲子社区植物探秘的活动。孩子和家长们一起制订了社区植物探秘的计划，并根据计划走进社区，观察社区树木的外形特点和季节变化，用图片和符号的形式记录下来。探秘活动后，孩子们回到班级和老师、小朋友分享了自己的探秘感受。活动的开展不仅丰富了孩子们对社区植物的认知，也提高了孩子们在制订计划、合作交流、掌握多种观察方式和记录方式等方面的能力。

二、设计思路

在"社区植物探秘"主题活动中，教师追随幼儿想去调查、了解社区植物秘密的兴趣，开展了社区植物探秘、与社区植物做游戏、为社区植物挂牌等活动，让幼儿在与社区植物亲密接触的过程中，萌发好奇心与探索兴趣，积累有益的直接经验和感性认识，逐步懂得热爱、尊重、保护社区植物。本次主题活动主要分为三个阶段。

第一阶段：我的社区探秘活动

在本阶段，通过集体讨论，幼儿梳理出探秘需要做的准备活动，确定探秘问题，分组制订探秘计划。幼儿按照探秘计划在晚离园后与家长走进社区开展植物探秘，将自己的探秘发现带回幼儿园与大家分享。

具体环节包括：我为社区植物探秘做准备、我发现的树秘密。

第二阶段：我和社区植物做游戏

在本阶段，教师充分利用秋天树叶飘落的教育资源，开展了我和树叶做游戏的体育活动，并将落叶投放到美工区中，支持幼儿与社区植物做游戏。教师通过让幼儿仿编诗歌《树真好》，激发幼儿爱护树木、保护树木的愿望。

具体环节包括：我和树叶做游戏、仿编诗歌《树真好》。

第三阶段：我为社区树木挂牌

我们认识了社区中的树木，幼儿园里的弟弟妹妹还不认识怎么办？于是幼儿萌发出为社区植物做标牌的愿望。教师引导幼儿用图画或符号设计标牌，请幼儿录制自己对树木的介绍，设计社区挂牌仪式流程，让幼儿通过协商、分工合作完成社区植物挂牌仪式。

具体环节包括：自制树木标牌、我为社区植物挂牌仪式做准备。

三、主题目标

1. 能察觉到植物的外形特征、习性与生存环境的适应关系。
2. 能在成人的帮助下制订简单的调查计划并执行。
3. 能用数字、图画、图表或其他符号记录。
4. 探究中能与他人合作与交流。
5. 初步了解人们的生活与自然环境的密切关系，知道尊重和珍惜生命，保护环境。

四、家园互动

1. 教师、幼儿、家长共同收集社区植物探秘的照片。

2. 教师、幼儿、家长共同收集社区植物探秘的果实。

3. 教师、家长共同将幼儿带入探寻答案的气氛中。

4. 家长帮助幼儿一起完成个性化的记录表。

5. 利用在园的幼儿、老师、家长、来园的客人、社区家长等资源开展宣传活动。

6. 开展亲子体验活动，利用家长资源再次拓展游戏内容。

五、主题网络图

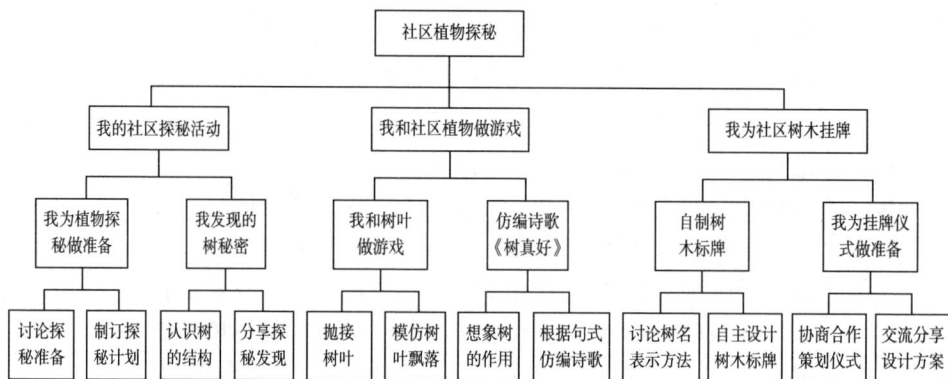

六、主题过程实录

活动一： 我为社区植物探秘做准备 （科学领域）

活动目标

1. 能小组合作，用符号、图画、图表或其他符号制订调查计划。

2. 愿意与他人讨论问题，能够连贯清楚地讲述自己的探秘准备。

3. 对社区植物探秘活动感兴趣，能够提出自己想调查的问题。

活动重难点

1. 活动重点：能制订简单的调查计划，并用符号、图画、图表或其他符号记录。

2. 活动难点：能够在制订计划的过程中进行小组合作交流。

活动准备

1. 经验准备：幼儿有过多次讨论话题的经验；有制订计划的经验。

2. 物质准备：纸、笔。

活动过程

（一）集体讨论探秘需要做的准备工作

教师：我们去社区进行探秘活动，你都需要做哪些准备工作？需要准备一些什么样的工具、材料或者物品？需要家长配合我们做什么？

小结：通过讨论，帮助幼儿梳理探秘需要做的准备工作，如制订探秘计划、准备观察调查的工具、记录的材料等。

（二）确定探秘问题，分组制订探秘计划

1. 幼儿讨论自己想了解的问题，根据问题自由组合成探秘小组。

教师：关于社区植物，小朋友们都有什么想知道的问题？这么多问题我们一次调查不完怎么办？我们可以投票选出几个问题，大家组成探秘小组分别去探究。

小结：将幼儿的问题记录下来，组织幼儿投票选择，根据投票数高低确定班级探秘的 4～6 个问题，同时分成 4～6 个小组，幼儿自由选择组别。

2. 每组幼儿围绕调查问题讨论需要做的计划。

教师：每个小组可以围绕你们的调查问题，讨论需要做哪些方面的计划，分工把你们的想法用自己的方式记录下来吧。

小结：分组讨论更聚焦，针对每组的探秘问题做具体的计划，将计划分成时间、地点、人物、问题、需要准备的材料等。在小组讨论时，引导每名幼儿都参与其中并进行分工，有的幼儿负责绘画，有的幼儿负责记录，其他幼儿分头提建议，小组推选分享人，确定分享方式。

（三）各组分享讨论结果，进行同伴学习

教师：每个小组都制订了你们的探秘计划，下面就请每组幼儿上前与大家分享讨论结果，其他组的幼儿可以帮忙补充（图 3-59～图 3-60）。

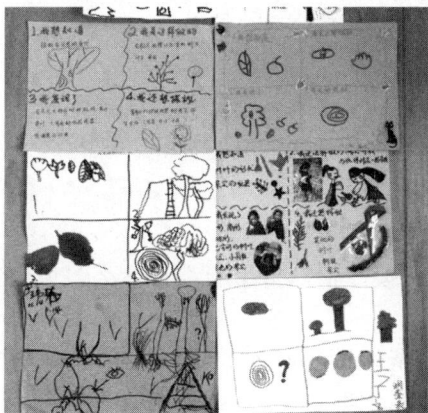

图 3-59

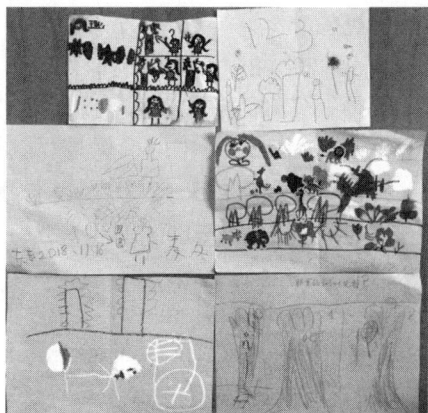

图 3-60

小结：分组分享是同伴学习的机会，也能通过大家的建议丰富经验。在这个过程中要鼓励幼儿大胆表达自己的想法，说出与别人不同的建议。

活动延伸

教师与幼儿、家长一起利用晚离园或周末走进社区，分组带着计划进行植物探秘活动，在探究过程中互相交流，用多种方式记录探秘结果，回园后分享。

活动二： 树的秘密 （科学领域）

活动目标

1. 认识树，并能用简单的语言描述树的不同部位及其作用。
2. 初步理解"年轮"的含义。
3. 学会分享和大树相处的经历。

活动重难点

1. 活动重点：认识树，并能用简单的语言描述树的不同部位及其作用。
2. 活动难点：能与同伴或教师分享和大树相处的经历。

活动准备

1. 经验准备：幼儿见过树，对树有初步的了解。
2. 物质准备：树枝、树皮、树根、树叶、花、果子、盒子、不透明的袋子4个、关于树木结构的PPT、树的横切面图片。

活动过程

(一) 谈话导入，激发幼儿的兴趣

1. 引导幼儿回忆和树相处的经历。

教师：小朋友们在哪里见过树？见过树上的哪些东西？有没有抱过树？有没有爬过树？

2. 请幼儿说一说树的组成部分。

教师：你知道树身上都有什么吗？它们都叫什么名字？你能说出几个？

小结：大树是由树根、树枝、树干、树叶四部分组成的。

(二) 认识树的各个部分及其作用

1. 游戏互动，帮助幼儿进一步了解树的组成部分。

（1）出示盒子，请小朋友闻一闻、摸一摸、猜一猜里面都有什么，说说都在什么地方看过。（树叶、花、果子）

（2）出示袋子，让幼儿看一看、猜一猜里面是什么，说说在什么地方看过。（树皮、树枝、树根）

小结：刚刚我们看过的这些东西都来自同一个地方——树。

2. 教师出示关于树木结构的 PPT，认识树的各部分及其作用。

教师讲解树枝、树干、树叶、树根等的作用。

（三）出示树的横切面，丰富幼儿对树木年龄的经验

1. 请幼儿说一说怎样才能知道树的年龄。

教师：树木跟我们人一样，也有年龄，我们怎样可以知道树有几岁了？

2. 出示树的横切面，介绍年轮。

教师：这里有一张树木的横切面的图，小朋友们观察一下，你看到了什么？一圈一圈的是什么？

小结：树木伐倒后，在树墩上可以看到有许多同心圆环，植物学上称为年轮。年轮是树木在生长过程中受季节影响形成的，一年产生一轮。

3. 出示三张树的年轮图，请幼儿通过数年轮判断树的年龄。

教师：小朋友们看看这三张图片里的树都几岁了？

小结：从树干基部年轮的数目就可以了解这棵树的年龄，一圈就是一年。

（四）画出我见过的树，再次梳理树的组成部分

1. 教师：你见过的树都是什么样子的？有没有刚刚我们讲的这些东西？你想画一棵什么样的树？

2. 幼儿画出大树，鼓励幼儿画出大树的各个部分。

3. 请幼儿介绍自己画的树，如树是什么样子的，长在什么地方。

（五）去社区现场观察

本次活动可以在幼儿园户外活动时进行，让幼儿观察并比较各种树，总结树的结构（图 3-61）。

图 3-61

活动延伸

1. 教师可带领小朋友在园内收集不同的树叶、树枝。

2. 请小朋友和家长一起认识更多的树，并观察树的各个部分，了解更多关于年轮的知识。

活动三： 我和树叶做游戏 （健康领域）

活动目标

1. 练习向上纵跳抛接树叶。
2. 能够根据信号的变化，做出相应的身体动作。
3. 大胆用身体动作表现秋叶飘落的情景。

活动重难点

1. 活动重点：幼儿能向上纵跳抛接树叶。
2. 活动难点：能用身体动作表现树叶飘落的情景。

活动准备

1. 经验准备：幼儿有过抛接的游戏经验。
2. 物质准备：树叶。

活动过程

（一）谈话讨论落叶飘下的情景，激发幼儿用动作表现落叶的兴趣

教师：你见过树叶飘落下来的情景吗？大风和微风时，叶子飘落的状态有什么不同？

小结：引导幼儿说说微风、大风、狂风、无风时小树叶飘落的状态，为游戏"风来了"做铺垫。

（二）开展落叶游戏，练习抛接的动作

1. 每个幼儿人手一片树叶，向上纵跳，同时将树叶抛向空中，然后尽力接住（图 3-62）。

教师：每个小朋友可以拿一片树叶，试一试抛起来再接住。

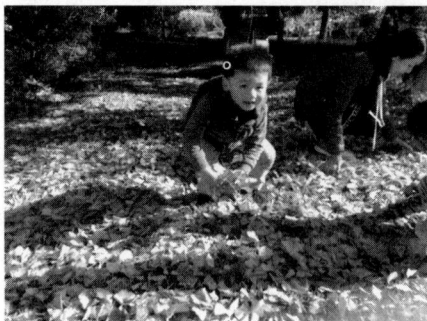

图 3-62

2. 幼儿自由结伴，一人抛树叶，一人接树叶，然后互换角色进行游戏。

教师：比一比谁抛得高，谁接得准。

小结：树叶抛接游戏可以锻炼幼儿的跳跃能力和手眼协调能力，还可以培养幼儿的竞赛意识。在游戏过程中，教师需注意观察体弱幼儿，鼓励他们用力向上抛。

（三）游戏"风来了"，练习根据信号做出相应的身体动作

1. 教师扮演大树妈妈，幼儿扮演小树叶。（教师和幼儿共同商量、选定相应的动作来表示不同的风吹来时，叶子落下的情景）

2. 游戏"风来了"。

游戏活动重点：根据大树妈妈的身体信号做出相应的身体动作。

第一次游戏：教师（大树妈妈）边点头边说"微风来了"，幼儿慢慢走动；教师（大树妈妈）边左右摇摆手臂边说"大风来了"，幼儿慢速跑；教师（大树妈妈）边摇摆手臂和身体，边说"狂风来了"，幼儿转动着跑；教师（大树妈妈）边立正边说"风停了"，幼儿下蹲并做树叶飘落在地的各种动作。第二次游戏：幼儿扮演大树妈妈进行游戏。第三次游戏：教师（大树妈妈）只用身体动作来发出信号，不用语言提醒。（教师可以交替风的大小程度，让幼儿有张有弛地进行游戏，锻炼幼儿的反应能力）

小结：帮助幼儿梳理根据信号做出相应的身体动作的经验。

（四）游戏"小树叶睡着了"

教师：小树叶被秋风姑娘吹到了小河里，小树叶静静地躺在水面上，河水在给它按摩呢，真舒服。

第一次按摩：捏捏脖子、手臂、大腿、小腿。幼儿两两相互捏背。第二次按摩：敲敲脖子、手臂、大腿、小腿。幼儿两两相互敲背。（幼儿两两互助，有利于孩子间身体的接触、情感的交流、心灵的沟通）

教师：小树叶在河水的按摩下静静地睡着了。（幼儿休息）

活动延伸

在过渡环节带领幼儿根据律动做出相应的动作。

活动四：　仿编诗歌　《树真好》　（语言领域）

活动目标

1. 喜欢诗歌，愿意大胆发挥想象，尝试创造性地仿编诗歌。
2. 尝试运用诗歌中"树真好，树可以……"的句式进行仿编。
3. 能用完整、清楚、连贯的语言表达自己的想法。

活动重难点

1. 活动重点：尝试运用诗歌中"树真好，树可以……"的句式进行仿编。

2. 活动难点：仿编的内容能符合一定的逻辑关系。

活动准备

1. 经验准备：幼儿看过《树真好》的绘本故事，有仿编诗歌的经验。
2. 物质准备：课件、记录单、树的照片或图片、水彩笔。

活动过程

（一）猜谜语

把社区中常见的四种树木编成谜语，请幼儿猜谜语，激发幼儿对活动的兴趣。

教师：大哥开花毛毛虫，二哥开花花卖丝，三哥开花金牌样，四哥开花结铜铃。你们猜猜是什么呢？你见过的树都是什么样的？

小结：杨树、柳树、椿树、枣树是幼儿园所在社区中能够见到的。依据大班幼儿喜欢挑战的特点，设计竞猜谜语的环节，调动幼儿参与活动的积极性。

（二）通过提问引导幼儿对树展开想象

教师：今天老师带来了很多树朋友，它们特别喜欢玩变身游戏。请你们猜猜这些树可以变成什么，做什么事情。

小结：引导幼儿围绕"树真好，树可以变成什么，做什么事情？"展开想象，启发幼儿用完整的语言表达自己的想法。同时将幼儿对树的已有经验调动出来，为后续创编诗歌的活动做铺垫。

（三）引导幼儿欣赏诗歌，尝试按照诗歌中的句式进行仿编

1. 播放课件《树真好》，教师有感情地朗诵诗歌。

教师：小朋友们的想法特别好，老师给小朋友们带来了一首关于树变身的诗歌，我们一起来听听吧！注意听诗歌中提到树变成了什么，做了什么事情。

2. 再次欣赏诗歌，尝试进行仿编。

教师：你们发现这首诗歌有什么特点？你在仿编的时候，怎样能让诗歌变得更好听？把自己的想法用一句完整的话说给小朋友听。

小结：这首诗前半句与后半句的内容是有关联的，用形容词、量词等可以让诗歌变得好听。教师要及时鼓励与肯定幼儿的表达。

3. 幼儿自主仿编，记录在记录单上（图 3-63）。

教师进行个别指导，满足不同幼儿的发展需求。分为三个层次：（1）提供树的

图 3-63

图片，供幼儿直接粘贴后进行诗歌仿编；（2）提供空白记录单，供幼儿用符号自主记录、绘画，并进行诗歌仿编；（3）提供充足的记录单，供已经仿编完的幼儿选择记录单，进行再次仿编。

小结：根据班级幼儿的不同发展水平，为幼儿提供不同层次的材料。幼儿可根据自己的需要，自主绘画仿编、选图仿编，这正体现了"面向全体幼儿，关注个体差异"的教育原则。

（四）交流和分享幼儿仿编的诗歌

1. 小组之间自由分享。

教师：把你仿编的诗歌跟你们小组的小朋友讲一讲吧。

2. 集体分享。

教师：哪位小朋友想来分享一下自己仿编的诗？你的树可以变成什么，做什么事情？

小结：幼儿的学习过程需要不断地重复和巩固，教师为幼儿创设了自由、宽松的语言交往环境，鼓励和支持幼儿与成人、同伴交流，让幼儿有序、连贯、清楚地表达。

活动延伸

还想分享的小朋友和没有分享的小朋友可以在过渡环节继续跟大家分享自己仿编的诗歌。

附：诗歌《树真好》

树真好，树的果实可以用来食用，人们和小动物都能吃，很美味哦。

树真好，飘落的树叶可以收集起来，做成好看的书签，看书的时候可以用。

树真好，吹落的树枝可以加工制作，变成一件艺术品，来美化我们的环境。

树真好，树木可以做成桌椅，我们可以写字画画，为人们的生活带来方便。

活动五：　自制树木标牌（艺术领域）

活动目标

1. 能通过联想的方法，将树木名称用生活中常见的事物表示出来。

2. 能用自己喜欢的方式设计树木标牌。

3. 与同伴分享自制树木标牌的特点，提升语言表达能力。

活动重难点

1. 活动重点：能通过联想的方法，将树木名称用生活中常见的事物表示出来。

2. 活动难点：能自主设计出与众不同的树木标牌。

活动准备

1. 经验准备：幼儿有设计邀请函、各种各样的计划的经验。

2. 物质准备：彩色水笔、蜡笔、树木图片、公园中树木标牌的图片、不同纸张、剪刀、各种胶。

活动过程

（一）出示名片，了解树木标牌的作用

教师：这是什么？为什么这个叫个人名片呢？（因为这是自己与众不同的介绍）我们探秘时的树宝宝也各不相同，你能为自己探秘的树设计一张与众不同的、能代表这棵树明显特点的树木标牌吗？

小结：大树和人一样，它们都有自己的名字。设计树木标牌就是为了让人从标牌上看出这棵树是什么品种的树，有什么特点，从而了解这棵树。

（二）讨论把树木名称转换成符号或图画的方法

1. 教师用柳树来举例子，引导幼儿用图片或符号来表示树木名称。

教师：你想怎样为柳树设计标牌？标牌上可以有什么？怎样能让人一看标牌就看出这是柳树？

小结：通过讨论激发幼儿联想树木名称的表示方法。可以通过把树木文字转换成符号的方式进行设计，如柳树可以用一个数字6和一棵树来表示，丁香可以用一颗钉子和一个箱子表示。

2. 出示公园中树木标牌的图片，引导幼儿观察发现上面除了树木名称外还有什么，讨论在标牌上表示树木特点的方法。

教师：我们在公园中能看到很多树上都有标牌，小朋友们看看，这些树木标牌上除了有名称，还有什么？这些二维码是做什么的？我们扫一扫试一下。

小结：树木标牌上有关于树木特点的介绍，有的标牌上面有二维码，可以用手机扫描听到录音介绍。我们也可以把树木的特点进行录音，请电教老师帮助制作成音频二维码贴在我们的标牌上，当然也可以用自己的方式在标牌上表示树木的特点。

（三）幼儿自主设计树木标牌，教师指导要点

幼儿自主选择喜欢的纸张、彩笔颜色，设想用什么形状和图案来当底板，引导幼儿结合树的特点设计树木标牌（图3-64）。

图 3-64

教师：我来猜猜你设计的是哪棵树。你用了什么符号来表示这棵树的名称？用了什么方式表示这棵树的特点？你还可以给标牌做一些漂亮的装饰。

小结：通过自主设计环节，鼓励幼儿大胆设计与众不同的树木标牌。

（四）展示与分享，同伴相互学习

1. 幼儿展示自己设计的树木标牌，请同伴猜一猜是什么树。

教师：大家猜一猜他给哪棵树设计的标牌。请你给大家讲讲，你为什么用这几个符号表示这棵树的名字？

2. 讨论。

教师：小朋友们都设计了这么漂亮的标牌，那我们怎样才能让更多的人通过这个标牌认识这棵树呢？

小结：可以举办社区植物挂牌仪式，让社区居民都看到我们制作的标牌。

活动延伸

幼儿将自己设计的标牌讲解给幼儿园的小朋友听。

活动六：　为社区植物挂牌仪式做准备　（社会领域）

活动目标

1. 在为社区植物挂牌仪式的准备活动中，体验成功的喜悦。
2. 协商、分工合作完成社区植物挂牌仪式的设计。
3. 能够用图画、符号等形式进行记录。

活动重难点

1. 活动重点：通过协商、分工合作完成小组任务。
2. 活动难点：意见不统一时，能通过协商来解决问题。

活动准备

1. 经验准备：有根据自己的意愿分组的意识；有初步的协商意识。
2. 物质准备：纸张、笔。

活动过程

（一）通过提问激发幼儿为社区植物挂牌仪式做准备的兴趣

讨论举办社区树木挂牌仪式需要准备哪些内容，引导幼儿大胆表达。

教师：制作完树牌，我们就可以为小区的树进行挂牌了！小朋友们查阅了资料，知道挂牌可以有个仪式，那仪式都需要什么呢？怎样让其他人知道我们要举行挂牌仪式？你想邀请谁来参加？

小结：挂牌仪式需要邀请参加人，需要制作宣传海报、设计仪式流程等。

（二）学习协商、合作，共同完成挂牌仪式的策划

1. 集体讨论挂牌仪式都可以邀请谁。

教师：都可以请谁来参加挂牌仪式？可以怎么邀请大家来参加挂牌仪式？

小结：可以邀请园长、老师、小朋友代表、社区居委会的叔叔阿姨参加挂牌仪式。我们需要准备邀请卡，还可以在社区里张贴宣传海报，让更多人知道。

2. 集体讨论怎样制作海报、邀请卡。

教师：制作海报和邀请卡需要准备什么材料？在哪里可以找到这些材料？没有想要的材料怎么办？

小结：可以从班级美工区或家庭中收集制作邀请卡所需的纸、笔、装饰物等材料，如果没有，可以去其他班级借。

3. 讨论并记录挂牌仪式的活动流程。

教师：确定了挂牌仪式的参加人和宣传方式，还有一个重要的内容就是仪式的流程，请大家看看我们农耕节启动仪式的视频，分组设计挂牌仪式的流程，把你们的设计想法记录下来。

小结：通过讨论，幼儿知道挂牌仪式的环节和流程，如可以包括主持人介绍、园长妈妈讲话、幼儿讲解宣传海报、教师与幼儿共同为树木挂牌等环节，也可以根据幼儿的创意增加其他环节。幼儿可以根据自己的意愿自由结伴分组，通过协商、分工选择材料，最终完成流程设计的任务。

（三）分享挂牌仪式的流程

每个小组分享设计的仪式，教师根据对各小组的观察，提炼每个小组设计的亮点，有针对性地进行提问交流。

教师：你们是怎样分工的？遇到问题是怎样解决的？合作游戏有哪些好处？你们的仪式和其他人有什么不一样？

小结：鼓励幼儿大胆表达自己的见解，通过分享交流，促进幼儿的相互学习。

活动延伸

开展社区植物挂牌仪式（图 3-65～图 3-66）。

图 3-65

图 3-66

七、主题反思

在开展"社区植物探秘"这个主题活动中，幼儿通过亲身参与和体验，找出了较为感兴趣的探索内容。教师尊重了幼儿的想法以及兴趣点，促使主题能够围绕幼儿的兴趣逐渐开展。在主题活动的发展过程中，幼儿能够主动地交流自己的发现，并将自己的发现以多种方式记录下来，为主题活动的不断丰富和发展起到了促进作用。

从幼儿善于观察方面来说，幼儿能够通过自己的观察说出探秘时的感受，并能将自己的感受画出来与小朋友进行交流。

从幼儿的主动性方面来说，幼儿能够积极参与到活动中，主动寻找多种方法，还能从许多的好办法中选择出最优的方法，说明幼儿对于活动内容的选择是有思考和取舍的，这个过程对于幼儿来说就是主动学习的表现。

从幼儿喜欢提问方面来说，幼儿能够在观察活动中积极地思考，提出自己想要了解的问题。在这个过程中，幼儿是积极主动地去参与活动的，并且喜欢提问，愿意自主探究，能结合生活中的事件提出适宜的问题，说明幼儿对自己感兴趣的事物和现象产生了更加浓厚的兴趣。

从幼儿积极解决问题方面来说，幼儿在活动过程中产生了解决问题的愿望，愿意尝试自主解决问题。教师也支持幼儿的探究活动，鼓励幼儿利用获得的经验去解决问题。

（案例提供者：丁元婧，封　硕）

大班主题活动　社区便民指南

一、主题由来

开学初，在和孩子们的一次聊天中，一个孩子说附近新开了一个"铁路公园"，离家很近，在楼上就能看到，我们走着就能去。这个话题引发了孩子们的讨论，有的幼儿说铁路公园里面有火车头，有的幼儿说里面有滑梯、羽毛球场等健身设施，也有的幼儿说自己家那边的小桥洞封闭了，五路居南街和徐庄路开通了，以前放学都在五路居南街玩，现在不能去了。

《纲要》中指出：我们要充分利用社区的资源，扩展教育的空间，丰富并深化教育内容，社区的自然环境、人文景观、公共设施都可以成为幼儿学习的内容。由于班里大部分幼儿都在幼儿园所在的社区或者周边的几个社区居住，对周边的环境非常了解，同时大班幼儿开始关注周围的环境，关注自己身边的变化，所以社区的这些新变化是孩子们非常感兴趣的。我们追随孩子的兴趣，开展了关于社区的主题活动。

二、设计思路

在"社区便民指南"主题活动中，教师及时抓住幼儿对身边环境变化的新发现这个教育契机，提出了孩子们非常感兴趣的问题：社区的新变化给我们的生活带来了哪些便利？这一话题有效地激发了幼儿的兴趣，对活动的开展起到了推动作用。幼儿通过实地调查、小组讨论等形式，对居住的社区有了更加深入的了解；通过召开社区咨询会，设计宣传便民手册，让身边更多的人感受到社区生活的便利。本次主题主要分为四个阶段。

第一阶段：社区大发现

在第一阶段，幼儿设计调查问卷《社区的变化给您的生活带来了哪些便利》，并对几位家长进行了采访，同时幼儿利用放学的时间去社区进行访问调查活动，并用绘画或照片的形式记录下来。在这个阶段，幼儿通过自己的亲身调查去感受和发现社区的变化。

具体环节包括：讨论社区周边的新变化、统计讨论结果。

第二阶段：社区调查大分类

在这一阶段，幼儿围绕"社区还有哪些服务设施？"展开了一个大调查活动。通过寻找社区周边的服务设施，幼儿能够亲临社区，主动参与，用绘画和照片的形式将自己调查的结果带回来。这一阶段的活动让幼儿对调查结果进行详细的分类。

具体环节包括：分类统计周边的社区服务设施、分享整理记录的结果。

第三阶段：社区咨询会

在这一阶段，每个幼儿会选择一类内容进行详细的调查，比如交通组的小朋友会统计车站、地铁站以及出行的其他交通方式等。每组会讨论汇总出一份调查结果。我们在班级开展了一次社区咨询会活动。

具体环节包括：布置活动场地、接待教师咨询。

第四阶段：制作便民手册

经过前几个阶段的调查和汇总，最终每组得出一份调查结果。为了更加有效地宣传社区的公共设施，我们制作了社区便民手册，分发给幼儿园的老师及社区的居民。

具体环节包括：制作便民宣传手册、模拟发放宣传手册。

三、主题目标

1. 了解和关心幼儿园及家庭周边的环境、公共设施及各种场所，懂得爱护自己居住的社区。

2. 通过调查、记录、统计，了解身边的设施给我们的生活带来的便利。

3. 在活动中通过小组合作，培养幼儿与同伴交流沟通、协商合作的能力。

四、家园互动

1. 家庭物质资源：家长带领幼儿实地调查，将调查结果带到幼儿园。

2. 家长信息资源：家长和幼儿一起查阅信息，或者将自己知道的信息分享给孩子。

五、主题网络图

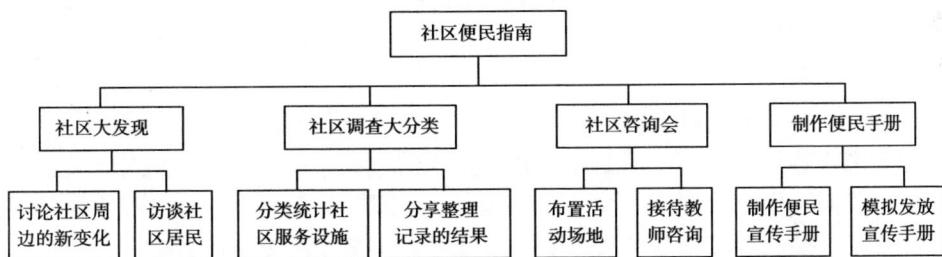

```
                        社区便民指南
        ┌───────────┬───────────┬───────────┐
     社区大发现    社区调查大分类   社区咨询会    制作便民手册
    ┌────┬────┐  ┌────┬────┐  ┌────┬────┐  ┌────┬────┐
  讨论社区 访谈社 分类统计社 分享整理  布置活 接待教 制作便民 模拟发放
  周边的新 区居民 区服务设施 记录的结果 动场地 师咨询 宣传手册 宣传手册
  变化                                   
```

六、主题过程实录

活动一： 社区大发现 （社会领域）

活动目标

1. 通过观察和发现，了解社区的新变化。

2. 能围绕一个话题进行讨论，有自己的见解。

3. 愿意参与小组活动，能和同伴良好合作。

活动重难点

1. 活动重点：能够发现社区的新变化，并且愿意向同伴表达。

2. 活动难点：在小组讨论中能够自主讨论，分工明确。

活动准备

1. 经验准备：幼儿对社区的新变化有一定的了解。

2. 物质准备：社区新变化的照片、纸、水彩笔。

活动过程

（一）观察图片中熟悉的场景，激发幼儿参与活动的兴趣

教师：这是哪里？跟以前有什么不一样了？

小结：鼓励幼儿积极发言，表达自己所了解的社区周边的变化。

（二）讨论社区周边的新变化

教师：接下来我们分组进行讨论，说一说你知道的社区的新变化，以及这些变化给我们的生活带来的便利。每组一张记录表，你们要将自己组员发表的看法总结到一张纸上，最后请一个小朋友来分享。

小结：教师巡回指导，鼓励幼儿分工合作，有人记录，有人发言，每组将讨论的结果记录在纸上。关注幼儿的握笔姿势，关注幼儿讨论的话题，不要跑题。

（三）分享发现，统计讨论结果

1. 每组由一名小朋友分享自己组的内容。

教师：你们组发现了社区周边的什么变化？这些变化给小朋友们的生活带来了哪些便利？

小结：小朋友们对自己居住的小区周边环境非常熟悉，能够关注到周边环境的变化，感受到周边环境变化给我们带来的便利，如五路居南路与徐庄路开通了，我们不用走小桥洞了，马路宽敞，不用堵车了。开车出去不用再绕路了，可以直接通过。新开的火车头公园让我们又多了一个玩的地方。

2. 讨论怎样了解居民对社区变化的看法。

教师：你们想不想知道这些变化给社区周边的居民带来了哪些便利呢？我们可以怎么知道？

小结：通过提问，引导幼儿提出开展社区居民调查的活动建议。

活动延伸

幼儿回家后给家长讲讲社区的变化。

活动二： 访谈社区居民 （语言领域）

活动目标

1. 在访谈过程中初步了解社区的变化给居民带来的便利。
2. 能专注地倾听他人讲话，并用简单的符号做访谈记录。
3. 积极参与访谈活动，体验与人交流的乐趣。

活动重难点

1. 活动重点：能专注地倾听他人讲话，并用简单的符号做访谈记录。
2. 活动难点：梳理访谈的内容，了解社区的变化给居民带来的影响。

活动准备

1. 经验准备：幼儿有在园访谈其他教职工的经历。

2. 物质准备：邀请四名社区的居民（幼儿家长）、纸、笔。

活动过程

（一）开场舞《美美哒》，欢迎邀请的社区居民

听着音乐，全班幼儿跳开场舞《美美哒》，欢迎邀请的四名社区居民代表。

（二）开始访谈活动

1. 自我介绍。

教师：接下来，我们的访谈活动马上开始，请四位家长先来做一下自我介绍，介绍一下您住在哪个小区。

2. 提问环节，调查社区居民对社区变化的看法。

教师：下面访谈活动正式开始，每位家长分到一个组内，每组幼儿对家长进行提问。

（1）班级幼儿分成四组，每组访谈一位家长，小组内组员分工明确。

（2）开始访谈，在访谈过程中教师要巡回指导。

（3）幼儿要做好访谈记录，可以是多种形式的记录。

（4）访谈结束后，各小组要进行梳理（图3-67）。

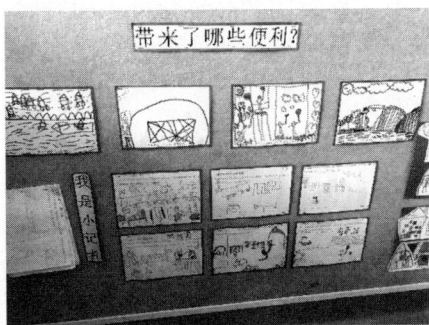

图 3-67

小结：教师注意观察幼儿在采访中可能遇到的问题，引导幼儿通过同伴互助的方式解决问题。在访谈中引导幼儿做好分工，使每位幼儿都有机会向家长进行提问。

（三）分享访谈结果

每组一名幼儿分享访谈结果，一名幼儿负责记录访谈结果。

教师：每组请一位小朋友分享你们的访谈结果，请另一名小朋友协助记录结果，如有同样的答案可以只记录次数。

小结：新开的公园距离我们住的社区很近，走着就可以到。里面有健身器材，居民们锻炼身体方便多了。居民们哄孩子又多了一个新去处。新路开通了很方便，避免了很多危险。孩子们放学多了一个新去处，而且在公园里玩很安全，之前放学都是在路边玩，很危险。

活动延伸

利用晚离园时间到社区开展采访活动，了解一下社区的新变化给人们的生活带来的便利。

活动三： 社区调查大分类 （科学领域）

活动目标

1. 能从生活中感受事物的关系，学会分类。
2. 通过观察、比较、观察，发展归纳事物的能力。
3. 乐意与同伴合作，体验数学活动的乐趣。

活动重难点

1. 活动重点：通过观察、比较、观察，发展归纳事物的能力。
2. 活动难点：能够合理地归纳事物。

活动准备

1. 经验准备：幼儿有对熟悉的物品进行分类的经验。
2. 物质准备：幼儿调查的社区周边的各种设施的照片。

活动过程

（一）提出问题，激发幼儿参与活动的兴趣

教师提出在购物中遇到的问题，激发幼儿帮助老师解决社区生活问题的愿望。

教师：昨天老师下班去超市买东西，我想买水果，又想买生活用品。但是我们西门的小超市只能买到水果，去哪儿才能买到生活用品呢？

小结：充分调动幼儿的已有经验，回顾社区周边的生活设施，鼓励幼儿积极大胆地表达自己知道的内容。

（二）整理周边的社区服务设施

1. 讨论对社区周边服务设施进行分类的方法。

教师：你们调查到了这么多的服务设施，现在我们要对它们进行分类，可以分成几类？怎么分？

小结：可以按照幼儿说的分类方法进行分类，如在墙上贴出几种幼儿说的类别——餐饮类、交通类、服务类等，幼儿将自己调查的内容贴到相应的格子里。

2. 分好类后，每组整理一类服务设施并记录。

教师：按照我们分出的餐饮类、交通类、医疗类、购物类等类别，分组细化里面的内容，比如餐饮类可以包括饭店、甜品店等。分组讨论每类设施中离我们社区最近的是哪一家，怎么去最方便，将讨论的结果记录在纸上。

小结：每组将分类整理的结果记录在一张纸上，形成自己组的资料。

（三）分享整理记录的结果

每个小组派出一名小朋友来分享整理社区便民设施的结果。

教师：每个小组请一名小朋友来说说你们讨论的结果，其他小朋友要认真听，也可以进行提问或补充。最后将自己组整理的内容张贴到班级合适的位置，让全班幼儿都能看到（图3-68～图3-69）。

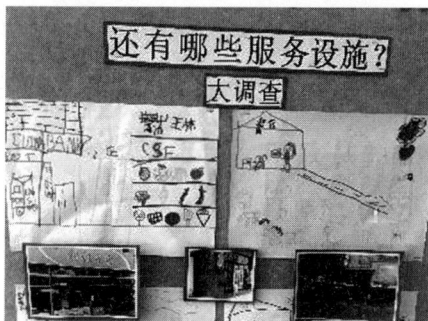

图 3-68

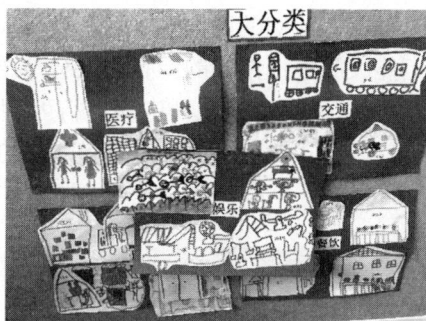

图 3-69

活动延伸

幼儿将自己分类整理的内容带回家分享给爸爸妈妈，并请爸爸妈妈帮忙补充。

活动四： 召开社区咨询会 （语言领域）

活动目标

1. 在社区咨询会中对他人有礼貌，会使用"欢迎光临""请"等礼貌用语。

2. 通过咨询会，锻炼交往表达能力。

3. 愿意参与交流活动，体验活动的乐趣。

活动重难点

1. 活动重点：在咨询会中认真倾听问题，大方讲解。

2. 活动难点：能够在他人咨询问题的过程中自主解决问题。

活动准备

1. 经验准备：幼儿有给他人讲述的经验。

2. 物质准备：桌椅、每组准备好自己整理的相关资料。

活动过程

（一）会前准备工作，布置活动场地

教师：我们今天要召开社区咨询会，首先我们要进行场地的布置。请各组小朋友设计自己的场地。

小结：指导幼儿分工合作，部分幼儿布置场地，部分幼儿去发邀请函。

（二）社区咨询会正式开始

1. 各组的幼儿在自己的场地准备好，如交通组、餐饮组、教育组等。

教师：我们的咨询会就要开始了，有很多老师都准备来向你们咨询，希望你们能大胆地把你们的调查结果分享给老师们，帮助更多的人了解我们的社区。

2. 老师们陆续来到班级进行咨询，选择自己想要咨询的内容。

3. 幼儿拿好自己调查汇总后的资料，对咨询的问题进行耐心的解答（图3-70～图3-71）。

图 3-70

图 3-71

4. 教师巡回指导，提示使用礼貌用语，如"欢迎来到我们大一班社区咨询会，您有什么想咨询的？"

（三）活动结束，梳理小结

教师：今天召开的咨询会非常成功，老师们对你们的回答都非常满意，很多老师咨询到了他们想知道的问题。现在请你们对今天的咨询会做一个总结，说说你们表现得怎么样，哪里表现得好，哪些地方还需要改进。

活动延伸

可以将咨询会的内容延续到日常语言区，如每周定一个时间为咨询日，张贴海报，幼儿园的老师可以随时来班级咨询。

活动五： 制作便民手册（艺术领域）

活动目标

1. 了解宣传手册的制作过程，知道手册由封面、内页、封底组成。
2. 用绘画的方式大胆地表达自己整理的社区内容。
3. 在制作过程中能与同伴合作，体验与同伴合作完成一份作品的喜悦。

活动重难点

1. 活动重点：能与同伴合作完成便民手册的制作。
2. 活动难点：小组合作制作便民手册。

活动准备

1. 经验准备：幼儿对社区周边的公共设施非常了解。
2. 物质准备：调查的结果、纸、笔。

活动过程

（一）谈话导入，激发幼儿制作宣传手册的兴趣

教师：我们的社区咨询会活动让很多老师对我们周边的社区有了更多的了解，老师们非常开心，对我们的咨询会非常认可。如果我们想让更多的人了解我们的社区，我们可以怎么做？

小结：可以制作社区宣传手册，介绍社区中的便民服务设施。

（二）制作宣传手册

1. 了解宣传手册的特征，如有封面、内页、封底。

教师：你们知道什么是宣传手册吗？今天老师拿了一些宣传手册，你们看看宣传手册有什么特点？

2. 小组分工制作，有制作封面的，有制作内页的，有制作封底的。
3. 教师巡回指导，指导制作内页的小朋友把负责的设施画清楚。
4. 画好后，请小朋友大胆展示自己的作品，并讲述给老师和小朋友听。
5. 教师帮助幼儿一起装订宣传手册，并编排好页码。

（三）阅读自制宣传手册

教师：我们制作的便民手册非常棒，相信一定能给社区附近的居民和幼儿园的老师带来更多的便利。如果我们出去宣传，应该怎么宣传呢？

小结：可以通过情景表演的形式让幼儿熟悉宣传方法，一部分幼儿扮演社区居民，另一部分幼儿扮演宣传的小朋友。还可以将宣传手册发给幼儿园的老师们，并给他们进行讲解，熟悉讲解的过程。

活动延伸

可以利用放学后的时间，幼儿带着社区便民手册到小区内进行宣传。

七、主题反思

"社区便民指南"这个主题活动源于幼儿的生活，教师能够抓住生活中的教育契机，充分利用社区资源开展活动。在活动中，老师通过孩子们非常感兴趣的问题"社区的新变化给我们的社区带来了哪些便利?"有效地激发了幼儿的兴趣，对活动的开展起到了推动作用。之后幼儿想了解社区的新变化给居民们的生活带来的便利，于是顺应孩子们的兴趣，继续深入开展主题活动。其中的访谈活动、调查活动让幼儿与社区有了亲密接触，对我们的社区有了更多的认识。孩子们非常喜欢实践调查活动，利用放学时间去寻找社区周边的服务设施，用绘画和照片的形式带回自己调查的结果并进行了分享。亲身体验、实际操作符合学龄前幼儿的学习方式。在这个过程中，小组讨论也体现了大班幼儿的学习特点，即合作化的共同学习。幼儿两次小组讨论，最终每组得出一份调查结果，这期间小组内有商量、有辩论。孩子们与同伴沟通交流和解决问题的能力得到不同程度的发展。为了更加有效地宣传我们的社区环境设施，我们制作了社区便民手册，分发给幼儿园的老师们，让我们的主题活动有内容，源于生活又高于生活。

（案例提供者：高云飞）

第四章　生态节庆活动实践案例

中班中华节庆活动　节气民俗我体验

一、活动由来

二十四节气是古人智慧的结晶，也是民族文化的重要组成部分，作为中国文化的代表成功入非遗名录之后，为了更好地适应时代需要，就要让二十四节气被更多的人，特别是年轻人广泛接受，使之成为中华民族共同的文化骄傲。如何进一步保护与传承二十四节气文化，值得我们认真思考。在大力倡导传承中国传统文化的今天，我们有必要向幼儿介绍被誉为"中国的第五大发明"的二十四节气，以激发幼儿的民族自豪感。

从幼儿园课程的角度来说，二十四节气可以是独特的课程资源，有助于儿童文化认同感和精神归属感的重建和回归。教师通过创设丰富的活动情境，营造有利于幼儿主动活动的氛围，将二十四节气课程自然渗透在其中。

鲁迅先生说过："只有民族的，才是世界的。"现在许多孩子对本民族的传统文化知之甚少，而忽视传统文化的教育对幼儿是不利的。二十四节气是我国古代劳动人民对天文、气象、农事进行观察、探索、研究和总结的产物，是中华民族悠久的民俗文化和历史沉积。将二十四节气应用于幼儿园传统文化教育，能够大大丰富幼儿的已知经验，同时提高幼儿主动学习传统文化的积极性。二十四节气既是幼儿园传统文化教育的优质选材，也是教师非常有效的教学策略。

二、设计思路

"节气民俗我体验"是关于中华传统节气的系列活动。在活动之初，教师没有去预设活动内容，而是让幼儿对二十四个节气开展了一次大调查活动，幼儿投票选出感兴趣的节气，作为今后节气体验活动的方向。根据幼儿的自主选择，我们后续开展了春分、夏至、秋分、冬至四个季节中典型的节气开展活动。本次主题活动分为以下四个阶段。

第一阶段：二十四节气大调查

幼儿和家长一起收集了各种与二十四节气相关的风俗习惯，制作成 PPT、图片、图画等，带到幼儿园来与同伴分享。通过投票，幼儿决定选择春分、夏至、秋分、冬至作为节气体验活动。

具体环节包括：交流分享自己收集到的节气风俗、投票选出最感兴趣的节气。

第二阶段：春季节气"春分"

春季，我们选择春分节气作为切入点，初步了解春分的由来，体验春分的风俗习惯，感受祖国文化的丰富，懂得珍惜今天的幸福生活。

具体环节包括：春分立蛋、儿歌《春雨》。

第三阶段：夏季节气"夏至"

夏季，我们选择夏至节气作为切入点，从幼儿自己搜集到的资料中，选取幼儿感兴趣的内容，幼儿在生态小厨房中体验切黄瓜、自制绿豆汤等，尝试用各种方式为自己解暑。

具体环节包括：美丽的扇子、五彩豆。

第四阶段：秋季节气"秋分"

秋季，我们选择秋分节气作为切入点。秋分是二十四节气中的第十六个节气，在这个丰收而美丽的节气中，有很多民间习俗，有大自然的种种变化，也有丰收的喜悦，师生一同放风筝、制作汤圆、粘雀子嘴、送秋牛图，体验节日的快乐，感受我国民族文化的丰富。

具体环节包括：画风筝、画秋牛图。

第五阶段：冬季节气"冬至"

冬季，我们选择冬至节气，实践出多种多样的幼儿园活动方案，幼儿通过学包饺子、品尝饺子的活动，感受冬至节气的氛围，邀请家长来园参加活动，还增进了幼儿与家长的亲情。

具体环节包括：包饺子、冬季取暖。

三、活动目标

1. 了解二十四节气的由来和风俗习惯，增强对民族传统节日的认识。

2. 在主动学习中了解、体验春分、夏至、秋分、冬至的各种风俗，感受传统节日的文化与习俗。

3. 知道一些消夏避暑的方法，了解夏季健康饮食的规律。

4. 愿意尝试绘画秋牛图，并在送秋牛图的过程中送出对他人的祝福。

5. 认识我国传统的冬至节气，知道冬至的由来，学习包饺子。

6. 对中国的传统文化感兴趣，产生初步的民族自豪感。

四、家园共育

1. 家长和幼儿一起搜集并整理关于二十四节气的资料。

2. 结合活动进程，家长与幼儿一同踏青、秋游等，感受季节变换时大自然的变化。

3. 请家长参与到幼儿园的活动中来，与幼儿一同包饺子、过节日。

4. 配合幼儿园的活动，家中也根据节气吃相关的食物，如冬至吃饺子，夏至吃面等。

五、活动流程图

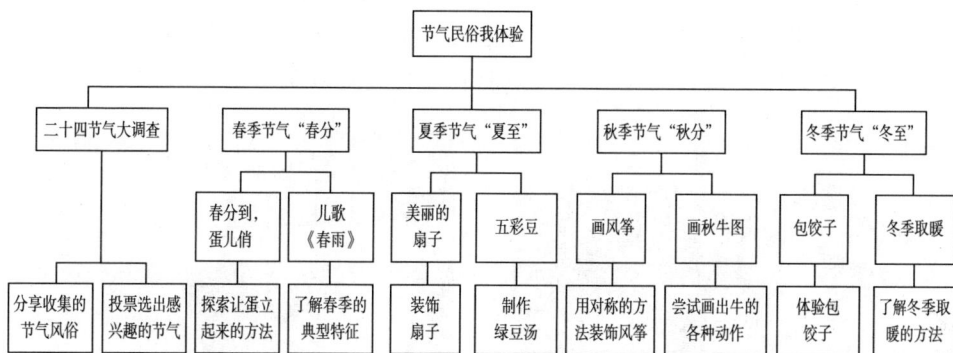

节气民俗我体验

- 二十四节气大调查
  - 分享收集的节气风俗
  - 投票选出感兴趣的节气
- 春季节气"春分"
  - 春分到，蛋儿俏
    - 探索让蛋立起来的方法
  - 儿歌《春雨》
    - 了解春季的典型特征
- 夏季节气"夏至"
  - 美丽的扇子
    - 装饰扇子
  - 五彩豆
    - 制作绿豆汤
- 秋季节气"秋分"
  - 画风筝
    - 用对称的方法装饰风筝
  - 画秋牛图
    - 尝试画出牛的各种动作
- 冬季节气"冬至"
  - 包饺子
    - 体验包饺子
  - 冬季取暖
    - 了解冬季取暖的方法

六、活动过程实录

活动一：二十四节气大调查（语言领域）

活动目标

1. 通过收集二十四节气的资料，初步了解二十四节气的名称及有关的习俗。

2. 能用较连贯的语言表达自己收集的节气信息。

3. 对节气的话题感兴趣，愿意与同伴谈论。

活动重难点

1. 活动重点：表达自己收集的二十四节气的信息。

2. 活动难点：能用较连贯的语句讲述自己搜集来的资料。

活动准备

1. 经验准备：幼儿和家长一起收集了各种与二十四节气相关的风俗习惯，对二十四节气有一定的了解；幼儿会说《二十四节气歌》。

2. 物质准备：幼儿收集的关于二十四节气的资料，自己制作的记录单、PPT 等，教师准备的二十四节气图。

活动过程

(一) 用《二十四节气歌》引出话题

1. 教师和幼儿一起说《二十四节气歌》。

教师：小朋友们，我们前几天学习了一首儿歌，叫《二十四节气歌》，你们还记得里面都说了什么吗？我们一起来说一说这首儿歌吧。

2. 教师介绍二十四节气。

教师：小朋友们，你们知道什么是节气吗？

小结：节气是指二十四个时节和气候，是中国古代订立的一种用来指导农事的历法，是中华民族劳动人民长期经验的积累和智慧的结晶。

(二) 幼儿通过多种方式交流、分享自己收集到的节气、风俗

1. 幼儿集体交流自己搜集到的关于节气的风俗习惯（图 4-1～图 4-2）。

图 4-1

图 4-2

教师：小朋友们都搜集了许多关于二十四节气的资料，我们今天就来分享一下吧。

2. 幼儿根据意愿轮流发言，教师及时给予肯定和鼓励。

3. 幼儿自主结伴，围绕节气话题进行交流，教师个别指导。

教师：小朋友们，找到你的好朋友，跟他说一说你知道的节气和习俗吧。

小结：小朋友们都特别棒，能大胆地分享自己收集的关于二十四节气的知识，能用较连贯的语言表达自己的想法。

(三) 结合讨论，通过投票的方式选出幼儿最感兴趣的节气

1. 结合分享，讨论幼儿最感兴趣的节气。

教师：刚刚小朋友通过和同伴们的分享，了解到了许多节气的习俗，那么你最感兴趣的节气是哪个呢？为什么？

小结：小朋友们都有自己最感兴趣的节气，有的是因为它有好听的名字，有的是因为它有非常好玩的习俗。

2. 投票选出最感兴趣的四个节气活动。

教师：小朋友们都想对这些节气有更充分地了解，想去体验这些节气活动，我们用投票的方式来选出你们最想深入了解的节气吧。

幼儿分组，在二十四节气图上投票选出四个自己最感兴趣的节气。

3. 指导幼儿统计投票结果。

教师指导幼儿点数出结果，并进行统计，选出票数最多的四个节气。

小结：通过小朋友的投票，我们选出了最感兴趣的四个节气，分别是春分、夏至、秋分和冬至。在接下来的一年时间中，到哪个节气，我们就会开展相关的活动。

活动延伸

幼儿可以在过渡环节继续与不同的同伴分享自己收集的资料。

活动二：春分到，蛋儿俏（科学领域）

活动目标

1. 通过游戏，探索让蛋立起来的方法。
2. 对周围事物感兴趣，发展想象力与动手能力。
3. 在游戏中树立自信心，体验成功的乐趣。

活动重难点

1. 活动重点：通过收集春分的资料，了解有关春分的习俗。
2. 活动难点：通过合作将鸡蛋竖起来。

活动准备

1. 经验准备：对春分节气有一定的了解。
2. 物质准备：熟蛋若干、沙子、瓶盖、玻璃瓶、积木、碎布等。

活动过程

（一）出示鸡蛋宝宝的图片，激发幼儿的兴趣

教师：瞧！它是谁呀？（鸡蛋宝宝）蛋宝宝遇到了一个难题，它也想跟小朋友一样站起来做游戏，你们有什么好的办法吗？

小结：春分时有立鸡蛋的传统习俗，小朋友们想到的方法哪些会成功，哪些方法不行，我们可以尝试一下。

(二) 自由探索，寻找让鸡蛋站立的方法

1. 每位幼儿一个蛋，探索让蛋站立在桌面上的方法。

2. 幼儿交流操作方法。教师根据幼儿操作、交流情况做简单小结。

教师：你的鸡蛋站起来了吗？你用了什么方法？

小结：鸡蛋大头朝下，会更容易立起来。立蛋的时候，可以用手先扶一会儿，等鸡蛋平稳了再把手拿开。有的小朋友找到了很多办法，比如让蛋宝宝靠着墙角，把蛋皮磕破等，都能让蛋立起来。

(三) 提供不同材料，请幼儿再次探索让蛋立起来的方法

教师：刚才有小朋友让鸡蛋靠在墙角立了起来，老师这里还准备了其他材料，你们来试一试，能不能借助这些材料让鸡蛋立起来。

幼儿自主选择材料操作，尝试借助辅助材料让鸡蛋立起来。教师边巡视边鼓励幼儿多试、多想、多观察（图4-3～图4-4）。

图 4-3

图 4-4

小结：把鸡蛋靠在一个平稳的地方，把鸡蛋放在沙土里，把鸡蛋用双面胶固定在桌子上等方法都可以让鸡蛋立起来。

(四) 幼儿相互参观，交流方法

教师：小朋友们可以互相参观一下，看看别人是用什么方法让鸡蛋立起来的，也可以向其他小朋友介绍一下你的方法。

活动延伸

回家后和家长一起玩竖蛋的游戏。

活动三： 儿歌 《春雨》 （语言领域）

活动目标

1. 理解儿歌的内容，知道儿歌所要表达的意思。

2. 通过多种感官感知春季的来临，掌握春季的季节特征。

3. 感受春风的美好，激发热爱大自然的美好情感。

活动重难点

1. 活动重点：理解儿歌《春雨》的内容。

2. 活动难点：掌握春季的季节特征。

活动准备

1. 经验准备：幼儿通过收集关于春分节气的资料，对春分习俗有所了解。

2. 物质准备：根据儿歌内容自制一本大书、春天挂图一张。

活动过程

（一）谈话引出一年四季的话题

教师：一年中有几个季节？它们都有什么特点？

教师引导幼儿表达对各个季节特点的理解。

（二）通过观察引导幼儿说出春天动、植物的变化

1. 出示春天挂图，引导幼儿观察。

教师：小朋友们，你们知道春天来了，会有什么变化吗？

小结：冰雪会融化，小花小草会发芽，天气会变暖和，人们穿的衣服也减少了。

2. 继续观察图片，引导幼儿深入观察。

教师：哪位小朋友知道春天的小动物、植物有什么变化呢？

小结：春天来了，很多冬眠的小动物都出来找食物了，小花小草也开始发芽生长了。

（三）师幼共同边看书边念儿歌，理解儿歌内容

1. 教师和幼儿一同看书并跟读儿歌。

教师：今天，老师带来了一本书，里面藏着许多关于春天的秘密，我们一起来看看吧。

教师：刚才我们把大书仔细地看了一遍，现在让我们连起来再看一遍，一边看一边说，好吗？

小结：原来春天还是播种的季节。

2. 幼儿再次跟念儿歌。

教师：这首儿歌可真好听，让我们再来边看书边念，会念的小朋友可以念得快一点，还不太会念的小朋友可以轻轻地跟着念。

小结：有些小朋友已经能够看着书把儿歌念下来了，如果让你们给这些儿歌配上动作，你们会做什么动作呢？

3. 师幼边做动作边念儿歌。

教师：让我们一起边念儿歌边做动作吧。

（四）结束环节，巩固强化儿歌内容

教师：小朋友们都理解了这首儿歌的意义，我们再来大声诵读一下诗歌吧。

活动延伸

让我们一起到外面去找一找春天，说一说春天吧。

附：儿歌《春雨》

滴答滴答，下小雨啦。种子说：下吧下吧，我要发芽。

滴答滴答，下小雨啦。梨树说：下吧下吧，我要开花。

滴答滴答，下小雨啦。麦苗说：下吧下吧，我要长大。

滴答滴答，下小雨啦。孩子说：下吧下吧，我要种瓜。

活动四：美丽的扇子（艺术领域）

活动目标

1. 增加对装饰画的兴趣，感受装饰的对称美和色彩美。

2. 学习目测中心点，用已经学过的纹样和装饰方法对扇面中心和边缘进行装饰。

3. 对装饰活动感兴趣。

活动重难点

1. 活动重点：用已经学过的纹样和装饰方法对扇面中心和边缘进行装饰。

2. 活动难点：根据扇子的形状进行装饰，图形可以采取中心纹样和上下左右对称的方法。

活动准备

1. 经验准备：幼儿用过或者见其他人用过扇子，并见过不同种类的扇子。

2. 物质准备：空白折扇和圆扇若干、扇子图片、水彩笔、油画棒、水彩颜料。

活动过程

（一）讨论夏天让自己变凉快的办法，激发兴趣

1. 讨论夏至节气天气逐渐变热的感受。

教师：夏至到了，你们在这个时节有什么感受？

小结：过了夏至，我们即将迎来一年中最热的三伏天，我们会感觉非常热，出很多汗等。

2. 讨论夏天让自己变凉快的办法。

教师：天气很热，我们用什么方法能让自己变得凉快些呢？

小结：小朋友们有各种各样的办法让自己凉快下来，如吹空调、吹电扇、洗澡、扇扇子、吃冰激凌等。

（二）讨论扇子的形状特征、组成部分

1. 幼儿讨论见过的扇子种类。

教师：刚刚小朋友提到，可以用扇扇子的方式让自己凉快下来，那你都见过什么样的扇子呢？

小结：扇子有各种形状，有圆形、半圆形、方形等，有折叠的和不能折叠的区别。

2. 幼儿讨论扇子的组成部分。

教师：扇子是由哪些部分组成的呢？

小结：扇子由两部分组成，分别是扇面和扇柄，扇面上还会有各种的文字和图案。

（三）讲解扇子的制作过程

教师：你想不想做一把漂亮的扇子呢？都需要哪些步骤呢？

1. 剪图形。

教师：喜欢什么样的图形，就可以先在卡纸上面用记号笔画下来，然后用剪刀把它剪下来。

2. 画扇面。

教师：将你喜欢的东西画到扇面上。可以直接用记号笔画线条画，也可以用油画棒涂颜色。

3. 粘贴扇面与扇柄。

教师：用胶水将扇面与扇柄粘贴起来，一把扇子就做好了。

小结：制作扇子一共有三个步骤，分别是剪图形、画扇面、粘贴扇面与扇柄。

（四）幼儿制作，教师巡回指导

教师根据幼儿的操作情况进行指导，指导幼儿根据形状进行装饰。

小结：我看到很多小朋友在画扇面的时候采取了中心纹样和上下左右对称的方法，非常漂亮。

（五）欣赏评价

教师：你觉得自己的扇子美不美，美在哪里？还有谁的扇子也很美？把自己的扇子介绍给朋友和其他老师，说说你是用什么方法装饰的（图 4-5～图 4-6）。

小结：你们都做出了非常漂亮的扇子，并且能勇敢地向别人介绍你的作品，你们真棒。

图 4-5

图 4-6

活动延伸

举办扇子展览会活动。

活动五： 五彩豆 （健康领域）

活动目标

1. 认识常见豆类，能说出各种豆子的特征及用途。

2. 了解各种豆类食品，萌发愿意吃豆类食品的愿望。

3. 能够按照步骤制作绿豆汁，学习制作绿豆汁的方法。

活动重难点

1. 活动重点：了解夏天祛暑的方法；认识常见的豆类，能说出各种豆子的特征及用途。

2. 活动难点：能够按照步骤制作绿豆汁，学习制作绿豆汁的方法。

活动准备

1. 经验准备：幼儿认识各种常见豆类，知道其名字；幼儿吃过常见的豆子，如绿豆、红豆等；幼儿喝过绿豆汁，知道夏季适宜喝绿豆汁。

2. 物质准备：每张桌子各放一瓶黄豆、一瓶绿豆和一瓶芸豆，各类豆子，如黄豆、绿豆和红豆等，豆制品图片，冰糖、水、量杯、豆浆机、饮料袋等材料。

活动过程

（一）回顾节气调查内容，引发活动

教师：在我们之前关于夏至节气的讨论活动中，有的小朋友调查到，夏至节气除了可以扇扇子、吃冰激凌，还可以喝绿豆汁去暑，你们喝过绿豆汁吗？绿豆汁是用什么制作出来的？

（二）出示黄豆、绿豆、芸豆，激发幼儿的兴趣

1. 教师提出问题，请幼儿猜一猜罐子里装的是什么豆子。

教师：小朋友们，每张桌子上都放置了黄豆、绿豆、芸豆三瓶豆罐，请小朋友们摇一摇、听一听，猜一猜每个豆罐里装的是哪一种豆子？

2. 幼儿自主探究。

教师：小朋友们现在就来试一试吧。

3. 分享探究后的发现。

教师：打开罐子看一看，里面装的豆子和你猜想的一样吗？

小结：小朋友们通过猜想和尝试找出了三种豆子，并发现三种豆子摇起来发出的声音不同。

（三）认识常见的豆子，了解其特征

1. 出示黄豆、绿豆和芸豆，让幼儿观察。

教师：小朋友们，为什么这三种豆子发出的声音不同呢？请你们仔细观察，看一看三种豆子有什么不一样？

2. 幼儿自主探索，跟同伴分享发现。

3. 集体分享探究发现。

教师：小朋友们，你们发现了什么？三种豆子有哪些相同点和不同点？

小结：黄豆、绿豆和芸豆都有豆荚，但颜色不同、形状不同、大小轻重也不同。

（四）了解常见的豆制品，萌发爱吃豆制品的愿望

1. 出示各种豆制品的图片，请幼儿参观"豆制品博览会"。

教师：今天我们班举办了"豆制品博览会"，小朋友们快去看看吧。

2. 教师针对幼儿的参观经历提出问题。

教师：你们在展览会上看到了什么？你们猜一猜豆腐是用哪种豆子做成的？

小结：豆沙、棒冰是用红豆做成的；豆腐、腐竹是用黄豆做成的；绿豆糕是用绿豆做成的。豆子不仅可以做成这么多好吃的食品，而且都具有丰富的营养价值。所以，小朋友要多吃、常吃豆类食品，让我们的身体更强壮。

（五）学习制作绿豆汁的方法

1. 认识制作绿豆汁的材料及工具。

教师：小朋友们看一看制作绿豆汁需要哪些材料及工具？

2. 出示制作绿豆汁的步骤图。

（1）洗绿豆。幼儿分小组将绿豆洗干净。

（2）放入绿豆、冰糖。

（3）按照比例加水。

（4）制作好后，幼儿将绿豆汁分装在饮料袋中。

3. 幼儿和教师一起制作绿豆汁。

教师：我们一起看着步骤图制作绿豆汁吧。豆浆机在工作的时候会发热，小朋友们要远离豆浆机，保护自己的安全。

小结：今天小朋友们学习了制作绿豆汁的方法，先清洗绿豆，然后将水、绿豆和糖一起放入锅中，打开豆浆机就可以了。一会绿豆汁就做好了，我们下午就能喝到自己制作的绿豆汁了。

活动延伸

幼儿在下午起床后可以喝到自制的绿豆汁，可以将自己制作的绿豆汁分享给幼儿园的老师们（图4-7）。

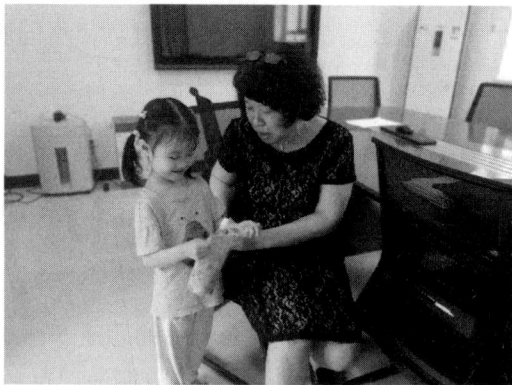

图 4-7

活动六： 画风筝 （艺术领域）

活动目标

1. 学习用对称的方法装饰风筝，体验作画的快乐。

2. 激发幼儿欣赏美、创造美的兴趣与能力。

3. 欣赏风筝对称的艺术美，增加对民间艺术的兴趣。

活动重难点

1. 活动重点：运用对称装饰的方式大胆装饰风筝。

2. 活动难点：体验动手制作以及合作的快乐。

活动准备

1. 经验准备：幼儿见过各种风筝，有的幼儿有过放风筝的经验。

2. 物质准备：《美丽的风筝》课件、风筝半成品、记号笔、油画棒。

活动过程

（一）以猜谜语的方式导入活动主题，了解秋分可以放风筝

1. 猜谜语。

教师：小朋友，老师请你们猜一个谜语。天上一只鸟，用线拴得牢，不怕大风吹，就怕细雨飘。

小结：谜底就是风筝。风筝是用线拴着的，有风会让风筝飞得更高，但是下雨会把风筝淋湿。

2. 回顾秋分节气放风筝的习俗。

教师：之前我们开展过节气调查，什么节气时会放风筝呢？

小结：春分或秋分都会开展放风筝的活动。秋分节气到了，我们今天就来尝试自己画风筝，在户外活动时去放风筝。

（二）通过观察风筝的图片，了解风筝的图案，找到对称的规律

1. 出示各式各样的风筝图片。

教师：你们都看到了什么图案的风筝？（蝴蝶、金鱼）觉得好看吗？你觉得哪里好看？

小结：风筝有各式各样的图案，蝴蝶、金鱼、蜈蚣等，都很好看。

2. 出示左右对称的蝴蝶风筝的图片。

教师：我们先来看看这只美丽的蝴蝶风筝。它的颜色真美啊，谁能说出它有哪些颜色？

小结：这只风筝虽然有很多种颜色，但这些颜色都有一个规律，你们发现了吗？

3. 出示蝴蝶风筝的局部放大图。

教师：这只蝴蝶上面还有很多图案？你们发现了吗？谁来说说？

教师：这些图案有什么特点？什么是对称？为什么要做成对称的？

小结：这些图案左右都一样，叫对称。对称就是左右两边大小、图案、颜色等都是一模一样的，对称是为了保持平衡和美观。

（三）运用对称的方式装饰风筝

1. 进一步让幼儿表现美，激发创作的欲望。

教师：我也准备了三种形状的风筝，有蝴蝶、金鱼和蜻蜓，请你帮助这些风筝穿上有图案的花衣服。你会用哪些线条和图案来装饰呢？

2. 鼓励幼儿用左右对称的方式来画（图4-8）。

教师：小朋友们在装饰风筝的时候，请用左右对称的方式来装饰。

小结：要先用线条分割，然后用图案装饰。线条和图案要密一点，丰富一点，这样的风筝才漂亮。

图 4-8

3. 幼儿作画，教师巡回个别指导。

教师鼓励幼儿大胆设计出各种不同的风筝。

（四）欣赏与评价幼儿作品，互相欣赏

教师：你觉得哪只风筝最美？美在什么地方？

小结：很多小朋友都用了左右对称的方式来画，先用线条分割，然后用图案装饰。你们的风筝都非常漂亮，我们到户外去放风筝吧。

活动延伸

在户外活动时，幼儿和教师一起体验放风筝。

活动七： 画秋牛图 （艺术领域）

活动目标

1. 了解秋牛图的组成部分，知道送秋牛图的意义。

2. 通过观察了解牛的身体结构，尝试绘画牛的各种动作。

3. 体验绘画的乐趣，愿意参加节气活动。

活动重难点

1. 活动重点：愿意尝试绘画秋牛图。

2. 活动难点：尝试画出牛的不同动作。

活动准备

1. 经验准备：幼儿知道秋分节气有送秋牛图的习俗，大部分幼儿在生活中见过真的牛。

2. 物质准备：二十四节气图人手一份、牛的图片若干、牛身体各部分的图片 6 套。

活动过程

（一）通过猜谜语引出主题"秋牛图"

谜语：身体粗壮有长角，大人小孩都爱它，给人奶汁它吃草，浑身上下都是宝。（牛）

教师：你们见过牛吗？都是在哪里见到的？

小结：通过之前小朋友们的分享，我们了解到秋分节气有送秋牛图的习俗，我们今天来制作自己的秋牛图，送给你想送的人吧。

（二）讨论秋牛图的组成部分

教师与幼儿一同回顾搜集来的关于秋分节气的内容，讨论确定秋牛图的组成部分。

教师：秋牛图里都有什么？你发现了什么？

小结：秋牛图是由二十四节气表、牛和其他能表示秋季的物体共同组成的。

（三）引导幼儿细致观察牛的外形

1. 观察牛的图片，了解牛身体部位的主要特征。

教师：老师这里也有牛的图片，我们一起来看看它是什么样的。它的身体像什么形状？头像什么形状？其他部位呢？你还发现了什么？

小结：牛的身体类似长方形。头类似三角形，还有四条长长的腿，一条细细的尾巴，两个弯弯的牛角。

2. 出示牛的不同动作的图片，引导幼儿观察并尝试绘画。

教师：它在什么地方？它在做什么？你愿意试着画一画吗？

小结：画画首先要抓住事物的主要特点，这样的作品才会让人一眼就看出来画的是什么，才会很生动。

（四）幼儿制作秋牛图，教师巡视指导

1. 幼儿尝试作画，画一画秋牛图中的牛。

教师：谁来告诉大家，你的牛会在什么地方，会发生什么事呢？除了牛，还有其他人吗？

小结：小朋友想到了好多的场景，你可以把这些场景画到你的秋牛图中。

2. 幼儿绘画秋牛图，并贴上二十四节气图，教师巡视指导。

教师：今天我们就来自己画一幅秋牛图，画完后，你可以把它送给你想送的人。

小结：先把牛、二十四节气图和其他你要画的内容的位置设计好，再开始画。

（五）展示作品

教师：谁来介绍一下你画的秋牛图？你还喜欢谁画的秋牛图，为什么？

小结：颜色丰富、画面丰满的秋牛图更受大家的欢迎。

活动延伸

幼儿将自己画的秋牛图送给老师、小朋友或者家人，同时送上祝福的话。

活动八： 包饺子 （社会领域）

活动目标

1. 了解饺子的种类和制作过程。

2. 在包饺子的过程中，能选择合适的工具。

3. 通过对饺子文化的了解，萌发对中国传统节日及民族文化的自豪和热爱之情。

活动重难点

1. 活动重点：知道冬至要吃饺子，了解饺子的种类和制作过程。

2. 活动难点：在包饺子的过程中能选择合适的工具。

活动准备

1. 经验准备：幼儿知道冬至节气时要吃饺子。

2. 物质准备：饺子馅、饺子皮、盘子、勺子等，包饺子的教学视频。

活动过程

（一）猜谜导入，激发兴趣

1. 教师通过谜语说出饺子的特征，幼儿根据形容抢答。

教师：一堆大元宝，并非金银造。味美称佳肴，过年家家包。（饺子）

2. 说一说饺子的形状。（半圆形、半月形、角形）

小结：饺子是我国北方的特色食物，它的外面是用一层薄薄的面做的皮，里面有特别好吃的馅；冬至、过年的时候，家家户户都要吃它；它可以煮着吃，也可以蒸着吃。

（二）了解饺子的文化

1. 教师：你们喜欢吃饺子吗？

教师：饺子寄托了人们的美好愿望，想想什么时候家家都要吃饺子？

2. 幼儿讲述，教师小结。

小结：除夕守岁吃饺子，不仅有家人团聚的意思，也有新旧交替的含义。"冬至不端饺子碗，冻掉耳朵没人管"的民谣，说明冬至要吃饺子，以此来祈求不冻耳朵。家人出远门的时候也要包饺子吃，寓意一路平安。中国人有句老话："舒服不过躺着，好吃不过饺子。"饺子是中国家喻户晓的美食，象征着团圆、喜庆。

（三）学习饺子的制作过程

1. 教师：小朋友们都吃过饺子，你们知道饺子是怎样制作的吗？

小结：饺子的制作过程是和面—剁馅—擀皮—包饺子。

2. 幼儿观看包饺子的影像资料，进一步了解饺子的制作过程。

3. 谈谈自己吃过什么馅的饺子。

小结：饺子馅有很多种，肉类的有猪肉、羊肉、鸡肉等；蔬菜类的有韭菜、白菜、萝卜、芹菜等。人们经常同时用肉和蔬菜或鸡蛋和蔬菜做馅，可见饺子的营养很丰富，种类繁多。

4. 教师：饺子都是怎么做熟的呢？

小结：饺子做熟的方法很多，有煮的、蒸的，还可以煎着吃、炸着吃。

（四）一起包饺子

1. 教师示范包饺子，并讲解操作步骤及要领。

2. 幼儿自由选择工具，尝试包出好看的饺子（图 4-9～图 4-10）。

图 4-9

图 4-10

幼儿操作，教师巡回指导，及时肯定和鼓励幼儿的操作。

小结：放进饺子皮里的馅量要适中；饺子皮的边上要捏紧，以防露馅。

活动延伸

煮饺子、品尝饺子，体验劳动的快乐。

活动九：冬季取暖（健康领域）

活动目标

1. 知道冬至后冬天很冷，人们有很多保暖的方法。

2. 通过观察冬天的变化，知道冬天的天气特征和人们的衣着变化，学会用多种手段取暖。

3. 体会参与活动的乐趣。

活动重难点

1. 活动重点：知道冬天的天气特征和人们的衣着变化。

2. 活动难点：学会用多种手段取暖。

活动准备

1. 经验准备：幼儿知道冬季的气温非常低，需要取暖，并在生活中见过各种取暖方式。

2. 物质准备：每人一条皱纹纸、各种取暖方式的图片。

活动过程

（一）把幼儿带到户外找冬天

1. 在冬天的户外，没有阳光的地方进行谈话。

教师：你站在这里有什么感觉？（很冷）冬天的风吹在身上、耳朵上、脸上，有什么感觉？

幼儿结合自身感受发表看法。时间不宜过长。

小结：风吹在身上把衣服都吹透了，吹在脸上有点疼，吹在耳朵上感觉耳朵都快冻掉了。

2. 感受冬天的风。

教师：请每个人将自己的皱纹纸举起来让风吹，看看会怎样？冬天的风有什么声音？呼呼的声音像什么在叫？

小结：风会把皱纹纸吹得很高。冬天来了，我们能听见北风呼呼的声音，像老虎的叫声，听起来让人害怕。冬天的风可厉害了，吹在身上很冷。

（二）回到教室，讨论各种取暖方式

1. 讨论冬至后气温降低的取暖方法。

教师：冬至节气到了，冬至以后就开始"数九"了，意味着冬天最冷的时候到了，北风呼呼地吹，吹得我们很冷，我们出门要怎么办？

小结：我们要穿上厚厚的棉衣和羽绒服出门，戴上帽子保护头和耳朵，戴上手套保护小手，戴上围巾保护脖子。

2. 教师：什么办法能使我们暖和起来？

小结：可以靠衣物取暖，如穿上棉袄、棉裤、棉鞋等。也可以靠运动取暖，通过跑步、跳绳或者做其他运动的方式增加体内热量取暖。

3. 观察各种取暖图，了解取暖工具的使用方法及注意事项。

教师：小朋友们在使用取暖工具取暖时，一定要掌握好方法，注意安全。

如使用电器（如电热毯）取暖时，时间不能太长，要及时关闭电源。

小结：小朋友们，冬季取暖保证了我们正常的活动、生活，我们在取暖时一定要注意方法，确保安全。

（三）讨论在幼儿园用哪种取暖方法最好

幼儿自由讨论。

小结：穿适宜的服装，多运动，多锻炼身体，如跑步、跳舞、做操、游戏等。

活动延伸

回家后，将了解到的这些冬季取暖的好办法分享给家长。

七、活动反思

传说，春分这天最容易把鸡蛋立起来。在科学探索活动中，孩子们通过游戏探索让蛋立起来的方法。探索的过程激发了幼儿的好奇心，培养了幼儿对周围事物的兴趣，发展了幼儿的想象力与动手能力。在儿歌教学中，教师将儿歌内容以大图书的形式呈现，借助画面来帮助幼儿理解儿歌内容，利用不同形式的朗诵方式帮助幼儿掌握了整首儿歌。

通过开展与夏至相关的活动，了解了二十四节气中夏至的风俗习惯，同时也了解了夏天的健康饮食知识。艺术活动培养了幼儿对装饰画的兴趣，引导幼儿感受到装饰的对称美和色彩美。

通过开展与秋分相关的活动，孩子们的生活经验与知识经验更加丰富。在调查活动中，幼儿懂得利用身边的资源来解决问题，并且出现了多种形式的记录方法，不局限于符号和绘画，还有PPT和视频的形式，并且大部分幼儿都愿意将自己收集来的资料与同伴分享。通过对风筝传统文化艺术的了解及亲手制作风筝，幼儿初步掌握了风筝的制作方法，加深了对民间美术和民俗文化的认识，增强了对民族文化艺术的自豪感。

围绕冬至这一传统节气，老师和孩子们一起进行了对传统节日的研究探讨，老师和孩子们一起学习了很多关于冬至节气的内容。通过亲自包饺子，幼儿认识、了解饺子的种类和制作过程。在和孩子们一起动手劳动的过程中，家长感受到了和孩子一起学习成长的快乐，让中国的传统文化和传统美德在孩子的身上不断地传承下去。

通过二十四节气系列活动，幼儿不仅了解了节气与气候变化等方面的关系，而且加深了对中国传统文化的热爱之情。

（案例提供者：任　丛）

中班世界节庆活动　世界无烟日

一、活动由来

据世界卫生组织统计，全世界有 7 亿儿童，全球约一半的青少年呼吸着被香烟烟雾污染的空气，成为无辜的被动吸烟者。我国也有近 1.8 亿的未成年人生活在二手烟的环境中。我们身边有不少小朋友在家里也受到二手烟的伤害，在一次过渡环节中，突然有一名小男生说："王老师，你知道吗？我爷爷特别爱抽烟。"其他小朋友听完他对我说的话后，纷纷来到我面前说："我爸爸也抽烟……"听到这些我才知道，班里这么多孩子都生活在二手烟的环境里。为了深化幼儿、家长、社区人员对吸烟危害的认识，保护幼儿的健康成长，结合世界无烟日的到来，我们开展了相关教育活动。

二、设计思路

在"世界无烟日"活动中，教师将禁烟活动融入幼儿的一日生活中，引导幼儿通过不同的形式培养禁烟意识。在禁烟活动中，我们通过故事、实验、谈话、表达等不同形式让幼儿直观感知吸烟的危害，丰富幼儿的经验。本次活动主要分为三个阶段。

第一阶段：大烟斗爷爷

通过故事激发幼儿的兴趣，引发幼儿关注吸烟危害身体的话题，通过小实验与故事结合的方式让幼儿直接感知吸烟对身体的危害，激发幼儿认识禁烟标志的兴趣。

具体环节包括：通过故事了解吸烟的危害、通过实验了解吸烟的危害。

第二阶段：禁烟小卫士

用谈话的方式引导幼儿说出身边的人吸烟时自己的感受，对比被香烟燃烧过的餐巾纸与没被香烟燃烧过的餐巾纸，引导幼儿感受香烟带来的危害，幼儿自主讨论公共场所禁烟的意义。

具体环节包括：认识禁烟标识、讨论禁烟方法。

第三阶段：无烟世界的美好

播放视频，让幼儿感知并讨论宣传禁烟知识需要做的准备工作，亲自参与其中。

具体环节包括：了解世界无烟日、在世界无烟日进行禁烟宣传。

三、活动目标

1. 了解吸烟和二手烟对身体的危害。
2. 认识公共场合的禁烟标志。
3. 愿意向他人宣传控烟的方法。

四、家园共育

1. 幼儿将学到的禁烟知识宣传给家人，劝阻成人的吸烟行为。
2. 邀请部分吸烟的家长参与到幼儿园禁烟宣传活动中，家园携手，共同构建和谐社会。

五、活动流程图

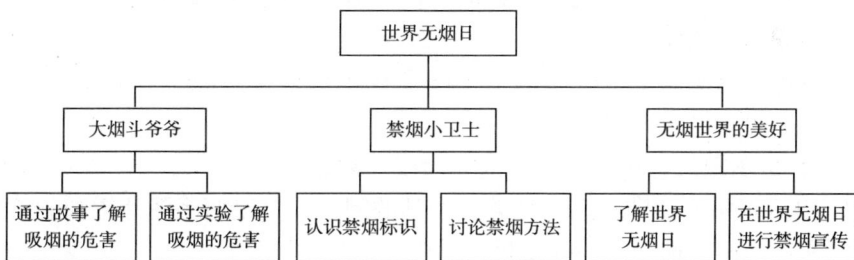

```
                    ┌──────────────┐
                    │   世界无烟日   │
                    └──────────────┘
          ┌────────────────┼────────────────┐
   ┌────────────┐   ┌────────────┐   ┌────────────────┐
   │  大烟斗爷爷  │   │  禁烟小卫士  │   │  无烟世界的美好  │
   └────────────┘   └────────────┘   └────────────────┘
   ┌──────┬──────┐  ┌──────┬──────┐  ┌──────┬──────┐
┌────────┐┌────────┐┌────────┐┌────────┐┌────────┐┌────────┐
│通过故事了解││通过实验了解││认识禁烟标识││讨论禁烟方法││了解世界  ││在世界无烟日│
│吸烟的危害 ││吸烟的危害 ││       ││       ││无烟日   ││进行禁烟宣传│
└────────┘└────────┘└────────┘└────────┘└────────┘└────────┘
```

六、活动过程实录

活动一：　大烟斗爷爷　（社会领域）

活动目标

1. 知道吸烟对人体健康的危害。
2. 能远离吸烟行为，培养初步的自我保护意识。
3. 能用语言表达吸烟对人体的危害，提醒家人不吸烟。

活动重难点

1. 活动重点：通过故事和实验的方式了解吸烟的危害，培养幼儿的环保意识。
2. 活动难点：认识禁烟标志。

活动准备

1. 经验准备：幼儿闻过烟味。
2. 物质准备：故事《大烟斗爷爷》、棉花、试管、香烟、健康的肺和多年烟龄的肺部图片。

活动过程

（一）故事导入并提问，激发幼儿兴趣

教师讲述故事《大烟斗爷爷》。

教师：三只小狗闻到了什么味道？为什么小狗说"又辣又呛，好臭好臭"？味道是从哪里来的？如果你闻到了会有什么感觉？吸烟有什么害处？

小结：吸烟会污染环境，使空气变得浑浊；吸烟还会危害自己和他人的身体健康；吸烟容易引起火灾，造成财产损失。吸烟有这么多的害处，所以我们要禁烟。

（二）做实验，理解吸烟对人体健康的危害

1. 做实验：把棉花当作身体里的肺，用香烟熏一团白色的棉花，发现棉花变色。

2. 请幼儿讲一讲观察到的棉花的变化，引导幼儿充分讨论。

教师：棉花有什么样的变化？为什么棉花会变黑？

小结：棉花变黑了，因为烟草中的颗粒物把棉花熏黑了。如果人长期吸烟，身体里的肺也会受到影响。

（三）出示图片，讨论吸烟对人体造成的危害

1. 出示正常人的肺和多年烟龄人的肺的图片，讨论两张图片中肺的不同。

教师：为什么抽烟人的肺是黑色的呢？

教师：烟雾本身就是灰尘以及颗粒，吸入肺部的烟雾会被肺泡和黏膜吸收。随着时间的推移，大量未完全燃烧的碳残留物和灰尘集聚在肺部。这就像戴着一个白色的面具，穿过一个烟雾弥漫的地方时，面具上会覆盖一层黑色物质。

2. 讨论吸烟对人身体健康造成的危害。

教师：除了对肺部有危害，吸烟还会对什么造成危害呢？

小结：抽烟多了还会嗓子痛、痰多、牙齿黄等。如果家里有人吸烟，小朋友吸了二手烟，也会危害身体健康。

活动延伸

请幼儿回家向家庭成员讲解吸烟对身体造成的伤害。

活动二：禁烟小卫士 （健康领域）

活动目标

1. 了解吸烟对人体的危害和对环境的污染，知道公共场合禁止吸烟。

2. 尝试想出各种戒烟的方法并大胆地进行表述。

3. 懂得关爱家人，保护自己和家人的健康。

活动重难点

1. 活动重点：知道公共场合禁止吸烟。

2. 活动难点：尝试想出各种戒烟的方法并大胆地进行表述。

活动准备

1. 经验准备：简单了解吸烟对人体的危害和对环境的污染。

2. 物质准备：餐巾纸、香烟、瓶子、电脑课件（各种社会场所禁烟标志的图片）。

活动过程

（一）感知香烟对身体健康的危害和对环境的污染

1. 出示香烟，了解幼儿家庭成员吸烟的情况。

教师：你们家有人吸烟吗？爸爸吸烟的时候，妈妈是怎么说的呢？

2. 鼓励幼儿结合自己的已有经验，讲述吸烟对人体健康的危害。

教师：妈妈为什么反对爸爸吸烟？爸爸吸烟的时候，你们是什么感觉？

小结：吸烟不仅对自己的身体危害很大，而且周围的人也跟着吸了二手烟，二手烟对身体的危害比直接吸烟还要大。

（二）进行小实验，便于幼儿直接感知吸烟的危害

1. 将一只点燃的香烟放进瓶子里，在瓶口处覆盖餐巾纸，观察烟雾对餐巾纸的作用。

2. 在等待实验结果的过程中，启发幼儿讨论吸烟对周围环境的危害。

教师：吸烟除了会对人类身体健康造成危害，还会有哪些危害？

小结：吸烟会污染周围的空气，使空气变得不新鲜；而且吸烟有时还会引发火灾。

（三）探寻禁烟的意义，知道公共场合不能吸烟

1. 认识禁烟标志。

教师：这是什么标志？它是什么意思？

小结：一根点燃了的香烟表示在吸烟，加上一个红色的斜线表示禁止吸烟。

2. 了解公共场合禁烟的意义。

教师：你在哪里看见过禁烟标志？为什么那里要禁止吸烟？

小结：幼儿园、餐厅等很多公共场所里都有禁烟标志。因为公共场所吸烟不仅危害个人和公众的身体健康，也侵犯了他人呼吸新鲜空气的权利。

3. 教师用课件播放公共场所里禁烟标志的图片。

教师结合幼儿讲述的课件，启发幼儿说出商场、医院、加油站等主要公共场所禁烟的意义。

（四）尝试想出各种戒烟的方法并大胆地进行表述

1. 鉴定小实验的结果。

教师对比被香烟燃烧过的餐巾纸与没被香烟燃烧过的餐巾纸，引导幼儿感受香烟带来的危害。

2. 鼓励幼儿想出帮爸爸戒烟的好方法，让爸爸及家人的身体健康。

活动延伸

请小朋友在美工区将各种戒烟的方法画下来，制作控烟宣传单。

活动三： 无烟世界的美好 （社会领域）

活动目标

1. 能用语言将自己了解到的吸烟的危害、禁烟知识讲述出来。

2. 能大胆地向社区居民、幼儿园的师生宣传世界无烟日。

3. 了解世界无烟日的日期。

活动重难点

1. 活动重点：用语言将自己所画的无烟世界表达出来。

2. 活动难点：能大胆地宣传世界无烟日。

活动准备

1. 经验准备：幼儿有宣传的经验。

2. 物质准备：画展、话筒、PPT 背景图（关于世界无烟日的宣传海报）。

活动过程

（一）引入世界无烟日，激发幼儿宣传禁烟的兴趣

教师播放无烟日宣传视频。

教师：小朋友们，你们看一看视频中的叔叔阿姨在做什么呀？他们为什么都在这一天宣传禁烟知识呢？

教师：因为吸烟和二手烟严重危害人类健康，所以人们把每年的 5 月 31 日定为世界无烟日。

（二）讨论宣传世界无烟日的前期准备工作

1. 引入宣传世界无烟日的活动。

教师：我们幼儿园有吸烟的男老师，有的小朋友的爸爸、爷爷也吸烟，我们怎样告诉他们吸烟有害健康呢？

小结：可以通过向园内老师下发宣传册，晚离园前向家长宣讲等方法，在世界无烟日宣传控烟小知识。

2. 讨论宣传世界无烟日需要做的准备工作。

教师：要进行世界无烟日的宣传活动，我们需要做哪些准备工作呢？我们一起讨论一下吧。

小结：需要准备宣传展板、宣传单，可以小朋友自己设计，在上面把吸烟有害健康的知识和世界无烟日的日期等画出来。

（三）分组设计世界无烟日宣传展板

1. 与幼儿一同讨论需要几块宣传展板，能够放在哪里。

教师：经过讨论，我们需要三块宣传展板，一块放在幼儿园门口，这样接送宝宝上下学的家长都能够看见，一块放在幼儿园大厅，可以让上下班的老师以及其他幼儿看见，还有一块在向全体师生做宣传的时候用。

2. 幼儿分为三组，绘画宣传展板。

教师提示幼儿展板内容要有吸烟有害健康的知识和世界无烟日的日期，并且要合理布局画面。

3. 同伴分享宣传展板。

教师：完成的小组可以跟其他组的小朋友试着讲一讲你们为世界无烟日设计的展板内容。

小结：教师要及时鼓励幼儿大胆地去表达，帮助幼儿梳理语言，清楚地将宣传内容表达出来。

活动延伸

1. 利用升旗仪式向全校师生宣传世界无烟日（图 4-11）。

2. 在晚离园前向家长宣传世界无烟日。

图 4-11

七、活动反思

此次活动利用多媒体动画、图片、故事、小实验等形式向幼儿宣传吸烟的危害，接着，孩子们用画笔一起制作禁烟标志，并张贴在教学楼梯口，提醒家长不要吸烟。放学后，孩子们告诉家长吸烟的危害，使家长在进一步了解吸烟危害身体健康的同时，做出戒烟的承诺，为爱护身边的环境做出应有的努力。幼儿还通过画出心中的无烟世界，进一步宣传禁烟小知识。

以幼儿为主体的活动让孩子们更加清楚地认识了烟草对环境的污染、危害，了解了吸烟有害自己及他人的健康。通过实验让幼儿直观地感知吸烟会造成的危害，了解到禁烟也是保护环境的一项重要措施，懂得了保护环境要从身边的点滴小事做起，大家共同努力，有效地营造了一个无烟、清洁、健康的"无烟校园"。

（案例提供者：王　梓）

中班园本节庆活动　交换空间

一、活动由来

本学期，中二班举办了"恐龙博物馆"活动，邀请中一班的小朋友们来博物馆参观，中一班的小朋友们对恐龙博物馆里的玩具及物品非常感兴趣，积极体验、尝试。参观完博物馆后，一些小朋友走进角色区的小餐厅里，玩起了石磨。几个小朋友还不时地交流："这个小石磨真好玩，要是咱们班也有一个就好了。"

一个学期即将结束了，幼儿对班里的玩具材料及玩法都已经很熟悉，逐渐失去了新鲜感和探索的兴趣。为了激发幼儿的探究兴趣，培养幼儿积极主动、敢于大胆探究和尝试的学习品质，充分利用平行班的玩具资源，中班开展了"交换空间"活动。

在"交换空间"活动中，小朋友们可以到平行班里选择自己喜欢的玩具，请班里的小朋友们做介绍，熟悉玩具的玩法后再进行自主探索和体验。活动既调动了幼儿的积极性，也给幼儿提供了同伴交往的机会与条件。

二、设计思路

教师结合幼儿对平行班玩具的喜爱开展活动，满足幼儿对玩具的兴趣及探究的需要。同时，教师能结合中班幼儿的年龄特点，创设交往的情境，让幼儿在真实的情境中提升交往能力。

第一阶段：小小玩具调查员

这一阶段，教师采取调查的方式，请幼儿对中一班小朋友做调查。为培养幼儿的交往能力，教师鼓励幼儿主动询问中一班的小朋友喜欢班级里的哪个玩具，并记录调查的结果，了解中一班小朋友对玩具的喜好。

具体环节包括：幼儿制订调查计划并做调查、分享调查结果。

第二阶段：我是玩具讲解员

通过上一阶段的活动，幼儿了解了中一班小朋友喜欢的玩具。为调动幼儿的参与积极性，教师鼓励幼儿积极讨论：怎样介绍玩具及小小讲解员的标准。通过讨论，幼儿一起确定了介绍玩具的方法及讲解员的标准。

具体环节包括：集体讨论讲解员标准、同伴之间相互讲解。

第三阶段：玩具交换活动

这一阶段的活动是实践活动，为调动幼儿参与的积极性与主动性，教师请幼儿自己布置场地、摆放好玩具，做好前期准备。鼓励幼儿主动向中一班的小朋友介绍玩具及其玩法，并请小朋友体验，体验后询问小朋友的感受并记录。幼儿能主动邀请小朋友，用响亮、完整的语言介绍玩具及其玩法。

具体环节包括：幼儿主动向小朋友介绍玩具的名称及其玩法、幼儿自主体验。

第四阶段：喜欢的玩具借回家

教师鼓励幼儿根据自己的意愿选择喜欢的玩具，带回家继续探究，这样既满足了幼儿的探究兴趣，也给幼儿提供了充足的探索时间。幼儿还通过讨论确定了保护玩具的方法，教师鼓励幼儿将讨论的方法运用到保护自己的玩具中。

具体环节包括：幼儿自主选择喜欢的玩具、集体讨论保护玩具的方法。

三、活动目标

1. 能完整、清楚地讲述玩具的名称及玩法。
2. 在交换玩具的活动中感受玩具资源的再利用，有初步的环保意识。
3. 能主动选择喜欢的玩具，在探索中体验快乐。

四、家园互动

1. 幼儿将要给同伴讲解的玩具带回家，家长帮助幼儿练习介绍玩具。
2. 给家长介绍自己的调查计划。
3. 家长引导幼儿保护好带回家体验的玩具。

五、活动流程图

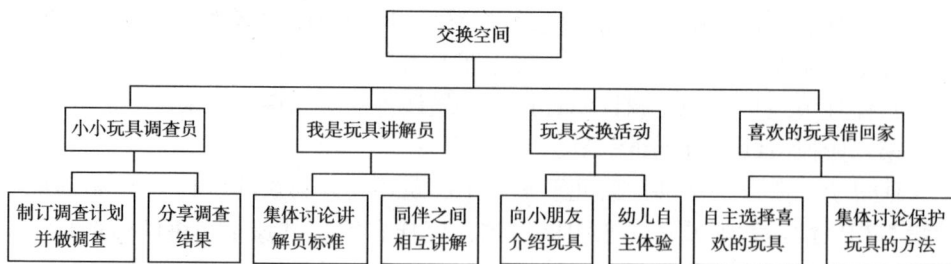

```
                        交换空间
        ┌──────────┬──────────┬──────────┐
   小小玩具调查员   我是玩具讲解员   玩具交换活动   喜欢的玩具借回家
   ┌────┬────┐  ┌────┬────┐  ┌────┬────┐  ┌────┬────┐
  制订调查计划 分享调查  集体讨论讲 同伴之间  向小朋友 幼儿自  自主选择喜 集体讨论保护
  并做调查   结果    解员标准  相互讲解  介绍玩具 主体验  欢的玩具  玩具的方法
```

六、活动过程实录

活动一： 小小玩具调查员 （语言领域）

活动目标

1. 能主动邀请同伴，用流畅的语言调查其喜欢的玩具。

2. 能用图画或符号的方式记录调查的结果。

3. 愿意参加调查活动。

活动重难点

1. 活动重点：能用完整、流畅的语言调查同伴喜欢的玩具。

2. 活动难点：能用图画或符号的方式记录调查的结果。

活动准备

1. 经验准备：幼儿有调查的相关经验；幼儿有用图画或符号记录的经验。

2. 物质准备：调查表、笔等。

活动过程

（一）出示调查表，激发幼儿的参与兴趣

1. 教师提出问题。

教师：中一班的小朋友们想来体验我们班的玩具，但咱们班的玩具他们不会玩，我们需要做一下调查，看看他们都想玩哪个玩具，你想怎样去做调查呢？

2. 出示调查表。

教师：调查表上有什么？怎样邀请小朋友？可以说什么？应该怎么记录呢？

3. 幼儿在调查表上制订调查计划。

教师：现在就把你想调查的小朋友和想提出的问题画下来吧。

小结：我们要先做好调查计划，然后按照计划做调查。

（二）主动邀请小朋友参与调查，并记录调查结果

1. 幼儿主动邀请小朋友参与调查。

教师：你想调查谁？想好后就可以按照你的调查计划去调查了。

2. 记录调查结果。

教师：调查完后，用图画或符号的方式把你调查的结果记录下来。

（三）分享调查结果

1. 幼儿分享调查结果。

教师：你调查的是谁？你是怎么说的？他想玩哪个玩具？

2. 集体梳理中一班小朋友想玩的玩具。

教师：我们一起看一看中一班的小朋友们都想玩什么玩具，我们就按照小朋友想玩的玩具做准备。

小结：今天，我们调查了中一班的小朋友，了解了他们想玩的玩具，并进行了统计，每个小朋友选择一个你最擅长的玩具练习讲解名称及其玩法。

活动延伸

1. 确定好要介绍的玩具后，可以在活动区时间进行练习。

2. 把今天的调查计划讲给家长听，并说一说你调查的是谁，你是怎样做调查的。

活动二：　我是玩具讲解员　（语言领域）

活动目标

1. 愿意参加竞选活动，能大方地表现自己。

2. 能用完整、流畅的语言介绍玩具的名称及其玩法。

3. 愿意在同伴面前大胆表达，表达时从容、自信。

活动重难点

1. 活动重点：能声音洪亮地介绍玩具的名称及其玩法。

2. 活动难点：能完整地介绍自己的玩具。

活动准备

1. 经验准备：幼儿有参与竞选活动的经验；幼儿熟悉班级玩具，知道玩具的名称及玩法。

2. 物质准备：记录纸、笔。

活动过程

（一）谈话引入，激发幼儿的参与兴趣

1. 教师提出向平行班交换玩具的问题。

教师：你想跟平行班的小朋友们介绍哪个玩具呢？想怎么介绍呢？

2. 幼儿自主表达想法。

小结：向平行班小朋友介绍玩具时先介绍玩具的名称，再介绍玩法，要声音洪亮、完整流畅地介绍。

（二）讨论讲解员的标准

1. 幼儿集体讨论讲解员的标准。

教师：想成为一名合格的讲解员，需要具备什么样的条件呢？怎样介绍才能让小朋友听得懂并且会玩？

小结：小讲解员要声音洪亮，语言完整流畅，眼睛看着观众，动作大方自然。

2. 幼儿练习介绍自己的玩具。

教师：我们大家一起讨论了讲解员的标准，现在小讲解员们快去练习介绍自己的玩具吧。

3. 教师个别指导，关注幼儿介绍的声音及语言。

4. 同伴之间互相讲。

教师：邀请一个好朋友，你们互相介绍一下自己的玩具。

（三）梳理介绍玩具的经验

教师：你是怎么介绍玩具的？怎样让其他人听明白玩具的玩法？

小结：声音洪亮地介绍，先介绍玩具的名称，可以一边操作，一边讲解玩法。

活动延伸

1. 把家长当作观众，回家后给家长介绍玩具的名称及其玩法。

2. 在活动区继续练习讲解玩具名称及其玩法。

活动三： 玩具交换活动 （综合实践活动）

活动目标

1. 能主动、热情、声音洪亮地介绍玩具的名称及其玩法。

2. 愿意参加玩具交换活动，体验玩具交换活动带来的快乐。

3. 能明确自己的任务，主动介绍玩具，有初步的责任感。

活动重难点

1. 活动重点：能主动、热情、声音洪亮地介绍玩具的名称及玩法。

2. 活动难点：介绍时语言完整、流畅。

活动准备

1. 经验准备：幼儿熟悉玩具的名称及玩法。

2. 物质准备：桌椅、玩具、计划表等。

活动过程

（一）幼儿布置场地，做前期准备

1. 幼儿自主选择场地。

2. 幼儿摆放好玩具。

3. 做迎接小朋友的准备。

（二）向小朋友介绍玩具及其玩法

1. 幼儿按照计划邀请小朋友。

2. 主动向小朋友介绍玩具的名称及玩法（图 4-12～图 4-13）。

3. 请小朋友自主体验和探索。

4. 询问小朋友体验玩具后的感受并做记录。

图 4-12　　　　　　　　　　　　　　　图 4-13

（三）交流分享

1. 回顾活动。

教师：你是按照计划表介绍的吗？介绍玩具时你是怎么说的？小朋友会玩了吗？小朋友体验完玩具后，他的感受是什么？

2. 幼儿表达参加活动后的感受。

教师：参加了玩具交换活动，你有什么感受？谁的感受跟他不一样？

活动延伸

回家和家长说一说今天参加活动的发现及感受。

活动四：　喜欢的玩具借回家　（综合活动）

活动目标

1. 能清楚地表达喜欢的玩具名称及理由。

2. 能保护好玩具，不丢失、不损坏，初步培养责任感。

3. 积极参加借玩具回家活动，愿意选择喜欢的玩具。

活动重难点

1. 活动重点：能清楚地表达喜欢的玩具名称及理由。
2. 活动难点：知道保护玩具的方法。

活动准备

1. 经验准备：幼儿知道班级及平行班有哪些玩具；幼儿有分组讨论和用符号记录的经验。
2. 物质准备：班级玩具、借阅玩具登记表、笔等。

活动过程

（一）谈话引入，激发幼儿的参与兴趣

1. 教师提出问题。

教师：如果可以把我们班或平行班的玩具借回家，你想借哪个玩具，为什么？

2. 幼儿大胆表达自己的想法。

小结：小朋友们可以选择一个你最喜欢、最想探索的玩具借回家。

（二）幼儿自主借玩具并登记

1. 幼儿自主选择喜欢的玩具（图 4-14）。

教师：小朋友们先思考一下你想选哪个区域的玩具，思考好以后就可以去选择一个你喜欢的玩具了。

图 4-14

2. 幼儿用符号登记借的玩具。

教师：选好玩具后，请小朋友们在借玩具登记表上用图画或符号的方式做好记录。

小结：先选择喜欢的玩具，选好玩具后要在登记表上进行记录。

（三）幼儿讨论保护玩具的方法

1. 幼儿分组讨论保护玩具的方法。

教师：你有什么方法能保护好玩具？

2. 分组用图画或符号的方式记录方法。

教师：讨论完保护玩具的方法后，把你们组讨论的结果用图画或符号的方式记录下来。

3. 集体分享保护玩具的方法。

教师：你们组讨论了哪些保护玩具的好方法？哪个小组还有不一样的方法？

小结：小朋友们讨论了很多保护玩具的方法，如玩之前先数一数数量，玩完以后再数一数，这样就可以知道玩具是不是少了；玩的时候要小心等。

活动延伸

探索玩具的多种玩法，并把玩具的创新玩法画下来制作成玩具说明书，跟小朋友们分享。

七、活动反思

（一）教师充分利用平行班资源，培养幼儿的环保意识

"交换空间"活动源于幼儿的兴趣，教师及时捕捉幼儿的兴趣点，并满足幼儿的需求。班级幼儿失去探索兴趣的玩具却成为其他班小朋友眼中的宝贝，交换玩具的活动真正实现了玩具资源的循环利用，发挥了玩具的最大价值，初步培养了幼儿的环保意识。

（二）教师为幼儿创设了交往的机会与条件，提升幼儿的同伴交往能力

中班末期，幼儿有了交往的意愿，教师通过"交换空间"活动，给幼儿创设与平行班幼儿交往和互动的机会与条件，鼓励幼儿主动向平行班幼儿做调查，了解幼儿的需求；让幼儿在介绍玩具与体验玩具的过程中体验到同伴交往的快乐。平行班小朋友在探索玩具的过程中可能会发现玩具的新玩法，可以分享给其他小朋友，开阔了幼儿的思路与视野。幼儿在与同伴交往、互动的过程中提升了交往能力。

（三）在活动中提升了幼儿的语言表达能力与表现力

幼儿想要给其他小朋友介绍玩具及玩法，就需要在前期进行充分、认真的准备与练习。在前期准备的过程中，幼儿不仅更加熟悉玩具，而且表达能力也得到了锻炼。在介绍玩具的过程中，幼儿需要向不同的小朋友做介绍，表现力也得到了提升。

（案例提供者：于　静，刘天琪）

大班世界节庆活动 世界水日

一、活动由来

水是生命之源，是我们生存的基础。几乎每个孩子都喜欢玩水。"世界水日"即将到来，为了引导幼儿关注周围环境，培养幼儿珍惜水资源的意识，从小养成良好的节水习惯，在日常生活中做到合理用水，为保护我们共有的家园做出自己的贡献，我们开展了"世界水日"系列活动。

二、设计思路

在"世界水日"节庆活动中，我用"体验"引领主题，从活动开始将水阀关闭，让幼儿感受没有水洗手、喝水、冲厕所等，体验水对人们生活的重要性。通过亲子小调查"北方为什么缺水？"，了解北京缺水的现状，通过实地参观，让幼儿真正理解水资源的来之不易。幼儿通过猜想、测量可二次利用的水，萌发节约用水的意识，并主动开展了节水宣传活动。本次主题活动主要分为三个阶段。

第一阶段：世界水日知多少

通过"世界水日"引出主题，幼儿看到世界上很多地区缺水的现状后，对"世界水日"有了初步的认知。

具体环节包括：了解世界水日、讨论世界水日可以做什么。

第二阶段：有用的水

通过体验"一瓶水"后，幼儿感受到自己与水的关联性，从而萌发对水资源的保护意识。为什么我们生活的北京这么缺水呢？幼儿通过查找资料找到了答案。并且我们有幸可以参观"南水北调"教育基地，幼儿在那里找到北京水资源的来源以及感受到北京水资源的宝贵。那要如何节约用水呢？到底节省下来的水有多少呢？幼儿可以通过小组合作测量去寻找答案。

具体环节包括：假如我有一瓶水、参观"南水北调"教育基地、水的二次利用。

第三阶段：节水我能行

知道了可二次利用的水后，幼儿就可以进行宣传活动了。对于大班而言，不仅要通过宣传海报进行口号的宣传，还要利用各种途径和方法进行宣传。结合班级幼儿较擅长的童话剧表演，我们将节水宣传创编成童话剧的方式，幼儿不仅能够表达宣传内涵，还可以向别人展示自信、表达自我。

具体环节包括：筹划童话剧《小水滴旅行记》、节水宣传小卫士。

三、活动目标

1. 了解世界水日的时间和含义。

2. 通过体验活动，感受水对人类重要性，知道水是生命之源。

3. 通过参观"南水北调"教育基地，知道水资源的宝贵，萌发节水意识。

4. 能够用测量工具对水进行测量，并进行统计。

5. 知道二次用水的多种用途，了解节水的好方法。

6. 通过参与"节约用水"宣传活动（童话剧表演、制作宣传海报及节水小贴士），体验与他人合作的乐趣，增强节水意识。

四、家园互动

1. 亲子查阅资料，了解我国北方缺水现状。

2. 组织全班家庭参观"南水北调"教育基地。

3. 开展家庭节水小能手活动，分享家中的节水方法。

4. 家园共同收集一致的矿泉水瓶，盛放班级的二次用水。

五、活动流程图

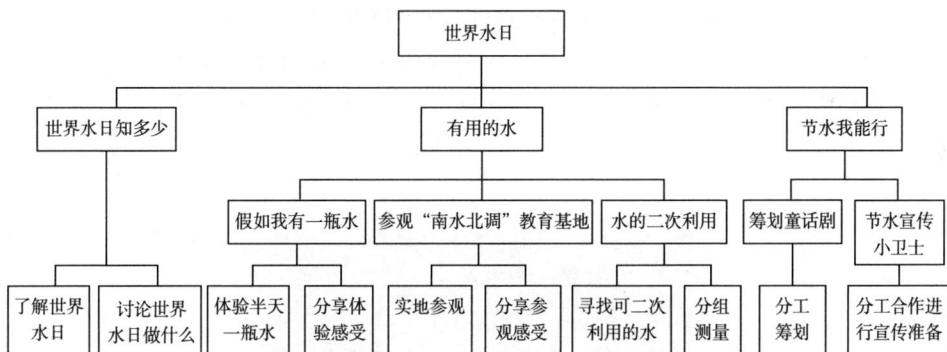

```
                              世界水日
     ┌──────────────────────────┼──────────────────────────┐
  世界水日知多少                 有用的水                    节水我能行
     │              ┌────────────┼────────────┐        ┌────────┴────────┐
     │         假如我有一瓶水  参观"南水北调"教育基地 水的二次利用  筹划童话剧  节水宣传小卫士
  ┌──┴──┐      ┌──┴──┐       ┌──┴──┐      ┌──┴──┐      │          │
了解世界 讨论世界  体验半天 分享体  实地参观 分享参  寻找可二次 分组   分工    分工合作进
水日   水日做什么 一瓶水  验感受        观感受  利用的水  测量   筹划    行宣传准备
```

六、活动过程实录

活动一：世界水日（社会领域）

活动目标

1. 知道世界水日的日期和含义。

2. 了解水对人们生活的重要性，有珍惜水资源、保护水资源的意识。

3. 愿意与同伴、老师互动，喜欢表达自己的想法。

活动重难点

1. 活动重点：知道世界水日的含义，倡导爱护水资源。

2. 活动难点：知道要节约用水，并能说出简单的节水方法。

活动准备

1. 经验准备：了解水在人们生活中的用途。

2. 物质准备：三月份日历、《世界水日》宣传片、宣传片中缺水地方的截图。

活动过程

（一）了解世界水日

出示三月份日历，引发幼儿的兴趣。

教师：你们知道三月份都有哪些节日吗？还有一个节日是世界水日，你知道是哪一天吗？你知道世界水日是什么意思吗？

小结：教师通过日历引导幼儿了解世界水日的日期是 3 月 22 日，世界水日的含义是倡导节约用水。

（二）观看《世界水日》宣传片

1. 播放宣传片，引发幼儿思考。

教师：为什么要有世界水日呢？接下来的这个小片就会告诉我们答案。看完了宣传片，你知道为什么全世界的人们都要过这个节日吗？

小结：通过观看宣传片，幼儿了解到是联合国将每年的 3 月 22 日定为世界水日。由于水资源是有限的，所以在这一天提示和倡导全世界节约水资源。

2. 出示相关视频截图（陆地、海洋的缺水画面），帮助幼儿回忆并讨论（图 4-15）。

图 4-15

教师：刚才的宣传片中，缺水会给我们的生活带来哪些危害？离开了水，我们人类会怎么样呢?

小结:原来大家都需要水,水是人类的生命之源。引导幼儿结合日常生活经验,感受人们的生活离不开水,世界万物都需要水。

(三)我们可以做什么

教师:水资源在减少,我们可以做些什么呢?

小结:我们国家的水资源非常匮乏,许多地方严重缺水,为了保护水资源,我们人人都应该节约用水。引导幼儿萌发节约用水的意识,知道简单的节水方法。

活动延伸

幼儿制作《世界水日》宣传手册,增强节水意识(图4-16)。

图 4-16

活动二: 假如我有一瓶水 (科学活动)

活动目标

1. 通过"一瓶水"体验活动,学会用验证法得出结论。

2. 知道水资源的宝贵,并养成初步的节约水资源的意识。

3. 增强克服困难的意志,养成良好的坚持品质。

活动重难点

1. 活动重点:对于"一瓶水"活动有真实体验,并将验证结果用语言、绘画等形式表现出来。

2. 活动难点:在体验中能够克服困难,具有坚持性。

活动准备

1. 经验准备:在一日生活中知道饮水的重要性,并能够自主饮水。

2. 物质准备:幼儿从家中带来的一个小水瓶(确保卫生)、人手一份体验单、笔。

活动过程

（一）出示水瓶，引发兴趣

教师：小朋友们知道为什么今天请你们带来了水壶吗？还记得平时老师让小朋友一天喝几杯水吗？今天老师只让你们上午喝一瓶水，想不想体验一下？

（二）体验"半天一瓶水"

幼儿从早饭后到中午进餐前体验"一瓶水"活动。

1. 教师：你们想一想，我们每天上午要喝四杯水，如果只喝一杯会怎么样呢？小朋友们先将你的猜想画下来，等活动结束后，再对照猜想看看是否一样。

2. 教师发放体验单，幼儿将猜想内容绘画下来（图4-17）。

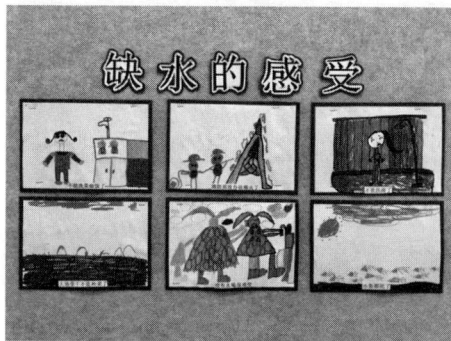

图 4-17

3. 教师在幼儿的体验过程中可以提示幼儿：小朋友们就这一杯水，可别浪费，也别一口气全部喝完。

小结：大部分幼儿对于少喝水会出现什么状况还没有切身感受，这次的体验活动增强了幼儿对水资源的珍惜。

（三）分享体验感受

教师：半天喝了一瓶水，你有什么感受呢？你们的验证结果和猜想的一样吗？

教师：你们感受到喝水少会口渴难受，所以我们一定要珍惜水资源，这样才能让我们健康地生活。

小结：通过体验，幼儿感受到每个人都会因为缺水而感到口渴、嗓子干等。活动后教师可以提示幼儿在活动后及下午及时补充体内水分。

活动延伸

制作图书《假如我有一瓶水》散文画册，幼儿可以进行朗诵练习。

幼儿"一瓶水"活动体验单

"一瓶水"的体验	猜想	验证

活动三：参观 "南水北调" 教育基地（社会领域）

活动目标

1. 通过参观"南水北调"教育基地，知道"南水北调"的含义。

2. 能够对保护水资源、节约用水有更加深刻的认识。

3. 愿意参加参观活动，学习并体验参观活动中的参观礼仪。

活动重难点

1. 活动重点：知道"南水北调"的含义，并感受水资源的来之不易。

2. 活动难点：在参观中，幼儿能用自己的方法（照相、录像、绘画等形式）进行记录。

活动准备

1. 经验准备：通过亲子小调查"北方为什么缺水？"，幼儿了解北方缺水的现状，制订参观计划。

2. 物质准备：亲子准备参观中所需的物品（相机、手机、记录单和笔）。

活动过程

（一）幼儿分享自己的参观计划，做参观前的准备

教师：我们就要去参观"南水北调"基地了，你们做好准备了吗？都做了哪些准备？我们在参观时可以用什么方法做记录？除了要带上参观中所需要的物品，你们知道参观中还要注意什么吗？我们在听讲解的时候要做到什么？

小结：通过分享幼儿的参观计划，提示幼儿不仅要做好物质准备（相机、记录纸和笔），而且要重视参观中的安全事宜以及礼貌，如在听讲解时不大声喧哗，参观过程中不追跑打闹，拉好家长的手。

（二）参观"南水北调"教育基地

1. 提示参观规则。

教师：我们来到了"南水北调"教育基地，这里会告诉我们水是从哪里运到了哪里，请小朋友们一定认真地听讲解员的讲解。

2. 幼儿在参观的过程中，带着问题听讲解并进行记录（图 4-18～图 4-19）。

教师：为什么要"南水北调"？"南水北调"是把水从哪里运到哪里？"南水北调"是用什么方法运输水的？

图 4-18

图 4-19

在参观的过程中，教师鼓励幼儿用不同的方法进行记录，如绘画、拍照、录像等。

小结：幼儿参观了"南水北调"教育基地，在参观中通过倾听讲解、用自己的方式进行记录、遵守参观规则等方式，不仅知道了"南水北调"的含义，而且增强了在参观活动中的礼仪知识。

（三）分享参观感受

教师：我们参观了"南水北调"教育基地，你有什么感受呢？节约水资源要从我们每个小朋友做起，你可以怎样爱惜水呢？

小结：通过分享参观后的感受，让幼儿了解北京的水来之不易，鼓励幼儿从自我做起，珍惜水资源，节约用水。

活动延伸

创设"南水北调"资料馆，幼儿可以当小讲解员进行讲述活动。

附：参观记录表

为什么要"南水北调"？	"南水北调"是将水从哪里运到哪里？	用什么方法运输水？	我的感受

活动四： 水的二次利用 （科学领域）

活动目标

1. 尝试运用测量工具对二次利用的水进行测量，并进行统计。

2. 知道二次利用的水的多种用途。

3. 愿意参与小组制作，体验与他人合作的乐趣。

活动重难点

1. 活动重点：学习运用测量工具对二次利用的水进行测量。

2. 活动难点：在小组合作中，能够相互协助使测量顺利进行，并总结怎样才能不洒水。

活动准备

1. 经验准备：认识测量工具（漏斗），通过过滤水的方法，幼儿探索了什么水适宜二次利用，比如在洗物品时，最后一遍水就比第一遍水干净很多，就很适宜二次利用。

2. 物质准备：幼儿寻找到的四种适宜二次利用的水（厨房老师为幼儿准备的淘米水、保育老师洗毛巾、水杯、拖鞋的最后一遍水）、图片、抹布、水盆。

活动过程

（一）展示可二次利用的水

教师：哪些水可以在班级中二次利用呢？

小结：通过回顾之前的探索结果，将四种水进行实物展示，激发幼儿对活动的兴趣。

（二）幼儿分组测量

1. 教师出示漏斗、矿泉水瓶等测量工具，引导幼儿讨论如何测量。

教师：这些可以二次利用的水到底有多少呢？哪个最多？这些水在盆里不太方便使用，我们要将水倒入瓶子里，要怎么倒进去呢？

教师：测量这些水我们还要做什么？可以怎么分工合作呢？

小结：通过讨论，幼儿了解相关的测量工具，并清楚小组中的分工项目。

2. 幼儿自主分为四组进行测量，教师在幼儿测量时进行观察和指导（图 4-20）。

教师：怎样使用漏斗？水流到外面怎么办呢？怎么才能让水瓶不漏水？记录的幼儿要不要让其他的小朋友再测量一次呢？

图 4-20

　　教师根据幼儿在操作中的问题及时给予帮助，如提供抹布，在瓶子下面放个小盆，可以使水不流到地上等。

　　3. 教师展示各组的统计结果，幼儿进行排名（图 4-21）。

　　教师：请各组代表来分享你们的测量结果吧！

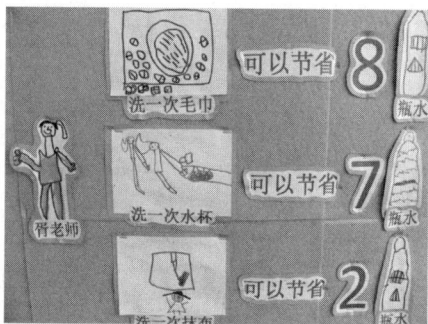

图 4-21

　　小结：在幼儿分组测量时，教师要预设操作中的问题并进行指导，比如最重要的洒水问题，可能会出现因为漏斗操作引起的洒水和水瓶没拧紧出现的洒水，教师要引导幼儿解决问题，针对不同的问题采取不同的方法。

　　（三）二次利用的水可以做什么

　　教师：这些二次利用的水可以做哪些事情呢？

　　小结：通过将二次利用的水装瓶，可以方便幼儿的使用。通过大家集思广益，可以将二次利用的水更广泛地利用起来。

　　活动延伸

　　幼儿设计二次用水小贴士，如冲厕所、去小菜园浇花等，使幼儿园在一日生活中都能继续使用二次利用的水。

活动五： 筹划童话剧 《小水滴旅行记》 （艺术领域）

活动目标

1. 通过美工制作、表演等准备和筹划童话剧。

2. 通过理解剧本内容，感受水资源的宝贵，萌发保护水资源的意识。

3. 愿意参与小组合作来完成排练准备和计划，体验合作的乐趣和成功的喜悦。

活动重难点

1. 活动重点：学习在小组合作中完成童话剧的筹备工作。

2. 活动难点：在小组合作中，能用商量、积极的态度解决问题。

活动准备

1. 经验准备：师幼共同完成了剧本创作，并将剧本进行了录音。

2. 物质准备：服装及道具所需物品（纱巾、塑料袋、彩带、布料等半成品）、制作宣传海报所需物品（纸、笔、装饰材料等）、音箱、录好的剧本音频、排练表。

活动过程

（一）回顾剧本内容

教师：我们的《小水滴旅行记》就要准备排练了，还记得故事中都有谁吗？这个童话剧讲了一个什么故事呢？《小水滴旅行记》是在提示我们什么呢？

小结：通过回顾剧本内容，更加深刻理解剧本的内容和角色，并感受剧本内容给我们的启示，从而感受水资源的宝贵。

（二）分工合作

1. 幼儿分工合作，为童话剧演出做准备。

教师：以往我们准备童话剧需要有哪几个组来准备？每个组都有什么职责呢？这次我们的童话剧要在全园表演，我们不但要有道具制作组和演员组，还要有一个宣传组，来为我们的童话剧做宣传。

2. 教师在班级内为三个小组提供活动场地，幼儿自主选择小组并进行分工，教师分组进行指导（图 4-22）。

教师：演员组，你们的角色分配好了吗？表演时我们要注意什么？你们可以有一个人负责播放音频。道具组，你们想好做哪些道具了吗？你们是怎么分工的？宣

图 4-22

传组，你们想怎么宣传呢？你们都要做什么？如果做海报，海报上有哪些内容？海报上的宣传语你们想好了吗？要写清演出时间和绘画好演出地点。

小结：三名教师分组指导幼儿，这样幼儿能够更好地进行分工和筹备工作。在指导的过程中，幼儿能够明确自己的职责，了解表演、制作过程中的注意事项，并且提升合作意识。

（三）安排排练时间

教师：距离童话剧表演还有几天的时间，我们可以利用哪些时间排练和制作材料呢？除了活动区时间，还可以用什么时间排练？

小结：通过安排排练时间，可以让幼儿有计划地进行准备工作，增添幼儿对活动的积极性和主动性。

活动延伸

幼儿在演出前进行准备工作，如粘贴宣传海报、制作道具、排练节目，最终在全园演出（图 4-23）。

图 4-23

活动六： 节水宣传小卫士 （综合活动）

活动目标

1. 能通过多种途径宣传节约用水。

2. 知道要珍惜水资源，并学会节约用水的小方法。

3. 愿意参与宣传活动，争做节约用水小卫士。

活动重难点

1. 活动重点：通过多种途径宣传节约用水。

2. 活动难点：感受到生活中有各种节约用水的好方法，愿意在生活中做一名节约用水的小能手。

活动准备

1. 经验准备：师幼总结出班级节水的好方法，亲子讨论在家节水的好办法。

2. 物质准备：幼儿家中节水的照片、宣传纸、笔、胶棒、胶钉、塑封机、装饰材料。

活动过程

（一）分享节约用水的好方法

教师：我们在班级中有很多节水的好办法，在家中你们是怎么节水的呢？

小结：通过分享家庭节水的好办法，幼儿可以相互学习，了解更多的节水方法。

（二）幼儿自主选择小组，分工合作

1. 教师：我们幼儿园其他班级也需要这些节水知识，怎样带动他们和我们一起节水呢？我们可以用什么方法进行宣传？

2. 幼儿分组进行宣传准备，教师分组指导（图4-24）。

教师：海报制作组，你们想怎么制作海报？海报的标语是什么？用什么图画去说明节水的意思呢？

教师：节水小贴士组，什么样的图标既简单，又能让人一下就明白图标的意思呢？你们想在哪里粘贴节水小贴士？

教师：童话剧表演组，你们想在哪里演出？还可以演给谁看，让他们也能和我们一起节水呢？（保洁阿姨和保安叔叔）

图 4-24

小结：通过小组合作制作海报、节水小贴士、童话剧表演，幼儿体验小组合作的乐趣，并在合作中学习制作、表演的技能。

（三）小卫士在行动

三组人员准备完毕，教师请幼儿进行分享。

教师：我们的小卫士就要行动了，你们准备好了吗？

教师提示行动规则：粘贴小贴士要用胶钉，以免弄脏楼道；表演的礼仪以及去其他班级宣传时的礼貌教育。

小结：在行动前，通过教师的规则引导，幼儿可以更好地展示自己，在宣传中得到其他班级的肯定和赞扬，提升幼儿的自信心。

活动延伸

继续制作宣传小贴士，粘贴到幼儿园的楼道中。

七、活动反思

在"世界水日"系列活动中，幼儿亲身感受到"一瓶水"的珍贵，体验喝水少的不舒服，深刻地体会到水对身体的重要性。通过搜集资料了解了我国缺水的现状。通过全班一起参观"南水北调"教育基地，在解说员的讲解下，孩子们了解了南方水源是如何进入北京的，在美丽的"南水北调"基地畅谈如何保护水资源。

为了让幼儿对水的二次利用有所了解，我们探索了适宜在班级二次使用的水。但是问题又出现了，老师每次清洗物品的水如何二次使用呢？通过想办法，幼儿发现可以用舀子舀水，还可以灌到水瓶中使用。为了了解一天可以节约多少水，我们还开展了测量活动，统计出了一天的节水量，从而对节约用水有了更加直观的认识。

在家园的共同配合下，我们在幼儿园、家中开展了"节水宣传小卫士"活动，每个家庭都有很多节水的好方法，我们共同分享和学习。幼儿将自己的节水方式用宣传海报、节水小贴士、表演童话剧等方式向其他班级进行宣传，不仅将节水知识普及全园，还增强了幼儿的自信心和语言表达能力。相信"节约用水"的意识可以通过班级走进全园，然后带入家庭和社区，真正实现全民节水。

（案例提供者：王　伟，张　贤，王金凤）

大班世界节庆活动　世界地球日

一、活动由来

地球是我们大家共同的家园，是我们赖以生存的环境。但是地球正在面临很多问题，如环境被污染、资源被浪费、气候日益变暖、冰川融化等，保护环境、珍惜资源已经成为迫切需要关注与解决的问题，需要大家一起行动起来，共同保卫我们的地球，保护我们赖以生存的环境。

幼儿园的小朋友们是祖国的花朵和未来，要让小朋友们从小养成保护环境、节约资源的意识。但现在的幼儿园里存在着一些浪费资源的现象，比如一大张画画纸只用了一点，很多地方还是空白的就被扔掉了；折纸时没折好或画画没画好就把纸扔掉重新用一张；进餐时，饭菜没吃完就把饭菜倒掉；洗手时，水开得特别大，打香皂时也不关水等。因此，在幼儿园中培养幼儿节约资源的意识是非常有必要的。

二、设计思路

在"世界地球日"活动中，教师通过照片的形式让幼儿感受地球的美好，了解环境污染的现状。为激发幼儿保护环境的意识，教师充分调动幼儿的积极性，发现身边浪费资源的现象，并集体讨论解决方法，培养了幼儿的环保意识。

第一阶段：我知道的世界地球日

教师通过视频的方式让幼儿知道世界地球日是 4 月 22 日及地球日的由来，通过欣赏山川河流、动植物图片及幼儿讲述所见所闻，让幼儿感受地球的美好，激发幼儿保护地球的愿望。

具体环节包括：了解世界地球日及其由来、欣赏图片感受地球的美好。

第二阶段：保护我们的地球

教师提供地球环境被破坏的照片，请幼儿充分观察后表达自己的感受，了解地球资源正在逐渐变少，环境正在被污染和破坏的现象，产生保护环境的愿望。教师为充分调动幼儿的积极性，请幼儿结合身边的现象，将保护环境及资源的方法编成儿歌《颐慧佳园文明公约》。

具体环节包括：通过图片及幼儿已有经验了解地球被破坏的现象、讨论保护地球的方法。

第三阶段：我是环保小卫士

教师结合大班幼儿的年龄特点，采取分组的形式让幼儿实地观察、发现幼儿园里浪费资源的现象，并记录自己的发现，集体讨论解决方法。这一阶段，教师能结合幼儿的学习方式开展亲身体验活动，让幼儿在真实的情境中去探索、发现。

具体环节包括：幼儿发现身边浪费资源或污染环境的行为、集体讨论解决方法并制作宣传海报。

第四阶段：社区环保宣传

这一阶段的活动是一次实践体验活动，活动前，幼儿分组练习介绍保护环境的宣传海报。活动中，充分利用同伴资源，小组通过讨论制订宣传计划，按照计划到社区去宣传。宣传后表达自己的感受，通过实践活动提升幼儿的环保意识。

具体环节包括：幼儿走进社区宣传环保知识及行为、集体分享宣传后的感受。

三、活动目标

1. 知道 4 月 22 日是世界地球日，了解和感受地球的生态环境日益恶化的现象。

2. 知道地球是我们生活的地方，能从生活中的小事做起，萌发保护环境、爱护环境的意识。

3. 愿意主动向他人宣传保护环境的方法。

四、家园互动

1. 幼儿和家长一起查阅关于世界地球日的资料，并用符号记录。

2. 幼儿和家长利用周末拍下身边的美好景色，并练习用完整的语言讲述。

3. 幼儿能将学习到的保护环境的方法讲给家长。

五、活动流程图

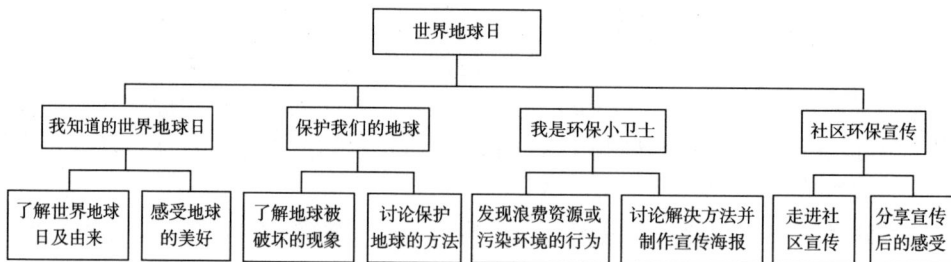

六、活动过程实录

活动一： 我知道的世界地球日 （语言领域）

活动目标

1. 知道 4 月 22 日是世界地球日，了解其由来。

2. 愿意参与谈话活动，能大胆表达自己的想法。

3. 能围绕一个话题进行讨论。

活动重难点

1. 活动重点：知道世界地球日及其由来。

2. 活动难点：能用完整的语言表达自己的发现。

活动准备

1. 经验准备：幼儿见过地球仪，知道地球仪是球体；知道地球上有花草树木、山川河流及动植物等；知道我们生活在地球表面。

2. 物质准备：地球仪、河流山川、花草树木、动植物的图片。

活动过程

（一）出示地球仪，激发幼儿的参与兴趣

教师提出关于地球仪的问题，引导幼儿观察地球仪，表达自己的想法（图4-25）。

教师：小朋友们，这是什么？你在哪儿见过它？仔细观察地球仪，你从地球仪上看到了什么？你们知道地球上都有什么吗？

图 4-25

小结：我们生活的地球上有人类、动物、植物、山川、河流等。

（二）认识世界地球日，了解其由来

1. 了解世界地球日。

教师：小朋友们，你们听说过世界地球日吗？你们知道世界地球日是哪一天吗？

2. 了解世界地球日的由来。

教师：为什么会有世界地球日这个节日呢？

小结：世界地球日是每年的4月22日，设立地球日是想让人们关注地球，倡导绿色低碳生活，改善地球整体环境，共同保护我们的地球。

（三）感受地球的美好，绘画心中的地球

1. 出示山川河流、动植物的图片，让幼儿感受地球的美好。

教师：小朋友们，图片上都有什么？你见过吗？在哪儿见过？看完了图片，你有什么感受？你还见过地球上哪些美丽的景色？

2. 结合生活经验，绘画"我心中的地球"。

教师：小朋友们，你们看到过很多地球上的美丽景色，现在就把你心中的地球的美丽样子画下来吧。

3.分享绘画作品。

教师：你画了什么？你在哪里见过这些美丽的景色？看完这么美丽的景色，你有什么感受？

小结：地球是一颗十分美丽的星球，有着非常迷人的自然风光和丰富的动植物资源，小朋友们要用亮亮的眼睛去发现身边的美好。

活动延伸

1.把今天学习的关于世界地球日的知识说给家长听，并给家长讲一讲你画的地球上的美丽景色。

2.利用活动区时间把小朋友们画的美景做成小书，并给弟弟妹妹讲一讲。

活动二： 保护我们的地球 （语言领域）

活动目标

1.了解和感受地球生态环境日益恶化的现象。

2.知道地球是我们生活的地方，能从生活中的小事做起，萌发保护环境、爱护环境的意识。

3.愿意参与讨论保护地球的话题，大胆表达自己的想法。

活动重难点

1.活动重点：感受地球环境日益恶化。

2.活动难点：能积极讨论保护地球的方法。

活动准备

1.经验准备：幼儿知道地球上有很多美丽的景色和很多动植物资源。

2.物质准备：被污染的河流图片、湖泊干涸图片等、记录纸、笔等。

活动过程

（一）谈话引入，让幼儿感受地球的美好

教师：小朋友们，你见过地球上的哪些美丽景色？在哪儿见过？

（二）通过欣赏图片，感受地球环境被日益破坏

1.出示地球环境被破坏的图片。

教师：认真观察图片，你看到了什么？猜一猜为什么会变成这样？

2.说一说我见过的破坏环境的行为。

教师：生活中你还见过哪些破坏环境的行为？在哪儿见过？

小结：我们都生活在地球上，现在地球上的资源正在逐渐减少，我们生存的环境正在受到威胁。

（三）讨论保护地球的方法，并编成儿歌

1. 讨论保护地球的方法。

教师：想一想，我们可以怎样保护地球？洗手时怎么保护水资源？进餐时可以怎么做？你有哪些节约纸的方法？

2. 幼儿分组记录保护地球的方法。

教师：小朋友们分组把保护地球的方法画下来吧。

3. 一起创编保护地球的儿歌。

教师：我们大家想了那么多保护地球的方法，这些方法都特别棒，我们一起把这些方法编成儿歌吧。

小结：小朋友们能结合日常生活想出保护资源、节约资源的方法。

活动延伸

1. 把今天大家讨论的保护地球的方法和创编的儿歌说给家长听。

2. 利用活动区时间制作《文明公约》小书，并到幼儿园各班去宣传（图 4-26～图 4-27）。

图 4-26

图 4-27

附：儿歌《颐慧佳园文明公约》

颐慧佳园我的家，绿色自然我爱它。

文明公约我知道，颐慧家人要记牢。

水资源，很稀少，龙头用完要关好。

不挑食，不剩饭，"光盘行动"我做到。

正面画，背面画，二次用纸很环保。

多走路，身体好，绿色出行很重要。

小垃圾，分类放，废旧用品变成宝。

献爱心，书共享，山区伙伴夸我棒。

多种树，多种花，颐慧的明天更美好！

活动三： 我是环保小卫士 （综合活动）

活动目标

1. 能发现身边浪费资源、污染环境的现象。

2. 能用图画或符号的方式记录自己的发现，并能用完整、流畅的语言表达自己的发现。

3. 能结合发现的问题进行讨论，制定解决方案。

活动重难点

1. 活动重点：能发现身边浪费资源、污染环境的现象。

2. 活动难点：积极讨论解决问题的方法并实践。

活动准备

1. 经验准备：幼儿知道常见的浪费资源及污染环境的行为，如浪费水、电、纸张的行为，剩饭剩菜的行为等；幼儿熟悉幼儿园的场地；幼儿有用图画或符号记录的经验。

2. 物质准备：用幼儿园六个班、办公室、户外场地的照片制作的桌签、记录纸、笔、彩色卡纸、彩笔等。

活动过程

（一）幼儿通过讨论分组，确定要去的地方

1. 教师通过提问引导幼儿分组。

教师：昨天我们通过讨论确定了大家想去的地方，包括幼儿园的户外、各个班级教室、办公室，到这些地方去观察、发现浪费资源或污染环境的现象，你先想一想，你想去哪个地方？

2. 幼儿根据意愿自主分组。

教师：桌子上有各个场地的桌签，现在就去选择你想去的地方吧。

（二）布置调查小任务

1. 出示记录单，让幼儿认识记录单。

教师：小朋友们仔细看记录单，你发现了什么？第一栏记录什么？第二栏记录什么？

2. 布置记录小任务。

教师：仔细观察你选择的地方，把你发现的污染环境和浪费资源的现象记录下来。

小结：小朋友们先在记录单的第一列用图画或符号的方式把你要去的地方记录下来，然后仔细观察和发现是否有浪费资源或污染环境的行为，记录下来。

3. 小组分发记录单，幼儿分组实地观察，发现问题并用图画或符号记录。

（三）小组交流分享

1. 小组分享发现的问题。

教师：你们小组去了什么地方？发现了什么问题？跟大家分享一下。

2. 讨论解决问题的方法。

教师：这么多浪费资源和污染环境的行为，你们有什么解决的好方法呢？

3. 制作保护环境宣传海报。

教师：现在我们分成两个小组，分别把我们在幼儿园发现的污染环境、浪费资源的行为及大家讨论的解决方法画下来，制作成海报。

小结：小朋友们在幼儿园发现了很多浪费资源及污染环境的问题，大家通过讨论想出了很多解决方法，并制作成宣传海报，明天我们就到幼儿园各班级及社区去宣传。

活动延伸

1. 把小组发现的问题及解决方法说给家长听。

2. 制作宣传小书，到各班去宣传。

附：幼儿园环境调查记录单

幼儿园环境调查记录单

时间：　　　　　　　　　　　　　　　　　　　　　　　　记录人：

调查地点	我的发现

活动四：社区环保宣传（社会领域）

活动目标

1. 能大胆地向他人宣传保护身边环境的方法。

2. 能分工合作制订宣传计划，并宣传给社区里的人。

3. 愿意积极参加宣传活动。

活动重难点

1. 活动重点：能大胆地向他人宣传保护身边环境的方法。

2. 活动难点：能分工合作，讲述宣传海报。

活动准备

1. 经验准备：幼儿知道身边污染环境、浪费资源的行为及解决方法；幼儿有讲述宣传海报的经历。

2. 物质准备：宣传海报、计划表、笔等。

活动过程

（一）分组练习讲述宣传海报

1. 讨论怎样讲述宣传海报。

教师：小朋友们的宣传海报做好了，我们要怎样讲述给他人呢？

小结：讲述时要声音洪亮，按照顺序讲述；面向观众，一边指着海报上的内容，一边讲述。

2. 分组练习讲述。

教师：现在大家一起商量一下怎样分工，谁负责拿着海报，谁来讲，怎样轮换。商量好后，就可以跟组里的小朋友们一起练习讲述了。

（二）制订宣传计划

1. 幼儿通过讨论制订宣传计划。

教师：宣传海报做好了，你们想到哪里去宣传？到社区宣传的路线是什么？先去哪儿，再去哪儿？我们大家来做一个宣传计划吧。

2. 小组完成计划表。

教师：做好计划后，就可以完成计划表了。

3. 走进社区宣传（图4-28）。

教师：分组按计划走进社区宣传保护环境、节约资源的方法。

图 4-28

（三）梳理经验

1. 分享宣传经历。

教师：今天，我们走进社区宣传了保护环境、节约资源的知识，社区里的叔叔阿姨和爷爷奶奶听了你们的介绍和宣传是怎么说的？

2. 幼儿自由表达参与宣传活动的感受。

教师：今天，我们到社区给叔叔阿姨、爷爷奶奶宣传保护环境、节约资源的知识，你有什么感受？

3. 制作《宣传感受》小书。

教师：小朋友们，把你到社区参加宣传活动的感受画下来，我们来制作一本《宣传感受》小书。

活动延伸

1. 把今天到社区宣传的经历说给家长听，并说一说你的感受。

2. 到各班级去做宣传（图 4-29）。

图 4-29

七、活动反思

"世界地球日"活动的开展，目的在于让幼儿关注身边环境污染、资源浪费的现象，培养幼儿从小养成保护环境、节约资源的意识。环保行为从我做起，从现在做起，从身边的小事做起，营造人人保护环境的氛围。

（一）尊重幼儿的学习方式，重视幼儿在体验中学习

在开展活动的过程中，教师注重幼儿在真实的情境中体验、学习。《指南》中指出，幼儿是在直接感知、实际操作、亲身体验中学习，并获得直接经验的。"世界地球日"活动中，教师给幼儿创设了真实的探索和发现的情境，鼓励幼儿分组到幼儿园的户外、各班级教室、办公室去发现并记录问题，大家一起讨论解决的方法后，再将方法运用到实践中。因为是在真实的情境中探索和学习，幼儿参与的积极性也非常高。

（二）充分发挥幼儿的主动性，让幼儿成为活动的主人

在活动开展的过程中，教师充分发挥幼儿的积极性与主动性，采取多种形式让幼儿充分参与，如集体教学、小组谈论、社区体验等，调动每一名幼儿的积极性与主动性，真正让幼儿成为活动的主人。

（三）充分利用身边资源

教师能充分利用身边的教育资源，比如社区资源，幼儿在发现身边浪费资源、污染环境的行为后，积极讨论解决的方法，用实际行动去支持环保，保护地球及我们的家园，能将自己的好方法到社区进行宣传，倡议大家一起保护环境。

（四）在活动中提升幼儿的能力

"世界地球日"活动提升了幼儿的环保意识与节约资源的意识。集体讨论、到社区及各班去宣传等活动提升了幼儿的表达能力与表现力。

（案例提供者：于 静，刘天琪，张 贤，任 丛）

大班园本节庆活动 跳蚤市场

一、活动由来

现在的孩子生活条件优越，每个小朋友家里都有很多玩具，有的玩具玩了一段时间就不再玩了，扔了又觉得可惜，再加上大家对闲置物品的再利用意识比较薄弱，所以玩具通常是被放在箱子里闲置了，不仅占据家庭空间，而且是隐性的资源浪费。

跳蚤市场给孩子们提供了一个与同伴交流和沟通的平台，自己做主将家里闲置的物品和书籍进行买卖，实现玩具的互动和再利用，发挥玩具的最大价值。在这个过程中，成人给幼儿创设和同伴沟通与交流的机会，孩子们可以认识更多的伙伴，提升交往能力，同时可以培养幼儿爱惜物品、节约资源的意识。

不仅如此，借助跳蚤市场活动可以宣传环保理念，让幼儿有意识地从身边的小事做起，不浪费自己的物品，养成节约资源、爱护环境的意识和良好的行为习惯。

二、设计思路

"跳蚤市场"活动，教师能结合大班幼儿的年龄特点，充分发挥幼儿的自主性，请幼儿充分参与讨论、设计活动的各环节。教师还创设了真实的情境，让幼儿在真实的情境中交往、学习，获得直接经验。

第一阶段：设计跳蚤市场宣传海报

教师引导幼儿充分利用讨论的方式，确定通过宣传海报的形式让大家知道六一儿童节时幼儿园将举办"跳蚤市场"活动，并充分利用同伴资源讨论确定海报的内容，合作设计宣传海报。

具体环节包括：幼儿分工合作设计宣传海报、以小组的形式分享宣传海报。

第二阶段：认识人民币

跳蚤市场的活动涉及买卖环节，这就要求幼儿认识人民币，并掌握兑换人民币的方法。为了激发幼儿的兴趣，教师出示1元、5元及10元的人民币实物，让幼儿感知、认识人民币，了解其特征，并学会区分不同面值的人民币。通过游戏的方式学习兑换人民币，为跳蚤市场做准备。

具体环节包括：通过实物认识人民币、学习兑换人民币的方法。

第三阶段：我是小小推销员

这一阶段，教师首先通过集体讨论的方式，让幼儿学习推销的方法及语言，并通过创设游戏情境让幼儿练习推销物品。活动后，教师带领幼儿总结推销的技巧，梳理经验。

具体环节包括：集体讨论推销的方法、在游戏中体验推销。

第四阶段：跳蚤市场实践活动

在本阶段的活动中，教师创设真实的情境，让幼儿在真实的情境中体验买卖物品及交往的快乐，获得了很多有益的经验。同时，幼儿真切地感受到闲置物品可以再利用，提升了环保意识。

具体环节包括：在实践活动中自主买卖物品、集体分享参加跳蚤市场活动的感受。

三、活动目标

1. 了解跳蚤市场的活动形式，愿意将自己的闲置物品与同伴分享，知道爱惜物品、珍惜资源，树立变废为宝的意识。

2. 在活动中培养大胆的表现力，提升语言表达能力，并在交往中练习使用礼貌用语。

3. 增加亲子之间的交流与互动，增进亲子情感。

四、家园互动

1. 幼儿和家长一起准备八成新的玩具、图书、地垫等物品。

2. 幼儿和家长一起给摊位起名字，制作小海报。

3. 准备零钱或微信、支付宝收款的二维码图片。

五、活动流程图

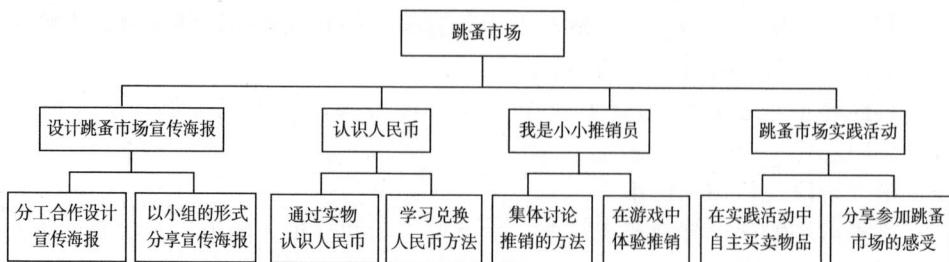

```
                          跳蚤市场
    ┌──────────────┬──────────────┬──────────────┐
设计跳蚤市场宣传海报    认识人民币      我是小小推销员    跳蚤市场实践活动
 ┌────────┬────────┐ ┌────────┬────────┐ ┌────────┬────────┐ ┌────────┬────────┐
分工合作设计  以小组的形式  通过实物   学习兑换   集体讨论   在游戏中   在实践活动中  分享参加跳蚤
宣传海报   分享宣传海报  认识人民币  人民币方法  推销的方法  体验推销   自主买卖物品  市场的感受
```

六、活动过程实录

活动一： 设计跳蚤市场宣传海报 （艺术领域）

活动目标

1. 能分工合作设计、绘画宣传海报。

2. 积极参与设计活动，体验自信，感受快乐。

3. 能自主选择材料，用多种方式设计宣传海报。

活动重难点

1. 活动重点：分工合作设计、绘画宣传海报。

2. 活动难点：自主选择材料及形式设计海报，意见不统一时能协商解决问题。

活动准备

1. 经验准备：幼儿有制作海报的相关经验，知道海报包括名字、时间、地点及事件等要素；幼儿有分工合作的经验。

2. 物质准备：图画纸、彩笔、蜡笔等。

活动过程

（一）教师提问引入，激发幼儿的参与兴趣

1. 教师提出问题。

教师：今年的六一儿童节，小朋友们想开展跳蚤市场活动。我们怎样才能让大家知道幼儿园要开展跳蚤市场活动呢？你们有什么好办法？

2. 幼儿结合生活经验，自主表达想法。

小结：小朋友们的想法特别好，我们可以制作跳蚤市场宣传海报，通过海报的方式向家长宣传。

（二）分工合作制作宣传海报

1. 说一说我见过的宣传海报。

教师：你见过哪些宣传海报？在哪儿见到的？宣传海报上都有什么？

2. 幼儿分组讨论海报的内容要素。

教师：海报上的内容可以分成哪几部分呢？如何在海报上体现我们的跳蚤市场活动？可以怎样设计？

小结：跳蚤市场宣传海报上要有时间、地点、参加人员及活动名称。

3. 幼儿分组设计、制作跳蚤市场宣传海报（图 4-30）。

教师：你们小组想怎样分工？意见不一致时怎么办？商量好的小组就可以开始制作跳蚤市场的海报了。

图 4-30

小结：小朋友们要先分工，确定好每个人要做的事情后再开始设计海报。遇到意见不一致的情况时，大家要通过协商解决问题。

（三）各组分享宣传海报

教师：快来跟大家分享一下你们组设计的宣传海报吧。你觉得其他组的设计有哪些值得我们学习？

活动延伸

1. 与幼儿一起将制作好的海报张贴在幼儿园的宣传栏上，让家长了解幼儿园即将举办跳蚤市场活动。

2. 幼儿分组练习讲述宣传海报的内容，能熟练、完整地介绍。

活动二： 认识人民币 （科学领域）

活动目标

1. 认识 1 元、5 元、10 元的人民币，并能说出它们的名称。

2. 尝试用 1 元、5 元、10 元的人民币进行兑换交易。

3. 对认识人民币的活动感兴趣，愿意积极参与活动。

活动重难点

1. 活动重点：认识 1 元、5 元、10 元的人民币，并能说出它们的名称。

2. 活动难点：尝试用 1 元、5 元、10 元的人民币进行兑换交易。

活动准备

1. 经验准备：幼儿见过人民币，知道人民币可以用来买东西；幼儿有跟家长一起购物的经历。

2. 物质准备：1 元、5 元、10 元的人民币若干，毛绒玩具、益智类玩具、科学类玩具等。

活动过程

（一）讲故事《小熊买东西》

1. 教师讲故事《小熊买东西》。

教师：今天老师给小朋友们带来了一个好听的故事，名字叫《小熊买东西》，一起来听一听吧。

2. 提出问题。

教师：小熊为什么没有买到喜欢的糖果呢？你有什么好办法来帮帮它？

（二）认识人民币的面值，尝试兑换 10 元以内的人民币

1. 出示 1 元、5 元及 10 元的人民币。

教师：你们见过人民币吗？在哪儿见过？认识这些人民币吗？知道它们的面值吗？

小结：1 元、5 元及 10 元的人民币的颜色不同，上面的数字也不同。

2. 引导幼儿分别观察钱币正面和反面的图案。

教师：现在我们一起来看一看人民币的正面和反面。它们有什么特征？上面的数字代表什么意思？

小结：人民币上的数字代表它的面值。

3. 尝试兑换 10 元、5 元、1 元人民币。

教师：小朋友，如果顾客给了我们五元钱，他买的东西三元钱，我们应该找给他多少钱呢？10 元的人民币可以兑换几张 1 元？又可以兑换几张 5 元？

4. 游戏：买东西。

教师：现在我们就拿着小钱包去超市购物吧，看一看你钱包里的钱可以买到什么。

（三）梳理经验

教师：你买了什么？用了多少钱？找回多少钱？在买东西的过程中，你遇到了什么困难？你是怎么解决的？

小结：购买需要的商品，要先看物品的价格，然后根据价格给相应的钱数。

活动延伸

1. 周末让爸爸妈妈带着幼儿去超市购物。

2. 可以在活动区和同伴一起玩"买东西"的游戏。

活动三： 我是小小推销员 （语言领域）

活动目标

1. 能大胆地推销自己的物品，吸引同伴的注意。
2. 能用完整、流畅的语言介绍自己的物品。
3. 学习简单的推销技能和方法。

活动重难点

1. 活动重点：能大胆地推销自己的物品，吸引同伴的注意。
2. 活动难点：学习简单的推销技能和方法。

活动准备

1. 经验准备：幼儿在超市或商场见过推销的行为，如打折、降价等活动；知道推销时要说物品的功能、优点等方面的内容。

2. 物质准备：幼儿自带的物品，如毛绒玩具、书籍、益智类玩具、科学类玩具等。

活动过程

（一）教师用问题引入活动，激发幼儿的参与兴趣

1. 教师提出问题。

教师：小朋友们带来了这么多物品，有的小朋友告诉我，他们担心没人来买东西，你们有什么好办法吗？

2. 幼儿结合生活经验，自主表达想法。

小结：我们可以推销自己带来的物品，吸引其他人来买。

（二）幼儿讨论推销的方法及语言，并练习推销

1. 说一说我见过的推销行为。

教师：你见过推销的行为吗？在哪儿见过？推销员推销的是什么物品，他是怎么说的？

小结：推销时要说物品的名字、功能及优点等。

2. 讨论推销的技巧和方法。

教师：你想推销什么物品？可以使用什么方法来推销？怎样才能吸引其他人来购买呢？

小结：推销时，可以从物品的功能、优点等方面进行推销，还可以打折或降价促销等。

3. 游戏：小小推销员（图 4-31）。

教师：每个小朋友拿一件自己带来的物品，先想一想你要用什么推销方法，想好后我们去向其他班的小朋友做推销了。

图 4-31

（三）梳理经验

教师：你推销成功了吗？你使用了什么方法？

小结：推销商品时，要大方地介绍商品的名称、用途等，吸引其他人来购买。

活动延伸

1. 活动区继续开展"小小推销员"活动，幼儿可以在活动区继续游戏，练习使用多种方法推销自己带来的物品。

2. 回家后选一件物品，用在活动中学习的方法把物品推销给家长。

活动四： 跳蚤市场 （实践活动）

活动目标

1. 愿意将自己的闲置物品拿到跳蚤市场，体验买卖物品的快乐。

2. 合理规划自己的钱，自由买卖。

3. 能主动向他人推销物品，吸引他人来购买。

活动重难点

1. 活动重点：合理规划自己的钱，自由买卖。

2. 活动难点：能主动向他人推销物品，吸引他人来购买。

活动准备

1. 经验准备：幼儿有买卖物品的经历，知道买物品时需要钱，需要看或询问物品的价格，根据价格付钱；幼儿知道卖物品时可以向顾客推销。

2. 物质准备：地垫、幼儿自己设计的宣传海报、自己带来的旧物品及价格标签等。

活动过程

（一）幼儿自主布置跳蚤市场场地

1. 幼儿自主选择场地。

2. 铺地垫，摆放物品。

3. 每个物品对应摆放一个价签。

4. 摆放宣传海报。

（二）幼儿当售货员卖物品

1. 当有顾客主动前来时：

（1）热情地招呼顾客，询问顾客的需求（图 4-32～图 4-33）；

（2）根据顾客的需求介绍、推销物品；

（3）顾客确定买物品时，告知价格，收钱、找零；

（4）顾客没有买物品时，有礼貌地说"谢谢光临"。

图 4-32

图 4-33

2. 当没有顾客前来时：

（1）主动邀请顾客；

（2）询问顾客的喜好；

（3）根据顾客的喜好推销物品。

（三）幼儿当顾客去买物品

1. 幼儿到各个摊位前自主选择喜欢的物品；

2. 选择好物品后询问价格；

3. 付钱，带着物品离开。

（四）梳理经验

1. 教师提出问题。

教师：小朋友们，今天你当售货员了吗？你是怎样招呼顾客的？卖出了哪些物品？当顾客时，你买了什么物品？花了多少钱呢？参加完今天的跳蚤市场活动，你有什么感受？

2. 幼儿结合自身经历，自主表达。

小结：小朋友们在买物品时能主动询问价格，根据价格付钱，还能使用礼貌用语。在卖物品时能主动招呼顾客，并根据顾客的需求推销自己的物品。

活动延伸

1. 跟家长说一说在今天的跳蚤市场活动中，你买了什么，花了多少钱，自己卖出了什么物品，你是怎么介绍或推销的。

2. 在活动区制作《我的感受》小书，分享给其他班的小朋友们。

七、活动反思

(一) 跳蚤市场活动提升了幼儿的环保意识，锻炼了幼儿的交往能力

跳蚤市场活动给孩子们提供了一个与同伴交流和沟通的平台，可以让幼儿了解跳蚤市场的活动形式，愿意将自己的闲置物品与同伴分享，知道爱惜物品、珍惜资源，树立变废为宝的意识。买卖物品的过程培养了幼儿的表现力，提升了语言表达能力，并在交往中练习使用礼貌用语。活动还可以增加亲子之间的交流与互动，增进亲子情感。

(二) 充分的前期准备为跳蚤市场活动的顺利开展奠定了基础

为了让跳蚤市场活动顺利开展，各班前期都进行了充分的准备，如了解跳蚤市场，准备要卖的物品，小班幼儿和家长一起设计价签，中大班幼儿在幼儿园设计价签，讨论店主和顾客在购物时的语言。孩子们还每人带来了一个玩具进行现场演练，在演练的过程中，孩子们讨论出活动规则，如买卖物品时要使用礼貌用语，卖出的物品不能反悔，很多人在一个店铺买东西时要排队，不能大声喧哗等。孩子们还一起讨论出当没有顾客时，我们可以大声邀请顾客来买东西，如"我这有好玩的玩具，快来买啊""走过路过不要错过"，用语言吸引顾客来购物。

（案例提供者：于　静，刘天琪）

第五章 生态表达活动实践案例

中班慧创意活动 变废为宝小·社团

一、活动由来

地球妈妈的资源是有限的，随着社会科技与经济水平的发展，出现了越来越多的一次性物品，这些物品使用一次后就变为废品，被人们当作垃圾丢弃，但其实这些"垃圾"具有二次使用的价值。小朋友应该节约资源，将已经失去作用的东西，通过回收、改造等方式变为有用的东西。幼儿可以通过发挥自己的想象力与动手操作能力，将废物变成很多有用之物，如工艺品、实用工具等。在变废为宝的过程中，我们既保护了环境，又维护了资源的可持续性发展。

"变废为宝"的活动可以培养幼儿的创新精神，幼儿通过想象、组合、尝试来体验创新设计的乐趣。活动内容本身来源于生活，可以激发幼儿多留意、关注并观察自己身边的事物。在活动过程中，幼儿不断创新、大胆想象，感受到废旧物品的用途。在此基础上，教师注重对幼儿观察能力、推理能力和组合创新能力的渗透和培养。孩子已经有意识地关注自己身边的事物，而且，对于身边发生的问题有一定的主见，能够善于观察、创新。

二、设计思路

"变废为宝小社团"活动是在平行班之间开展的，针对幼儿的兴趣爱好，由幼儿自主选择设计的活动。幼儿可以通过发挥自己的想象力与动手操作能力，将废物变成很多有用之物，如工艺品、实用工具等。本次活动主要分为三

211

个阶段开展。

第一阶段：我的社团我做主

教师首先让幼儿了解什么是社团活动，然后请幼儿按照自己的意愿和兴趣选择社团活动，最后现场公布社团结果。通过此阶段的活动，幼儿可以了解每个社团的活动内容，从而按照自己的意愿和兴趣选择社团。

具体环节包括：了解什么是社团活动、自主选择社团。

第二阶段：变废为宝真有趣

在这一阶段，教师根据幼儿的兴趣和幼儿的讨论制订社团活动计划，设计一系列制作活动。在活动中注重使用生活中常见的、幼儿能够搜集到的废旧材料。在制作过程中，教师充分激发幼儿的想象力和创造力，让幼儿借助废旧物品的特点、材质和用途进行大胆制作。制作后的分享展示环节可以增加幼儿的成就感和自信心。

具体环节包括：纸杯变变变、有趣的纸盒、小木偶诞生记、花瓶创意多。

第三阶段：展示形式我来选

每位幼儿按照自己的意愿和想法来确定作品展的形式，然后通过投票选择作品展的最终形式，最后讨论出作品展的具体流程。在此阶段的活动中，幼儿通过分享自己的作品提高了交往能力，同时在介绍作品时能清楚地表达自己的想法与创作特点，还能按照自己的意愿自主选择介绍作品的方式。在确定展示形式后，幼儿可以自己布置展览，并在展览中向其他小朋友讲解自己的作品。

具体环节包括：设计并确定作品展的形式、讨论作品展的具体流程。

三、活动目标

1. 有初步的环保意识，愿意参与保护环境的活动。
2. 能善于利用身边的资源，为自己的学习生活服务。
3. 通过多感官参与创新思维活动，知道废物利用所带来的社会价值，体验变废为宝的乐趣。
4. 有发明创造的欲望和探索精神，想象力和动手操作能力逐渐提高，培养初步的创新意识。
5. 能通过多种形式将废旧物品组合创新成各种物体、玩具，感受废旧物品组合创新的乐趣。

四、家园互动

1. 幼儿从家中收集各种废旧材料。
2. 亲子手工制作，变废为宝。
3. 家长参观幼儿的创意作品展。

五、活动流程图

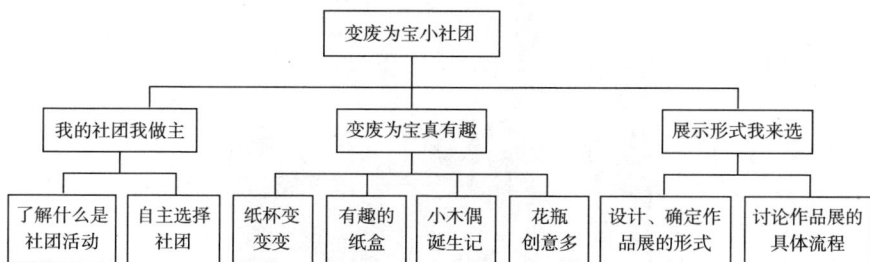

```
                        变废为宝小社团
    ┌───────────────────────┼───────────────────────┐
我的社团我做主          变废为宝真有趣            展示形式我来选
  ┌────┴────┐      ┌──────┼──────┬──────┐      ┌──────┴──────┐
了解什么是  自主选择  纸杯变  有趣的  小木偶  花瓶    设计、确定作  讨论作品展的
社团活动    社团      变变    纸盒    诞生记  创意多  品展的形式    具体流程
```

六、活动过程实录

活动一：　我的社团我做主　（社会领域）

活动目标

1. 了解每个社团的活动内容。
2. 按照自己的意愿和兴趣选择社团活动。
3. 对社团活动感兴趣，愿意参加社团活动。

活动重难点

1. 活动重点：了解各社团的活动内容。
2. 活动难点：能根据自己的兴趣选择参加适合的社团活动。

活动准备

1. 经验准备：幼儿有过选择自己喜欢的区域活动的经验。
2. 物质准备：各班教师准备的社团 PPT、海报、投票贴纸。

活动过程

（一）了解什么是社团活动

教师出示海报，介绍什么是社团活动。

教师：你们看老师手里拿的是什么？这是一张海报。你们看到海报里都有什么内容了吗？

小结：这张海报的内容是有关社团活动的，社团活动就是小朋友根据自己的兴趣选择想参加的社团。我们会在每周一的下午开展社团活动。

（二）按照自己的意愿和兴趣选择社团

1. 教师分别介绍自己的社团活动内容（图 5-1）。

教师：我们了解了什么是社团活动，下面请四位老师结合自己的 PPT，介绍一下自己的社团吧。当老师介绍完之后，小朋友如果有不理解、不明白的地方可以提问。

图 5-1

2. 幼儿选择自己想参加的社团。

教师：我们一共有四个社团，你们最想参加哪一个呢？可以跟旁边的小朋友说一说。

小结：小朋友都根据自己的喜好做好了选择。有的小朋友喜欢废旧材料制作，选择了变废为宝社团；有的小朋友喜欢古诗，选择了诗心萌芽社团。每个小朋友手中都有一张小贴片，想好加入哪个社团后，就可以将它贴在相应老师的海报上。

（三）现场公布社团选择结果

教师：现在所有的小朋友都选择了自己感兴趣的社团，可以认识一下社团的新朋友，也可以跟老师说说自己对于这个社团的想法，比如自己希望这个社团可以怎样搞活动。

活动延伸

1. 将自己选择的社团活动告诉家人，让家长了解幼儿园的社团活动。
2. 回家后设计本社团的活动内容。

活动二： 纸杯变变变 （艺术领域）

活动目标

1. 了解纸杯的特点、材质和用途。
2. 能够发挥想象力，对纸杯进行创意制作。
3. 愿意参加制作活动，按照自己的意愿进行制作。

活动重难点

1. 活动重点：了解纸杯的材质，进行创意制作。
2. 活动难点：粘贴、固定的工具要考虑纸杯的材质。

活动准备

1. 经验准备：幼儿有过用废旧材料进行制作的经验。

2. 物质准备：纸杯、各种胶、纸和其他废旧材料。

活动过程

（一）出示纸杯，激发幼儿的制作兴趣

教师：小朋友们，你们看老师手里拿的是什么呀？你们知道纸杯有哪些用途吗？

小结：纸杯是用来喝水的，我们还可以利用废旧的纸杯做一些好看的作品。

（二）讨论纸杯都可以做成什么

1. 教师：你们见过用纸杯制作的作品吗？都有哪些呢？那你们想一想，纸杯还可以变成什么呢？

小结：纸杯可以做成纸杯电话、纸杯小企鹅、小花盆、花朵，等等。

2. 教师：纸杯可以做成这么多的作品，那现在请你想一想，你想用纸杯做成什么作品？

3. 教师：制作你想做的纸杯玩具，你需要什么工具和材料呢？选择什么样的粘贴工具才能将纸杯牢牢地粘住呢？

小结：我们可能会用到剪刀、画笔、装饰物、胶棒以及其他废旧材料。如果我们需要粘到纸杯上的物品很光滑，接触面也很大，就可以用胶棒；如果粘到纸杯上的物品表面不光滑，是毛球、毛根这类物品，就可以选择胶棒或者白乳胶；如果需要粘贴的物品接触面很小，可以请老师用胶枪帮你粘住。

（三）发挥想象，自主创作

教师：小朋友可以根据自己的想法选择所需的材料了。可以小组合作，也可以自己完成。在制作的过程中遇到问题可以尝试自己解决（图5-2～图5-3）。

图 5-2

图 5-3

（四）分享展示环节

教师：纸杯作品完成了，你可以向旁边的小朋友介绍一下你的纸杯创意作品，也可以讲一讲你在制作过程中遇到的问题以及你是如何解决的。

活动三： 有趣的纸盒 （艺术领域）

活动目标

1. 了解纸盒的形状、大小、材质和用途。

2. 大胆想象，参加自主动手制作活动。

3. 喜欢参与制作活动，通过制作增加自信心。

活动重难点

1. 活动重点：了解的纸盒用途和材质，能按自己的想法进行创作。

2. 活动难点：能用多种纸盒组合制作。

活动准备

1. 经验准备：幼儿有过组合制作的经验。

2. 物质准备：各种大小、形状的纸盒，各种胶，其他废旧材料。

活动过程

（一）出示哥哥姐姐制作的纸盒作品，激发幼儿的兴趣

1. 出示哥哥姐姐的作品，请幼儿欣赏。

教师：我们看到了哥哥姐姐做的一些纸盒作品，你们有什么感想？你们觉得纸盒还能做成什么？你想将纸盒做成什么呢？

小结：纸盒可以做成坦克、汽车、机器人、轮船、笔记本电脑等。

2. 请幼儿观察纸盒作品，发现纸盒可以组合制作。

教师：请你看一看，这些作品用了几个纸盒？除了纸盒，还用了什么材料？

小结：纸盒作品可以是单个纸盒创意制作，可以是多个纸盒组合制作，也可以借助辅助材料制作。通过观察别人的作品，帮助幼儿开拓思路。

（二）大胆想象并讨论自己想制作的作品

教师：你想用几个纸盒制作作品，制作什么？

小结：帮助幼儿梳理要制作的作品具体是什么，可以用几个纸盒和材料创意制作，具体要怎么做。

（三）结合自己的创意与想象开始制作

1. 自主选择材料与工具。

教师：你想做什么？需要什么材料？

小结：制作前可以先请幼儿进行一下简单的构思，找到相关的材料与工具，也可以先绘画下来，再进行制作。

2. 幼儿按照自己的想法开始制作（图 5-4～图 5-5）。

图 5-4

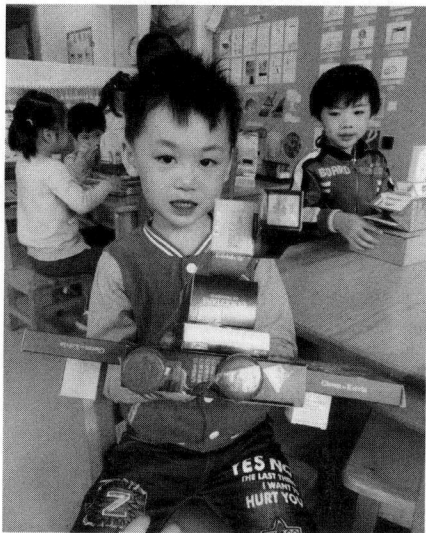

图 5-5

（四）展示分享环节

1. 幼儿之间分享、交流自己的作品。

教师：做完的小朋友可以把你的创意讲给旁边的小朋友听。

2. 幼儿讲述、展示作品组合的创意。

活动延伸

1. 幼儿将作品投放到图书区，进行创编讲述活动。

2. 幼儿将作品投放到美工区的展示台上，等其他社团活动的小朋友回来后分享给他们。

3. 幼儿可以将作品带回家，分享给家人。

活动四：　小木偶诞生记　（艺术领域）

活动目标

1. 喜欢参加废旧材料制作活动，有丰富的想象力。

2. 能按照自己的想法进行创意制作活动。

3. 知道废旧物通过制作美化，也能变成有用的物品。

活动重难点

1. 活动重点：喜欢制作，能按照自己的想法进行制作。

2. 活动难点：能按照自己的想法独立制作创意作品。

活动准备

1. 经验准备：幼儿见过木偶，会自主选择材料。

2. 物质准备：小木棒、塑料刀叉、纸条、棉线、羽毛、扣子、瓶盖等废旧材料。

活动过程

（一）播放木偶剧，激发幼儿的兴趣

教师播放《木偶奇遇记》的一个片段，激发幼儿参与制作的兴趣。

教师：你们看到的木偶是什么样子的？有什么特点吗？跟人有哪些不同的地方？

小结：我们可以按照自己喜欢的卡通造型或者人物、动物来制作木偶形象。木偶是有人操控的，不是真实的，所以需要人来配音。

（二）出示废旧材料，讨论可以用什么材料做木偶

1. 请幼儿说一说哪些废旧材料可以用来制作木偶。

教师：今天我们来做自己的创意小木偶。除了视频中木质的木偶，还可以用什么材料制作木偶呢？

小结：可以用到一些废旧材料，如冰棍棍、纸片、毛根、各种胶、扣子、瓶子、颜料、彩笔等。

2. 出示废旧材料，说一说这些材料可以做成木偶的哪些部位。

教师：你想选择什么材料和工具制作木偶？这些材料分别制作成木偶的哪些部位？

小结：长的材料可以作为小木偶的身体，圆形的材料可以作为小木偶的眼睛，细细的、软软的材料可以作为小木偶的头发。比如冰棍棍作为身体，扣子当眼睛，毛根当头发，纸片当四肢等。教师要肯定幼儿的想法和创意，提示幼儿制作木偶的材料要适宜。

（三）开始制作活动

教师：现在小朋友们可以自己选择材料进行木偶制作活动了。小朋友们将木偶拼摆好后，可以想一想用什么方法固定自己选择的材料。

（四）展示木偶作品并交流自己的固定方法

教师：制作完之后，可以相互分享、交流自己制作的木偶都用到了哪些材料，是用什么方法固定的（图 5-6～图 5-7）。

小结：幼儿互相分享用到的材料以及固定的方法，可以提升幼儿的操作经验，也可以总结出哪些材料适宜用胶棒固定，哪些材料适宜用乳胶固定，哪些材料适宜用胶枪固定，哪些材料适宜用胶带固定，丰富幼儿的粘贴经验。

图 5-6

图 5-7

活动延伸

在表演区开展木偶剧表演活动。

活动五：　花瓶创意多　（艺术领域）

活动目标

1. 发现生活中美的作品，愿意用废旧材料制作作品。
2. 能按照自己的意愿完成制作活动。
3. 通过制作活动增加自信心。

活动重难点

1. 活动重点：愿意用废旧材料制作作品。
2. 活动难点：能按照自己的意愿独立完成作品。

活动准备

1. 经验准备：幼儿有过装饰、操作废旧材料的经验。
2. 物质准备：各种瓶子、胶以及其他废旧材料。

活动过程

（一）出示花瓶，激发幼儿的兴趣

教师出示不同材质、造型的花瓶，请幼儿观察花瓶，发现花瓶的特点。

教师：小朋友们，你们最喜欢哪一个花瓶？为什么？

小结：每个小朋友都有自己独特的想法与审美，教师要注意让幼儿表达自己的想法，鼓励幼儿有不同角度的审美。

（二）讨论制作花瓶的材料，发挥幼儿的想象力

1. 集体讨论想用什么材料制作花瓶。

教师：花瓶可以用什么材料制作呢？说一说你想用什么废旧材料制作花瓶，准备做个什么样的花瓶。

小结：花瓶可以用饮料瓶子制作，在瓶子的身体上装饰自己喜欢的图案和造型，花瓶的大小与花的大小成正比。教师要鼓励幼儿大胆表达自己的想法，可以说出制作的具体过程。

2. 小组讨论，一起思考用什么材料制作才最像花瓶，会做成什么样的花瓶。

教师：刚才小朋友们说了很多材料，其中哪些废旧材料最像花瓶？为什么？你想将这些废旧材料制作成什么造型的花瓶？为什么？

小结：花瓶有直直的，有弯曲的，有像葫芦一样的，也有圆圆的，等等。用瓶子、纸筒等都可以制作，也可以用其他废旧材料装饰瓶子。

（三）创意制作

1. 交流自己的制作计划。

教师：你想设计什么样的花瓶，一起来说一说吧。

小结：制作花瓶前要先思考，再设计花瓶的装饰。做事情前都要先有计划。

2. 幼儿自主进行创意制作。

小结：小朋友们的设计多种多样，如选择扣子、毛球、冰棍棍、橡皮泥、小亮片、吸管等制作花朵，再装饰花瓶，漂亮又有创意。

（四）展示分享

1. 孩子们可以向同伴或者教师分享自己的作品，介绍一下都用了哪些废旧材料，装饰时用了什么方法（图5-8）。

图 5-8

2. 幼儿可以分组展示，介绍自己的创意。

小结：介绍装饰时用到的方法，可以丰富幼儿的装饰经验，也可以让幼儿学习到自己从未尝试过的装饰方法。

活动延伸

将自制的花瓶投放到班级植物角、老师的办公室和楼道里，美化环境。

活动六：　展示形式我来选　（社会领域）

活动目标

1. 通过分享自己的作品，提高表达能力。
2. 介绍作品时能清楚地表达自己的想法与创作特点。
3. 能按自己的意愿自主选择介绍作品的方式。

活动重难点

1. 活动重点：能按自己的方式展示作品。
2. 活动难点：介绍作品时能清楚地表达自己的设计想法与创意。

活动准备

1. 经验准备：每次活动后，幼儿都会分享自己的作品。
2. 物质准备：场地、展示板、桌子、耳麦。

活动过程

（一）讨论作品展示形式

教师：一个学期的社团活动即将结束，怎样才可以让更多的老师和小朋友看到我们的作品呢？我们以什么样的形式开展作品展？

小结：可以用表达、绘画等多种形式记录自己的展示形式。教师要尊重幼儿的意愿，让幼儿自主选择展示形式，鼓励幼儿大胆想象。

（二）投票选择作品展的形式

1. 教师与幼儿一起归纳、总结出几种作品展示的方式，然后张贴在白板上，请幼儿投票选择最终的方案。

教师：现在有很多种形式可以开展我们的作品展，那我们到底选择哪一种呢？

小结：幼儿有投票的经验，通过投票活动可以确定展示的形式，也可以让幼儿学会尊重大多数人的想法和意愿，还可以帮助幼儿提升统计的能力。

2. 幼儿选出票数最多的一种作品展示方式，从而确定作品展的形式。

小结：票数最多的展示形式就是最终的展示形式。

（三）讨论作品展的具体流程

1. 幼儿自主确定作品展的时间、地点、参观的人员以及宣传海报。

教师：我们怎样举办作品展？什么时间举办？在哪里举办？邀请谁？怎么宣传？

小结：帮助幼儿总结作品展示的具体流程。

2. 分组讨论介绍作品时的注意事项。

教师：我们怎样向别的老师和小朋友介绍自己的作品？需要注意什么？需

要准备什么？

小结：美术作品展需要有讲解员，每个小朋友要把自己的作品是什么，用了什么材料等内容用完整的话讲出来，让参观的人能够听明白。

3. 幼儿通过集体讨论和分组讨论，完成举办作品展的计划。

活动延伸

1. 幼儿参与作品展示的会场布置。

2. 幼儿分工合作完成作品展示（图5-9～图5-10）。

图 5-9

图 5-10

七、活动反思

通过"变废为宝"的社团活动，孩子们有了初步的环保意识，知道很多废旧材料可以再利用，并且通过我们的双手和想象力能将这些废旧物品变成美丽的作品，从而来美化我们身边的生活环境。

通过本次活动，幼儿的想象力、创造力、动手操作能力、同伴交往能力、分工合作能力等都有所提高，具体表现为：使用废旧材料进行制作时，幼儿的作品各不相同，都有自己的想法，每一幅作品都是独一无二的；幼儿在使用工具方面也更加娴熟，能根据废旧物的材质选择适宜的固定工具；幼儿的审美能力也有一定的提升，每一幅作品都追求美感，要有装饰，注重细节。与此同时，孩子们有了初步的合作意识，遇到困难时也有了一些简单可行的解决办法。

通过本次活动，教师发现孩子们都很有想法，只要教师学会放手，等待孩子们的作品新鲜出炉，会发现世间有一种美叫作创造性的美。我们要学会以儿童的角度欣赏孩子们的每一幅作品。听孩子们介绍作品时，教师会发现孩子们的想象力、创造力是无限的，很多创意是我们成人从未想过的。

孩子们很喜欢变废为宝的社团活动，因为可以实现自己的想法和愿望。也许孩子们的作品并没有多完美，但他们的创意和想法是千姿百态的。尊重孩子的想法和意愿，随着幼儿的兴趣开展活动，我想这才是幼儿教师最应该遵循的理念。

（案例提供者：丁元婧，马利君）

中班慧剧场活动　生态·小·剧场

一、活动由来

环保要从小事做起，要从孩子学起。幼儿园开展生态小剧场活动，可以通过艺术表现形式更加直观、生动地提高幼儿的生态环保意识，同时尽可能地调动幼儿的参与度，使其亲身体验、亲自感知，养成良好的行为习惯。

通过将近一年的生态小剧场活动的实施，从不浪费每一滴水到生活中水的循环利用，从不乱丢垃圾到了解垃圾如何分类处理，从爱护小动物到不吃野生动物，从爱护植物到了解水土流失给人类带来的危害……这些活动都有助于培养幼儿的忧患意识和可持续发展的理念，树立正确的人生观、环境观和发展观，促使他们从关心身边的环境问题入手，积极采取行动，共同创造可持续发展的未来。

二、设计思路

生态小剧场是幼儿大胆想象、设计、实践的结果。在这里，从活动的演出形式、演出内容、节目的设计以及宣传海报的制作，都是幼儿与教师一起设计并实践的。在整个活动中，幼儿积极参与，提升了自主性和自信心。

第一阶段：设计演出形式

保护环境始终是一个全民话题，幼儿也有意识地参与到保护环境的行动中。当幼儿看到破坏环境的行为时，非常生气与难过，进而萌发了保护环境的愿望，希望通过生态小剧场的平台向大家展现如何保护环境。在这一阶段，教师与幼儿共同设计演出的形式。

具体环节包括：讨论并设计生态小剧场的演出形式、发动幼儿参与小剧场表演。

第二阶段：设计演出内容

在上一阶段中，幼儿与教师一起商讨了演出形式，这次要根据演出形式确定演出内容，即可以通过什么节目表现生态的主题。幼儿调动前期经验，与同伴进行协商，在这个过程中，幼儿不仅表达了自己的想法，而且进行了同伴间的学习。

具体环节包括：讨论并设计演出节目内容、梳理总结幼儿园小剧场演出的形式与内容。

第三阶段：宣传生态小剧场

生态小剧场的演出时间、地点已经确定了，接下来就是让更多的人知道生态小剧场的演出，幼儿想到通过制作海报以及宣传单的方式宣传小剧场。大家一起讨论了海报的张贴位置，并在后续的宣传中，表现出大胆、自信与热情的品质。

具体环节包括：讨论制作宣传海报及宣传单、讨论宣传海报的张贴位置。

第四阶段：争做文明小观众

生态小剧场的演出即将开始，为了让幼儿了解更多的文明观看的礼仪，教师通过视频的方式让幼儿发现不文明观看行为带来的影响，从而树立文明观看的理念。在延伸活动中，幼儿将自己想到的文明观看行为画了下来并且在全园进行宣传，也实现了本次活动的目标。

具体环节包括：了解观看演出的礼仪规范、学说《观看节目小儿歌》。

三、活动目标

1. 对集体活动感兴趣，愿意参与到生态小剧场的活动中。
2. 利用多种感官接触大自然，养成爱护环境的好习惯。
3. 积极参加艺术活动，具有初步的艺术表现能力与创造能力。

四、家园互动

1. 家长与幼儿在家中录制环保小视频，在生态小剧场中播放。
2. 邀请家长观看生态小剧场的演出。

五、活动流程图

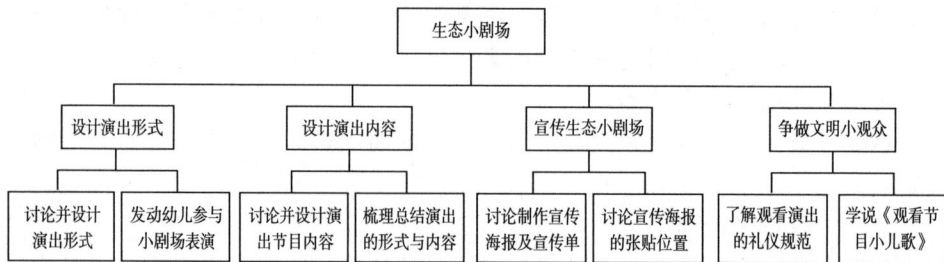

```
                          生态小剧场
       ┌──────────┬──────────────┬──────────────┐
   设计演出形式      设计演出内容      宣传生态小剧场     争做文明小观众
   ┌────┴────┐   ┌────┴────┐   ┌────┴────┐   ┌────┴────┐
 讨论并设计  发动幼儿参与  讨论并设计演  梳理总结演出  讨论制作宣传  讨论宣传海报  了解观看演出  学说《观看节
 演出形式    小剧场表演   出节目内容   的形式与内容  海报及宣传单  的张贴位置   的礼仪规范   目小儿歌》
```

六、活动过程实录

活动一: 设计演出形式 (社会领域)

活动目标

1. 了解身边的环境，萌发热爱环境的意识。

2. 愿意参与到讨论小剧场演出形式的活动中。

3. 能够在集体面前表达自己设计小剧场节目形式的想法。

活动重难点

1. 活动重点：愿意参与讨论小剧场的活动。

2. 活动难点：能够根据自己观看演出的经历，讨论小剧场演出的节目形式。

活动准备

1. 经验准备：幼儿看过演出或表演，参加过一些舞台演出。

2. 物质准备：人们破坏环境（乱扔垃圾、污染河水、砍伐树木等）的图片、记录单、笔。

活动过程

（一）出示人们破坏环境的图片，引出热爱环境的主题

教师：老师给小朋友带来了一些图片，我们一起看一看这些图片。在图片中你看到了什么现象？如果所有人都有这样不文明的行为，那我们生活的环境会变成什么样子？

小结：如果人们都不爱护环境，那我们生活的环境会越来越差，垃圾到处都有，空气也会影响人们的健康。

（二）讨论并设计生态小剧场的演出形式

教师：生态小剧场马上就要开始了，不管是小朋友、老师还是家长，都可以参与到我们的小剧场活动中，我们可以在小剧场表演保护环境的节目，让更多的人参与到保护环境的行动中，让大家都有保护环境的意识。现在需要小朋友们一起开动脑筋想一想，你们觉得可以表演哪些节目。老师给小朋友们准备了记录单和笔，可以将你们讨论的结果记录在单子上。

1. 小组讨论演出的形式，并记录下来。

2. 小组选出代表分享本组的想法。

小结：小朋友说了很多的演出形式，有舞台剧、服装秀、情景剧、歌舞类、家庭剧等。

（三）发动幼儿参与到小剧场的表演活动中

教师：今天我们一起讨论了可以在生态小剧场表演的节目形式，小朋友能够将自己的想法在所有小朋友面前表达出来，非常棒。希望小朋友们与家长一起参与到活动中，让热爱环境的行为从我们每个人做起。

活动延伸

1. 回家后跟家长说一说给生态小剧场设计的演出形式。

2. 将自己今天了解到的破坏环境的行为对我们生活造成的危害讲给爸爸妈妈听。

3. 在日常生活中养成爱护环境的习惯，如不乱扔垃圾、爱护植物等。

活动二： 设计演出内容 （社会领域）

活动目标

1. 愿意参与讨论小剧场演出节目内容的活动。

2. 能够在集体面前表达自己了解的小剧场节目内容。

3. 能够与同伴协商确定节目内容。

活动重难点

1. 活动重点：能够在集体面前表达自己设计的小剧场节目内容。

2. 活动难点：能够结合自己的生活经验设计节目内容。

活动准备

1. 经验准备：幼儿参与过或看过演出，了解演出的种类。

2. 物质准备：画笔、画纸等。

活动过程

（一）回顾上次讨论的演出形式，引出设计演出节目内容的主题

教师：上次我们一起讨论了生态小剧场的演出形式，你们还记得吗？

小结：上次我们总结的演出形式有舞台剧、服装秀、情景剧、歌舞类、家庭剧等。

（二）讨论并设计演出节目内容

1. 教师：那我们想一想，根据演出形式，都可以表演哪些节目呢？老师为你们提供了纸、笔，可以把你想到的节目用符号的方式记录下来，然后在小组间讨论。

2. 教师：记录好的小组可以拿着你们的记录单跟大家分享一下。

（三）梳理总结幼儿园小剧场演出的形式与内容

教师：老师将小朋友们讨论的内容总结了一下，让我们一起来看看我们集体的智慧吧。

演出形式	演出节目
语言类	儿歌《颐慧佳园文明公约》（图5-11）《环保小儿歌》，诗歌《只有一个地球》
戏剧类	情景剧《节约用水从我做起》，童话剧《森林爷爷》
创意制作类	服装秀《我的服装秀》（图5-12），废旧物制作《废旧物品大变身》
歌舞类	歌曲《低碳贝贝》，舞蹈《山楂果》
家园共育类	视频短片《低碳环保，绿色出行》

图 5-11

图 5-12

活动延伸

1. 面向全园老师、小朋友和家长征集生态小剧场的节目。

2. 向幼儿园、家长征集演出的演员。

3. 在过渡环节或者教育活动中参报自己想参演的节目。

4. 在区域活动时间练习自己参演的节目（图5-13）。

5. 在社团活动、区域活动时制作演出需要的道具。

图 5-13

活动三： 宣传生态小剧场 （社会领域）

活动目标

1. 愿意参与到生态小剧场的宣传活动中。
2. 了解宣传海报的内容。
3. 能够与同伴一起协商制作宣传海报和宣传单。

活动重难点

1. 活动重点：能够与同伴一起协商制作宣传海报和宣传单。
2. 活动难点：能够选取合适的内容呈现在海报和宣传单上。

活动准备

1. 经验准备：见过宣传海报。
2. 物质准备：纸、笔、装饰物、宣传单或者宣传海报的图片等。

活动过程

（一）谈话导入，引出宣传小剧场的主题

教师：小朋友们，我们小剧场的节目已经准备好了，演出时间和地点也已经定好了，你们期待吗？可是现在只有我们知道演出的时间、场地等，其他人不知道怎么办？我们应该怎样让大家知道呢？

小结：小朋友们说了很多好的方法，如可以打电话通知各个班级，自己回到家后告诉家长时间，可以制作宣传单邀请幼儿园的老师，如果小朋友们忘记跟家长说，我们也可以制作一个宣传海报，这样所有的人都可以知道我们的活动了。

（二）讨论并制作宣传海报、宣传单

1. 出示宣传单或者宣传海报的图片，讨论宣传海报、宣传单中的内容。

教师：既然我们要做宣传海报和宣传单，那在宣传海报、宣传单中应该都有什么内容呢？我们一起看一看别人是怎么设计的，里面都有什么内容吧。

小结：不管是宣传单还是宣传海报，里面都要有演出的主题，通过演出的主题就能知道演出的内容，还要有演出的时间、地点等。

2. 分组制作宣传海报、宣传单。

教师：我们知道了宣传单、宣传海报里面要呈现的内容。那如何让宣传单、宣传海报吸引别人的注意呢？

小结：我们可以用好看的花纹、图案装饰宣传单、宣传海报，也可以手工制作一些小作品进行装饰。好了，下面就让我们分组制作海报和宣传单吧（图 5-14）。

图 5-14

(三) 讨论宣传海报的张贴位置

教师：我们可以在活动后将制作好的宣传单发给老师，那宣传海报贴在什么地方，可以让小朋友、老师和家长都看见呢？

小结：海报可以贴在每个人都经过的地方，比如幼儿园门口、幼儿园多功能厅等，这里是小朋友、老师和家长经常活动且非常醒目的地方。

活动延伸

1. 教师带领幼儿粘贴宣传海报。
2. 教师带领幼儿向各班老师发放宣传单。

活动四： 争做文明小观众 （社会领域）

活动目标

1. 愿意参与生态小剧场的活动。
2. 知道观看演出的文明行为，有良好的公共场合礼仪。
3. 在观看演出的过程中，能够做到文明观看演出。

活动重难点

1. 活动重点：知道观看演出的文明行为，有良好的公共场合礼仪。
2. 活动难点：在观看演出的过程中，能做到文明观看。

活动准备

1. 经验准备：观看过电影、童话剧等演出，知道在公共场合要遵守文明礼仪。
2. 物质准备：幼儿园小朋友看演出时存在的不文明行为的视频。

活动过程

(一) 视频导入，引出文明观看演出的主题

教师：生态小剧场的节目马上就要演出了，我们不仅是小演员，而且是一

名小观众。老师给小朋友带来了一段小视频，请你看一看我们的小朋友在观看节目的时候是什么样子的。

小结：视频中的小朋友在观看演出的时候与旁边的小朋友大声说话，前排的小朋友总是站立起来，影响后排的小朋友正常观看节目。

（二）知道观看演出的文明行为，有良好的公共场合礼仪

教师：刚刚看了观看演出中不文明的行为。小朋友们一定都去过电影院，看过话剧，听过音乐会等，你们观看演出的时候是怎么做的？我们怎样做才是文明的小观众呢？

小结：小朋友说了很多观看节目时的文明行为，比如观看演出前需要提前入场，不要等节目开始了再进场；在观看演出的时候不要离开座位，如果必须离开，要弯腰低头或者从座位后面快速并且悄悄地离开；在观看演出的时候不要大声说话；可以提醒家长或者陪同一起看演出的人将手机调成静音状态；演出结束后，可以送上热烈的掌声。我们马上就要去生态小剧场看演出了，希望小朋友们可以争做文明的小观众。

（三）巩固经验，学说儿歌《观看节目小儿歌》

观看演出提前到，
手机静音快坐好。
中途离场静悄悄，
节目演完要鼓掌。

活动延伸

1. 将讨论出来的观看演出的文明行为用绘画或者符号的形式记录下来，向幼儿园的其他班级进行宣传。

2. 演出前可以请幼儿再次提醒小观众们观看演出时的文明行为。

七、活动反思

生态小剧场是依托在保护生态环境的基础上开展的活动，在整个活动的设计中，孩子们可以选择在生态小剧场表演，也可以在班级中继续开展相关的活动。通过几次活动的开展，孩子们展现的机会越来越多，在表现力、自信心、创意想法等方面都有了很大的提升，也树立了保护环境的意识。也可以邀请家长来观看演出或者当志愿者，家长利用这个平台可以看到孩子们的进步。

（一）实地参观，加深幼儿对环境污染危害性的认识

直接经验可以加深幼儿对事物的理解和记忆。根据幼儿的特点，教师可以在家长的配合下，带领孩子到附近的工厂、工地、马路走走，听听喧闹的汽车喇叭声、机器的隆隆声，感受噪音对我们生活的影响。还可以带幼儿看看工厂烟囱里冒出来的滚滚浓烟，了解空气污染的严重性；看看工业污水如何污染了城乡的水源；大量的森林砍伐造成的水土流失怎样导致河水日渐污浊；还有漫山遍野的"白色垃圾"如何剥夺我们不多的青山绿水。让幼儿强烈感受到环境污染的严重性和危害性，逐步树立保护环境的意识。

（二）在活动中带领幼儿观看视频、图片等

我们可以借助视频和幼儿喜爱的文学作品对其进行环保教育。例如绘本《一片美丽的森林》《有用的垃圾》等都是对孩子进行环保教育的好教材。另外，我们可以让孩子了解宣传环境保护的画报、图片，以及一些环保的基本知识。

（三）加强与家长的交流，实现家园合作

家庭教育在幼儿的成长中起着至关重要的作用，因此教师应努力加强与家长的配合。家长要加强自身的环境教育素质，处处为孩子做榜样，在家中要鼓励孩子养成良好的习惯，如在进餐时不挑食、不浪费粮食；学会对垃圾进行分类，不随地乱扔垃圾；节约用水，随手关水龙头等。

（四）开展相关的延伸活动

生态小剧场的活动也可以根据各幼儿园的课程设置等延伸到其他主题的剧场活动，比如可以根据一些节日开展相关的庆祝活动，也可以开展一些特色活动，如社团展示、幼儿本领大展示等。

（案例提供者：刘天琪）

中班慧讲述活动　我和图书做朋友

一、活动由来

李克强总理在国务院常务会议上说，一个国家养成全民阅读的习惯非常重要。《指南》中提出：幼儿期是语言发展的重要时期，幼儿的语言能力是在交流和运用中发展起来的，是实现其智能和各领域良好发展的重要基础和必要条件。

为了唤起孩子们对图书的兴趣，使孩子们爱上阅读，"我和图书做朋友"这一主题应运而生。孩子们最期待的是"图书漂流"时光，大家大胆、自信地站在全体小朋友面前，给同伴讲述自己喜爱的故事。孩子们还把自己喜欢的图书借阅到家中，和爸爸妈妈进行亲子阅读。希望孩子们通过"我和图书做朋友"的活动，增加对阅读的兴趣，提高语言表达能力。

二、设计思路

"我和图书做朋友"是幼儿园创设绿色书吧，支持幼儿自主阅读、大胆讲述的系列体验活动。为了培养幼儿对阅读的兴趣，让幼儿把听过的故事或看过的图书讲给别人听，教师通过头脑风暴、动手制作、家园互动等多种形式，鼓励幼儿搜集图书、阅读图书、讲述图书、制作图书，不断丰富幼儿对阅读和表达的兴趣。本次主题活动主要分为五个阶段。

第一阶段：闲置图书怎么办

在本阶段，教师通过讨论引导孩子们把家中闲置的书籍带到幼儿园共享，让书籍在孩子们的手中传递，既实现了书籍的循环、有效利用，又培养了孩子们资源共享的理念，践行我园绿色生态环保的生活方式。

具体环节包括：了解什么是闲置图书、讨论如何收集闲置图书。

第二阶段：我带来的图书

教师引导孩子们互相讲述自己带来的图书中的故事，互相交换图书。孩子们在这个阶段与同伴之间的交往增多了，感受分享带来的快乐。

具体环节包括：分类整理图书、按类给图书粘贴标记。

第三阶段：图书漂流中的小问题

为了培养孩子们解决问题的能力，当孩子发现一些问题时，如图书不够、没有标记、没有记录单等，老师并没有直接给出答案，而是为孩子们提供持续的支持，引导孩子们展开讨论，共同制定规则。大家开展倡议活动，提议老师或小朋友们将家中闲置的图书带到中一班，共同创建图书屋。通过这一阶段的活动，孩子们转变了观念，锻炼了自己想办法解决问题的能力。

具体环节包括：讨论图书漂流中的问题、调整图书漂流活动。

第四阶段：制作图书

孩子们决定自己动手制作图书。大家总是将喜欢的事情或在图书中的发现用图画的形式表现出来，制作成《我的故事小书》并讲给大家听。通过这一活动，孩子们体验到自己动手制作图书的快乐，对自己制作的图书爱不释手。

具体环节包括：自选材料自制图书、交流分享自制图书。

第五阶段：图书漂流会

利用周末时间开展"我和图书做朋友——绿荫下的亲子阅读"活动。引导家长参与到阅读图书的活动中，家园共育，激发孩子们对阅读的兴趣。在活动中，教师还为孩子们提供交换图书的机会，让孩子们通过亲身实践体验图书漂流的快乐。

具体环节包括：亲子阅读时光、幼儿自主交换图书。

三、活动目标

1. 对阅读活动感兴趣，积极参加阅读活动。
2. 在阅读中提升语言表达能力和自信心。
3. 在图书共享活动中，实现家庭图书的资源共享。
4. 在主题活动中，能随时发现问题并积极解决问题。

四、家园互动

1. 开展亲子阅读。
2. 家长走进课堂，与孩子们共同制作图书。
3. 家长和幼儿参加秋游活动，进行户外亲子阅读活动。
4. 家长带领孩子们走进图书馆，向孩子介绍与图书有关的知识，比如图书的发展史、图书的种类，引导幼儿感受图书馆中安静的环境，培养孩子对图书的兴趣。

五、活动流程图

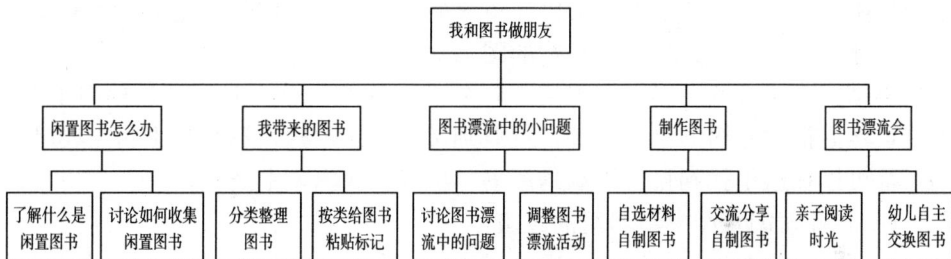

```
                            我和图书做朋友
     ┌──────────┬──────────┬──────────────┬──────────┬──────────┐
  闲置图书怎么办   我带来的图书   图书漂流中的小问题    制作图书      图书漂流会
   ┌────┴────┐  ┌───┴───┐   ┌────┴────┐   ┌───┴───┐   ┌───┴───┐
 了解什么是 讨论如何收集 分类整理 按类给图书 讨论图书漂 调整图书 自选材料 交流分享 亲子阅读 幼儿自主
 闲置图书   闲置图书   图书   粘贴标记  流中的问题 漂流活动 自制图书 自制图书  时光   交换图书
```

六、活动过程实录

活动一：　闲置图书怎么办（语言领域）

活动目标

1. 能够大胆表达自己的想法。
2. 愿意参与到闲置图书再利用的讨论活动中。
3. 知道闲置图书可以循环利用，提升变废为宝的意识。

活动重难点

1. 活动重点：讨论闲置图书的再利用。
2. 活动难点：知道闲置图书可以循环利用，提高变废为宝的意识。

活动准备

1. 经验准备：幼儿提前了解、收集各种闲置图书。

2. 物质准备：照相机、闲置图书、笔、纸。

活动过程

（一）了解什么是闲置图书

教师：小朋友们，你们家有图书吗？都有哪些种类的图书？你喜欢看哪些图书？有哪些图书是你不想再看的？

小结：我们不经常看或者不再看的图书就是闲置图书。

（二）讨论闲置图书的再利用

讨论如何让闲置图书循环利用起来。

教师：小朋友们的家中闲置了这么多图书，你们有什么办法可以让这些图书再利用起来呢？

小结：我们可以把闲置的图书捐给山区需要的小朋友，也可以送到早教社区，还可以把这些图书带到幼儿园与大家一起分享。

（三）讨论如何收集到更多的闲置图书

教师：就像小朋友们说的，我们可以把家中闲置的图书带到班级里来。老师了解到，不仅我们有闲置的图书，而且哥哥姐姐、弟弟妹妹和其他老师也有闲置的图书，你们有什么办法可以让更多的人参与到我们闲置图书的再利用活动中，让更多的人阅读到自己喜欢的图书呢？

小结：我们可以发起一个倡议，向全园的小朋友、老师、家长征集闲置的图书，然后把这些图书整理起来，投放到阅读室。这样，不管是小朋友还是老师，都可以在这里找到自己喜欢的图书，也能让大家爱上阅读。

（四）梳理闲置图书再利用的经验

教师：小朋友们，今天我们通过讨论知道了什么是闲置图书，还一起讨论了闲置图书再利用的方法。小朋友们想号召全园的小朋友将家中闲置的图书收集过来，那我们在活动区活动的时候一起制作宣传倡议书吧。

活动延伸

1. 回家后，挑选出自己闲置的图书带到幼儿园。

2. 在过渡环节或者活动区时间一起制作倡议书。

3. 利用过渡环节或者其他环节宣传本次活动，邀请更多的人参与到活动中（图5-15）。

图 5-15

活动二： 我带来的图书 （社会领域）

活动目标

1. 愿意将家中闲置的图书带到幼儿园，感受分享带来的快乐。
2. 在图书分享活动中，遇到问题能够积极想办法解决。
3. 愿意参与讨论活动，能大胆表达自己的想法。

活动重难点

1. 活动重点：指导幼儿在图书分享活动中，遇到问题能够积极想办法解决。
2. 活动难点：尝试对图书进行分类。

活动准备

1. 经验准备：幼儿知道什么是闲置图书，知道闲置图书可以再利用。
2. 物质准备：幼儿从家里带来的闲置图书、照相机、图书编号表、记录单。

活动过程

（一）出示小朋友们带来的闲置图书，引出主题

教师：小朋友们带来了很多图书，已经放到了书架上。因为书很多，如果想快速地找到我想看的书会很麻烦，你们有什么办法能够在这么多的图书中找到自己想看的那一本呢？怎么能方便大家的阅读呢？

小结：小朋友们想到了很多办法，都提到了我们可以对这些图书进行分类，把同类图书放到一起，这样找起来就很方便。

（二）讨论并尝试对图书进行分类整理

1. 讨论如何对图书进行分类整理。

教师：我们一起看一看小朋友们带来的图书，你们觉得这些书可以怎样分类？按照什么方法分类？

小结：小朋友们说得特别好，每个人都在积极思考。我们可以按照种类对图书进行分类，如分为绘本类、科普类、健康类，等等。

2. 制作图书分类标记卡。

教师：我们把同类的书放到一起，小朋友们就能根据分类找到自己想看的书了。可是如果有一些小朋友忘记这本书属于哪一类了，怎么办呢？

小结：我们给每类图书做上不同颜色的标志，比如绘本类的图书，我们可以将绿色的圆圈贴在书的封面比较明显的位置，科普类的图书可以贴上黄色的圆圈，健康类的图书可以贴上红色的圆圈，等等。这样，就算小朋友把书放回去，也能很快地根据圆圈的颜色区分整理好了。

（三）按类给图书粘贴标记

教师带领幼儿把自己带来的图书分类整理好，并粘贴上相应颜色的标志。

活动延伸

1. 教师为每本图书做登记，幼儿将分类标记好的图书放在班级中的绿色书吧中。

2. 回家后，和家长说一说给图书分类的好方法。

活动三： 图书漂流中的小问题 （社会领域）

活动目标

1. 愿意参与到图书漂流活动中，体验图书漂流带来的喜悦。

2. 能够在集体面前大胆表达自己的想法。

3. 遇到困难能够自己想办法解决问题。

活动重难点

1. 活动重点：参与图书漂流活动，体验图书漂流带来的喜悦。

2. 活动难点：在集体面前大胆表达自己的想法。

活动准备

1. 经验准备：幼儿将图书带到幼儿园，尝试开展了图书漂流活动。

2. 物质准备：笔、纸、幼儿参与图书漂流活动的照片。

活动过程

（一）讨论参与图书漂流活动的感受

教师：你们喜欢图书漂流活动吗？参加了图书漂流活动，你们有什么感受？

小结：小朋友们把闲置的图书带到幼儿园开展图书漂流活动，我们可以阅读的图书变得更多了。

（二）回忆图书漂流中遇到的问题，大家共同讨论解决方法

1. 出示幼儿参加图书漂流活动的照片，引导幼儿回忆遇到的问题。

教师：在图书漂流活动中，你们遇到了什么困难？还有谁遇到了不一样的困难？

小结：小朋友们在图书漂流活动中发现了图书数量不够、图书没有标记、借到的书不知道什么时候阅读比较好、图书借阅没有登记等问题。

2. 大家共同讨论解决方法。

教师：这么多的问题，我们应该怎样解决呢？你们有什么好办法？

小结：针对图书数量不够的问题，大家可以自制倡议海报，请全园的老师和小朋友们把家中闲置的图书带到中一班，大家共同创建图书屋；针对图书没有标记的问题，可以在图书上贴上小朋友的姓名；针对图书借阅没有登记的问题，可以为图书编号，并制作图书借阅册。

（三）讨论并调整图书漂流活动

1. 讨论每日图书分享的时间。

教师：大家带来的故事书中一定有很多有趣的故事，每天由谁来讲一讲故事中的内容呢？

小结：可以与幼儿共同确定一个分享图书的时间，如每天在活动区后，由教师或一个小朋友讲一个小故事（图 5-16～图 5-17）。

图 5-16　　　　　　　　　　　　　　　　图 5-17

2. 讨论自主阅读的时间。

教师：还有很多图书，你们想在幼儿园里阅读吗？你们想在什么时间进行自主阅读？

小结：可以与幼儿共同确定自主阅读的时间，如每天餐后固定 10～20 分钟为幼儿的阅读时间，大家共同遵守借阅规则，进行自主阅读。

3. 讨论图书漂流时间。

教师：这些图书你们喜欢吗？你们想借回家和爸爸妈妈一起阅读吗？我们可以在什么时间开展图书漂流活动呢？

小结：可以根据大多数幼儿的意愿确定漂流活动的时间，如每周三、周五开展图书漂流借阅活动，小朋友可以把喜欢的图书借阅到家中，进行亲子阅读。

活动延伸

1. 自己设计图书漂流记录单。

2. 讨论图书漂流记录单的使用方法。

附：图书漂流记录单

图书漂流记录单

日期	幼儿姓名	图书名称	阅读后的感受（家长填写）

活动四： 自制图书 （艺术领域）

活动目标

1. 愿意参与图书制作活动，体验自制图书的快乐。

2. 用绘画、粘贴等形式表现自己的美术创意。

3. 能够用完整的语言讲述自己设计的图书内容。

活动重难点

1. 活动重点：指导幼儿自选材料、设计、制作图书。

2. 活动难点：愿意用绘画、粘贴的形式表现自己的美术创意。

活动准备

1. 经验准备：知道图书的构成要素有封面、封底、页码等。

2. 物质准备：水彩笔、画纸、胶棒、纸盒、双面胶、标有页码的图等辅助材料。

活动过程

（一）根据幼儿园绿色书吧的情境，激发幼儿制作图书的兴趣

1. 利用照片的形式回顾幼儿园的绿色书吧。

教师：我们班的绿色书吧中图书数量不够，怎么办呢？你们想制作什么内容的图书？

小结：可以再号召全园小朋友带图书，也可以自制图书。

2. 出示图书，介绍图书的名称和结构。

教师：请小朋友们仔细观察一下，书都有哪些组成部分？

小结：一本书要有封面、目录、正文、封底。其中封面上有书名、作者、出版社名称等内容。

（二）幼儿自选材料，设计、自制图书

1. 先画出故事情节。

2. 幼儿自主选择材料，设计封面及封底。

3. 为图书标上页码。

4. 教师巡回指导，提示幼儿握笔姿势和使用工具的方法（图 5-18）。

图 5-18

（三）交流分享自己制作的图书

1. 相互欣赏制作的图书。

教师：你做的是什么书？做了多少页？用什么方法粘贴和装订的？来给我们讲一讲吧。

2. 幼儿将自己的作品《我们的故事小书》放在到展示台上，幼儿讲述故事内容。

活动延伸

1. 幼儿将自己制作的《我们的故事小书》投放到班级的绿色书吧中。

2. 回家继续与家长制作图书。

活动五：　绿荫下的亲子阅读　（社会领域）

活动目标

1. 能够使用礼貌用语和同伴交换图书。

2. 能用较完整的语言讲述图书中的故事。

3. 体验图书漂流活动的乐趣。

活动重难点

1. 活动重点：引导幼儿主动寻找同伴，分享自己的图书。

2. 活动难点：能用较完整的语言讲述图书中的故事。

活动准备

1. 经验准备：幼儿熟悉自己带来的图书中的内容。

2. 物质准备：照相机、每位家庭准备的两本图书、地垫、饮用水等。

活动过程

（一）一起讲故事

1. 教师讲故事《蚂蚁和西瓜》，引出主题（图 5-19）。

教师：故事中，小蚂蚁遇到了什么困难？它们是怎么解决的？你最喜欢哪个角色？

图 5-19

小结：我们遇到困难不要害怕，办法永远比困难多。

2. 幼儿讲故事。鼓励幼儿大胆讲述自己图书中的故事内容。

3. 家长讲故事。鼓励爸爸妈妈来为小朋友们讲一个有趣的故事。

小结：大家喜欢哪个家长或幼儿讲的故事，就给他投上一票吧，看看谁是今天的故事大王。

（二）亲子阅读时光

1. 讨论阅读时的注意事项。

教师：亲子阅读时应该注意什么？怎样遵守规则？

小结：幼儿大声讲述，听众应该安静倾听，互相交流图书的内容。

2. 家长分散讲故事，教师巡回指导。

（三）幼儿自主交换图书

1. 礼貌交换图书。

教师：想和别人交换图书应该怎么做？怎样使用礼貌用语交换图书？

小结：我们要遵守秩序，先向爸爸妈妈或同伴有礼貌地打招呼，使用礼貌用语进行自我介绍，如请、你好、谢谢等，再交换图书。

2. 保护别人的图书。

教师：如何保护别人的书？

小结：应该轻拿轻放，爱惜图书，可以为图书包上书皮，还可以将破损的图书修补好。

3. 按时归还图书。

教师：看完别人的图书应该怎样归还？归还时还可以做什么？

小结：两个小朋友可以商量好互相归还的时间，归还时还可以互相说一说自己的阅读感受。

活动延伸

邀请家长参与到图书漂流活动中，开展成人图书漂流活动。

七、活动反思

通过开展"我和图书做朋友"的系列活动，孩子们在图书的海洋中开阔视野，增加对阅读的兴趣，同时使闲置图书得到再利用，可以达到节约资源、保护环境的目的。通过参加图书漂流活动，孩子们学会了资源共享。孩子们在图书漂流的过程中，完整讲述、大胆表达，理解能力及语言表达能力均有较明显的提高。

图书漂流活动可以让大家共同阅读一本图书，挖掘一本书的最大价值。每次图书漂流到一位小朋友的家中，家长和幼儿进行亲子阅读后，分享与众不同的观点，并记录下来。

制作《我们的故事小书》，结合美术活动，引导幼儿讲述作品的内容。幼儿将自己的故事绘制成故事书，在过渡环节为同伴讲述画面的故事内容。幼儿还将自己的作品展示在平台中，在上下楼前、午餐后散步、过渡环节等时间都可以讲述给同伴听，提高幼儿的讲述能力，同时也提升了幼儿的自信心。

（案例提供者：刘雅楠）

大班慧讲述活动 "诗心·萌芽"小·社团

一、活动由来

"诗心萌芽"是幼儿园生态表达活动下关于讲述的主题活动。《指南》中指出：幼儿的语言学习需要相应的社会经验支持，应通过多种活动扩展幼儿的生活经验，丰富语言的内容，增强幼儿的理解和表达能力，应在生活情境和阅读活动中引导幼儿自然而然地产生对文字的兴趣。

开展生态活动前期，我们通过家园共育与调查等方式发现，一部分家长希望幼儿园开展一些与古诗有关的中国传统文化活动，也发现一部分幼儿对古诗等传统作品的兴趣很高。我们通过社团票选活动，让幼儿选出自己喜欢的社团。最后，根据家长的需求、孩子们的兴趣，结合《指南》中的大班语言讲述表达目标，成功成立"诗心萌芽"社团。

二、设计思路

在"诗心萌芽"社团活动中，教师通过将自然诗歌的意境与自然环境相结合的方式展开，可以让幼儿在自然环境下欣赏诗歌，充分体验到大自然带给人们的美，同时也能引导幼儿体会自然诗歌的意义。幼儿还借助自然物制作的活动来充分感受大自然带给诗歌的乐趣。最后通过诗歌会的方式，提升幼儿对诗歌中词汇的理解能力。本次活动主要分为三个阶段。

第一阶段：我喜欢的诗歌

幼儿以分工合作的方式，针对自己喜欢的诗歌进行讨论、记录与投票。教师根据幼儿对诗歌的兴趣，简单阐述社团活动内容。幼儿能够在倾听他人讲述的过程中，捕捉到对自己有用的信息，从而结合自己喜欢的诗歌进行思考与记录。最后通过票选方式选出几首自然诗歌，为社团接下来的几次活动做准备。

具体环节包括：了解社团活动内容、自主选择喜欢的诗歌。

第二阶段：诗歌赏析

在本阶段，教师通过多种方式让幼儿欣赏、理解与生态环境相关的诗歌，如在户外实地体验诗歌的意境，借助自然物制作诗配画，将诗歌用舞蹈的形式表达出来，仿编诗歌，等等。通过相关活动，幼儿能够充分体验大自然带给诗歌的美意，也能提升环保意识。最后通过介绍自己的作品，提高语言表达能力。

具体环节包括：春天的柳树、古诗欣赏《春晓》、仿编诗歌《春天的颜色》。

第三阶段：诗歌大会

本次活动是结合幼儿对电视综艺节目《诗词大会》的向往以及大班幼儿爱学、好问，有极强的求知欲望以及爱挑战等年龄特点，幼儿自主设计规则，寻找图文等资源开展的竞赛游戏。活动前期，幼儿自主设计诗歌大会的内容。在现场活动中，幼儿通过图文猜诗歌名称以及上句接下句的方式，回顾了本社团欣赏的一些古诗与诗歌，同时也拓展了幼儿对其他诗歌领域的认知。对答如流环节中，幼儿通过诗句的对应与对答提升倾听与反应能力。最后，幼儿自主分享对本次活动的感受，达到提升语言表达能力的目的。

具体环节包括：猜诗名、对答如流。

三、活动目标

1. 借助画面欣赏，结合自己对诗词的感受，敢于表达自己的想法。
2. 通过对古诗的欣赏，初步感受传统文化语言的美。

3. 愿意用图画和符号表示作品的相关内容。

4. 能够通过对自然诗歌的了解，初步认识人与自然的密切关系。

5. 通过欣赏与自然相关的古诗词，知道爱护自然环境，尊重和珍惜生命。

四、家园互动

1. 家长与幼儿共同收集关于自然环境变化的相关照片与视频。

2. 家长与幼儿讨论日常生活所见所闻的自然事物的变化。

3. 请家长与幼儿共同搜集幼儿喜欢的关于自然的古诗或诗歌作品。

4. 幼儿回家后和家长分享自己对古诗或诗歌的了解。

五、活动流程图

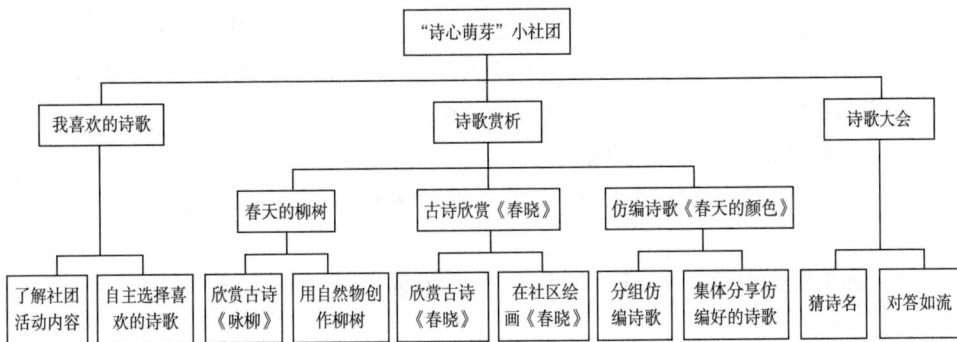

```
                        "诗心萌芽"小社团
        ┌──────────────────┼──────────────────┐
   我喜欢的诗歌            诗歌赏析                诗歌大会
                  ┌──────────┼──────────┐
              春天的柳树   古诗欣赏《春晓》  仿编诗歌《春天的颜色》
 ┌────┬────┐  ┌────┬────┐  ┌────┬────┐  ┌────┬────┐
了解社团 自主选择喜 欣赏古诗 用自然物创 欣赏古诗 在社区绘 分组仿 集体分享仿 猜诗名 对答如流
活动内容 欢的诗歌 《咏柳》 作柳树 《春晓》 画《春晓》 编诗歌 编好的诗歌
```

六、活动过程实录

活动一：　我喜欢的诗词　（语言领域）

活动目标

1. 能围绕一定的话题，充分表达自己的想法。

2. 能说出自己喜欢的文学作品，并说出喜欢的原因。

3. 能认真倾听他人的谈话。

活动重难点

1. 活动重点：引导幼儿说出自己喜欢的文学作品，充分表达自己的想法。

2. 活动难点：能说出自己喜欢的文学作品，并说出喜欢的原因。

活动准备

1. 经验准备：曾经听过一些有关自然的诗词。

2. 物质准备：幼儿自己带来的有关自然的诗词作品，如古诗词歌曲、图片、动画等。

活动过程

（一）谈话导入，简单介绍社团内容

1. 教师介绍"诗心萌芽"社团的活动内容。

教师：亲爱的小朋友们，欢迎大家选择"诗心萌芽"小社团。本社团是通过学习有关大自然的古诗或者诗歌，与大家一起了解与探索大自然对于我们人类的重要性。在活动中，小朋友们可以结合自己对自然诗歌或者古诗的了解，充分表达自己的想法。也可以回家和爸爸妈妈一起分享有关自然的诗歌与古诗。大家可以说一说，你看过哪些有关古诗的电视节目或者活动。

2. 幼儿自由说出自己的想法，大胆表达所见所闻。

3. 教师总结幼儿表达的内容，介绍古诗的来历。

教师：古诗是中国最早的诗歌，起源于劳动。农民在劳动的过程中，为了缓解疲劳，在集体劳动的过程中，用歌唱的形式直接孕育了最原始的诗歌。再后来，表达形式越来越多，一些著名诗人通过古诗词来表现自然环境的美丽与人们生活的场景，例如《春晓》《悯农》《咏鹅》《咏柳》等。

（二）幼儿自主选择喜欢的古诗词

1. 幼儿依次介绍自己听过的有关自然的古诗或者诗歌，以及带来的相关资料。

2. 幼儿根据个人喜好进行讨论并投票，选出社团接下来要欣赏的诗歌或者古诗。

3. 幼儿听音乐，自主结束讨论活动。

（三）全班交流总结

1. 幼儿各组代表分享。

2. 教师总结幼儿在讨论中出现的问题，提升幼儿合作经验。

活动延伸

幼儿根据本次活动的讨论内容，回家与家长共同查找有关诗词或诗歌的资料，如视频、照片、绘本等。

活动二： 春天的柳树 （语言领域）

活动目标

1. 借助画面欣赏，结合自己对诗词的感受，敢于表达自己的想法。

2. 通过对古诗的欣赏，初步感受传统文化语言的美。

3. 通过欣赏与自然相关的古诗词，知道爱护自然环境，尊重和珍惜生命。

活动重难点

1. 活动重点：借助画面欣赏，大胆表达自己的想法。

2. 活动难点：感受传统文化语言的美。

活动准备

1. 经验准备：幼儿见过柳树，知道现在的季节是春天。

2. 物质准备：幼儿自己用相机记录的柳树图片或视频，真实的柳条、柳叶，剪刀、绿色卡纸、幼儿自己搜集的各种自然物、胶棒、彩笔、颜料、乳胶、绘画白纸。

活动过程

（一）幼儿自主表达对春天的感受和柳树的变化，引出古诗《咏柳》

1. 引导幼儿说一说春天都有哪些变化。

教师：现在是什么季节？你都看到了植物的哪些变化？

小结：现在是春天，万物复苏。植物长出了小绿芽，很多植物也开花了。

2. 观看小朋友们记录的视频或照片，观察春天的变化，进一步加深幼儿对柳树的印象。

教师：之前小朋友们和爸爸妈妈一起到户外观察了柳树，并用相机记录了下来，下面请小朋友们观看自己带来的视频和照片，看完后请大家来说一说，你在视频中看到的柳树是什么样子的？它的树叶与树枝和其他的树有哪些区别？

（二）欣赏古诗《咏柳》，利用自然物进行美工创作

1. 教师介绍《咏柳》，引发幼儿兴趣。

教师：小朋友们都说了自己对柳树的感受和春天的变化，今天我们一起来欣赏一首关于柳树的古诗，谁来猜一猜是哪首诗？古诗的名字就是《咏柳》。你们知道古代的诗人为什么把这首古诗称为《咏柳》吗？

小结：咏，是歌颂、赞美的意思。咏柳，是赞美柳树的意思。这首诗是我国唐朝伟大的诗人贺知章所写。

2. 出示幼儿录制的视频《咏柳》，幼儿分享感受。

教师：让我们一起结合小朋友们录制的视频来听一听这首古诗吧。哪位小朋友来说一说，你在这首古诗中听到了什么？

3. 教师介绍自然物创作活动及其所需材料。

教师：小朋友们今天带来了一些自己搜集的自然物（开心果、掉落的树枝等），我们一起利用这些自然物，根据你对柳树的感受来制作一幅《春天的柳树》。

4. 播放《咏柳》诗伴乐，幼儿自主创作，教师巡回指导。

（三）幼儿分享作品，自主表达作品的含义

1. 幼儿自主找同伴分享自己的作品，教师指导幼儿讲述作品。

2. 幼儿集体分享，讲述自己的作品内容。

教师：制作完成的幼儿可以跟同伴分享一下自己的作品，表达自己的创作意图和想法。

活动延伸

回家后与家长分享自己的作品，大胆表述作品的内容与含义。

活动三：古诗欣赏 《春晓》（语言领域）

活动目标

1. 喜欢诗歌，初步感受诗歌语言的美。
2. 理解作品，愿意用图画或符号表示作品的内容并进行表达。
3. 能够通过对自然诗歌的了解，初步认识人与自然的密切关系。

活动重难点

1. 活动重点：感受作品，用图画或符号表示作品的内容。
2. 活动难点：能通过图画表达自己对作品的理解。

活动准备

1. 经验准备：幼儿已经和家长在社区中观察过春天的一些状态。
2. 物质准备：春天的照片以及视频、写生板、彩笔、画纸、背景音乐《春晓》。

活动过程

（一）观看幼儿在社区拍摄的春天照片和视频，自由表达对春天的感受

教师：小朋友们，老师今天带来了你们之前和爸爸妈妈一起拍摄的关于春天的视频，我们一起来看一看吧。你在视频和照片中看到了什么？你有什么感觉？

（二）欣赏古诗，大胆猜测并表达自己的想法

1. 介绍古诗《春晓》，引发幼儿兴趣。

教师：在古代的时候，有一位非常有名的诗人叫李白，他写过一首关于春天的诗，这首诗的名字叫《春晓》，我们一起来听一听吧。

2. 教师出示春天的视频，配乐朗诵古诗《春晓》，幼儿自主表达对这首古诗的感受。

教师：你在这首古诗中听到了什么？你来猜一猜这首诗描写的是什么样的事情或者景色。

（三）师幼一起到社区将自己对《春晓》的理解用绘画的方式表达出来

1. 幼儿交流自己对《春晓》的理解及如何用绘画的方式表达。

教师：今天我们来到了社区，我们将在这里感受春天的气息，用你们的画笔将自己对《春晓》的理解画下来吧。你想画些什么呢？可以跟同伴交流一下。

2. 幼儿用画笔将自己对《春晓》的理解画下来（图5-20）。

教师：小朋友们说了很多自己想画的内容，现在拿起你们的画笔，画出你对《春晓》的理解吧。

（四）幼儿交流分享

1. 同伴分享：活动结束，幼儿寻找同伴介绍作品。

教师：很多小朋友已经画完了自己心目中的《春晓》古诗，你可以跟同伴讲一讲你画了什么，为什么要这么画。

小结：教师重点指导幼儿表达的连贯性。

2. 集体分享：幼儿集中分享作品，表达自己的想法。

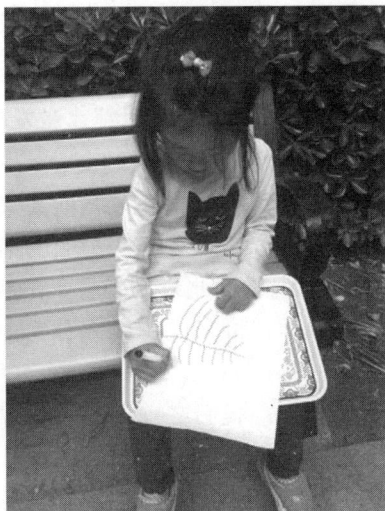
图 5-20

教师：哪位小朋友想来分享一下你的作品？

小结：今天我们一起欣赏了古诗《春晓》，理解了古诗的含义，也根据古诗表达了自己的想法与感受，希望小朋友在这个季节里感受到春天的美。

3. 分享结束，随着古诗唱读《春晓》回到幼儿园，结束活动。

活动延伸

1. 幼儿回家与家长分享本次活动的作品，大胆表达作品内容。

2. 与家长查阅相关诗人与这首古诗的创作背景，可在下次活动中与同伴分享。

活动四：　仿编诗歌　《春天的颜色》（语言领域）

活动目标

1. 喜欢诗歌，感受诗歌的优美意境和句式结构。

2. 能够理解诗歌内容，并主动大胆地进行朗诵。

3. 能够大胆想象，根据句式仿编诗歌。

活动重难点

1. 活动重点：大胆想象，根据句式仿编诗歌。

2. 活动难点：能运用优美的词语大胆表达春天的美。

活动准备

1. 经验准备：幼儿听过诗歌《春天的颜色》，和家人一起观察过春天的景象。

2. 物质准备：幼儿根据《春天的颜色》和家人一起录制的相关户外视频、

户外植物照片、彩笔、白纸、胶棒、诗歌《春天的颜色》课件。

活动过程

（一）出示相关视频，激发幼儿的兴趣

1. 幼儿讨论春天的变化。

教师：小朋友们，之前大家都和爸爸妈妈一起到户外观察了春天的变化，谁来说一说春天有哪些美丽的地方？

2. 观看幼儿录制的春天的视频后讨论，引出诗歌《春天的颜色》。

教师：谁来说一说你看到视频中都出现了哪些植物与景色？它们都是什么颜色的？

教师：我们之前听过一首关于春天颜色的诗歌，名字叫《春天的颜色》，谁来说一说这首诗歌中都出现了什么植物和什么颜色？

小结：这首诗出现了桃花，它的颜色是粉色，还有一些与自然相关的东西，如天空是蓝色的，太阳是红色的。

（二）出示课件《春天的颜色》，回顾诗歌

1. 出示课件，教师配乐诗朗诵《春天的颜色》。

2. 课件提示诗歌句式，××看了看××，高兴地说："春天是×色的。"

3. 教师出示幼儿拍摄的植物照片，鼓励幼儿使用句式"××看了看××，高兴地说：'春天是×色的。'"仿编诗歌。

教师：老师今天带来了几张小朋友们自己拍的有关春天的照片，谁想来试一试说出和老师朗诵的不一样的《春天的颜色》。（教师要重点鼓励幼儿按照句式仿编，表扬幼儿与众不同的仿编内容）

（三）分组仿编诗歌

1. 教师介绍每组的材料与记录纸的具体用法，幼儿自愿分组进行仿编。（教师巡回指导各组，可以用提问的方式，利用优美的词语引导幼儿大胆表达自己的想法）

教师：想一想，还有哪些小动物看了什么植物，高兴地说春天是什么颜色的？

2. 小组自主分享，教师可对先完成的组进行朗诵指导。

小结：小朋友们在朗诵的时候，可以根据音乐的节奏调整语调进行朗诵。

（四）幼儿集体分享并朗诵仿编好的诗歌

教师：你认为哪一组的诗歌最好听？你觉得哪句好听？为什么？

活动延伸

1. 将诗歌仿编记录表制作成图册放进语言角，幼儿可以在活动区活动时欣赏或再次进行续编。

2. 回家和家长一起查阅有关春天的诗歌与古诗，在诗歌会中与大家进行分享。

附：诗歌《春天的颜色》

春天来了，春天是彩色的。

小鹿看了看天空，高兴地说："春天是蓝色的。"

小蝴蝶看了看桃花，高兴地说："春天是粉色的。"

小松鼠看了看太阳，高兴地说："春天是红色的。"

春天来了，春天是彩色的。

活动五：　诗歌会　（语言领域）

前期准备

幼儿自愿分为挑战组与观众组。挑战组的幼儿参加诗歌会挑战的活动，并在家中与家长进行准备与查阅相关资料的工作，赛前将准备好的资料与古诗或诗歌内容汇报给老师。社团所有成员分工策划，将活动分为两个部分：猜诗名与对答如流。观众组自主负责宣传海报的绘制与全园宣传，活动当天不参与挑战，在观众席观看与加油。

活动目标

1. 喜欢诗歌，能初步感受诗歌语言的美。

2. 结合自己对诗词的感受，借助画面表达自己的想法。

3. 能认真倾听他人的谈话。

活动重难点

1. 活动重点：引导幼儿结合对诗词的感受，借助画面表达自己的想法。

2. 活动难点：能大胆流利地表达对诗词的感受。

活动准备

1. 经验准备：幼儿已经知道一些与自然有关的古诗与诗歌。

2. 物质准备：与自然相关的古诗和诗歌的图片、视频与歌曲。

活动过程

（一）主持人介绍诗歌会的规则

主持人宣布开场：亲爱的小朋友们大家好，我是今天的诗歌会主持人。下面宣布本次活动的规则，根据大家的意愿，本场活动分为两个部分。第一个部分是根据画面或者视频，选手猜出古诗或者诗歌的名字。本轮活动采取统一回答，答对得分，答错不得分。第二部分是"对答如流"，主持人说诗的上半句，挑战者说下半句。本轮活动为抢答制，抢到答对加分。活动结束，得分高的组获胜。

（二）猜诗名环节

教师：幼儿根据出示的图片、视频以及主持人朗诵的诗歌内容，回答这首诗的全名。

（三）对答如流环节

1.挑战者根据主持人说的上句诗，说出相对应的下句诗。

2.幼儿自主参与抢答，教师及时鼓励与肯定。

（四）根据幼儿挑战情况，主持人宣布本次活动的结果

教师：本次活动，小朋友们非常踊跃。在这个过程中，小朋友们不仅学到了很多知识，而且非常勇敢、自信。看到小朋友们对于诗歌的兴趣以及参加活动后的成长，老师特别高兴。哪位小朋友愿意说一说你参加本次诗歌会活动的感受？

活动延伸

将本次活动的资料与内容投放在图书区，幼儿在区域活动时可自主开展诗歌会的系列活动。

七、活动反思

"诗心萌芽"社团活动根据幼儿的兴趣，将描写生态环境的中国古典诗词与儿童诗歌作为教育内容。教师根据大班幼儿的年龄特点，先是利用分工合作的方式开展了谈话活动，从幼儿身边的生态环境入手，让幼儿选择自己喜欢的诗词。然后通过幼儿讨论、看图表达、自然物创作、录制社区环境、儿童诗仿编以及在自然环境中写生等一系列活动，使幼儿在自主表述自己作品与理解诗歌的同时，发展语言表达能力。通过自然诗歌与传统生态类古诗的结合，幼儿体会到古人对保护生态环境的重视。

由于古诗和儿童诗对幼儿来说是一种既陌生又熟悉的文学活动，将其作为语言领域的活动进行集体教学，对孩子来说，乐趣相对较少。在活动后期，幼儿通过自主策划与宣传开展了"诗歌会"的语言类挑战活动，号召了更多的观众参与到活动中。本次活动使幼儿在体验诗歌带来的语言乐趣的同时，提升了语言表达能力。本次活动是根据春天的故事或者诗歌开展的活动，同样也可以利用其他季节开展相应的诗歌欣赏活动。

（案例提供者：封　硕）

大班慧创意活动　创意玩具我制作

一、活动由来

《纲要》指出，要"指导幼儿利用身边的物品或废旧材料制作玩具、手工艺品等来美化自己的生活或开展其他活动。"幼儿园一直都有利用废旧材料进行手工制作的园本活动，可是孩子们发现，用废旧材料制作的作品，很多只能用来欣赏，并不能真正玩起来，有时甚至把一堆废旧物品变成了另一堆废旧物品。于是孩子们提出问题："废旧材料可以变成玩具吗？"

追随孩子们的问题，我们尝试开展"创意玩具我制作"活动。在活动中，教师号召孩子们收集废旧物品，亲自选题设计，和老师、家长一起再制作，尝试将废旧物品变身为活动时的玩具，从而让孩子们感受废物变玩具的神奇，培养孩子们的创造力，锻炼动手能力，进一步树立环保意识。

二、设计思路

在"创意玩具我制作"活动中，教师引导幼儿收集废旧材料、废旧玩具，自主制定参观规则、举办玩具展，不断丰富幼儿的认知体验。本次活动主要分为三个阶段。

第一阶段：废旧材料总动员

教师展示各种废旧物自制玩具，激发幼儿的活动兴趣，引导幼儿通过讨论了解怎样收集废旧材料和可以收集哪些废旧材料，让幼儿知道废旧材料是可以再次利用的。在幼儿的提议下，我们向全园发出收集废旧材料的倡议，引发了幼儿有意识地收集废旧材料的行动。

具体环节包括：讨论如何收集废旧材料、发出收集废旧材料的倡议。

第二阶段：废旧材料变玩具

教师引导幼儿运用不同的艺术形式将废旧材料制作成好玩的玩具，在活动中注重引导幼儿交流制作玩具的想法，激发幼儿将废旧材料改造成好玩的玩具的意愿。

具体环节包括：尝试制作玩具、介绍自己制作的玩具。

第三阶段：我们的玩具展

幼儿迫不及待地想要举办一场玩具展，参观前需要哪些准备呢？教师创设参观情境，引导幼儿发现参观中出现的问题，幼儿自主制定参观规则并验证是否合理。活动前，教师将幼儿制定的规则展示在展馆场地。活动中，教师引导幼儿记录自己的发现。活动后，幼儿进行分享。活动中，幼儿能够主动遵守秩序，文明参展，感受参观玩具展的乐趣。

具体环节包括：集体参观玩具展、交流分享自己的参观发现。

三、活动目标

1. 提升教职工的专业能力以及利用废旧材料的创意能力。
2. 提升幼儿探究的兴趣，让幼儿玩到更加丰富的游戏材料。

3. 加深亲子间的创意互动。

4. 利用废旧材料进行创作，变废为宝。

四、家园互动

1. 家长和幼儿共同收集身边的废旧材料。

2. 家长和幼儿共同利用废旧材料制作玩具，变废为宝。

五、活动流程图

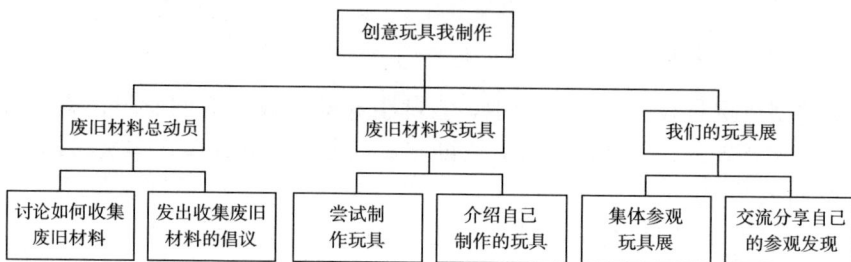

六、活动过程实录

活动一： 废旧材料总动员 （社会领域）

活动目标

1. 了解哪些废旧材料可以再利用。

2. 有意识地收集一些废旧材料。

3. 愿意与同伴一起收集废旧材料。

活动重难点

1. 活动重点：有意识地收集一些废旧材料。

2. 活动难点：知道哪些废旧材料可以再利用。

活动准备

1. 经验准备：幼儿有收集物品的经验，见过用废旧材料制作的玩具。

2. 物质准备：用废旧材料自制的玩具。

活动过程

（一）出示用废旧物品制作的玩具，了解废旧材料是可以再次利用的

教师：小朋友看这是什么？这些玩具是用什么材料做的？

小结：这些玩具都是自制的，制作这些玩具的材料都是我们生活中的一些废旧物品，你们看它们的用处多大呀，可以做出这么多好玩的玩具。

（二）讨论如何收集废旧材料

1. 讨论收集废旧材料的途径。

教师：我们可以去哪里收集废旧材料呢？

小结：我们可以把家里、社区里、幼儿园里或外出游玩时发现的一些没用的物品收集在一起，带到幼儿园。

2. 讨论可以收集哪些废旧材料。

教师：所有的废旧物品都可以收集吗？哪些废旧材料可以收集？哪些不能收集？

小结：一些有害的、危险的物品是不可以收集的，我们可以收集一些包装盒、喝过的矿泉水瓶、纸卷筒、树枝、果壳等生活中一些可回收的物品。

3. 讨论怎样收集更多的废旧材料。

教师：我们可以向全园的老师、小朋友进行宣传，请大家和我们一起收集废旧材料。

（三）讨论如何利用废旧材料

1. 讨论如何对收集到的废旧材料进行分类。

教师：收集到的废旧材料都放在一起可以吗？怎样分类摆放呢？

小结：准备一些小筐，给它们画上标记，这样我们就可以按照标记将收集来的废旧材料投放在相应的小筐中了。

2. 讨论如何清洁收集的废旧材料。

教师：我们收集的废旧材料可以直接利用吗？废旧材料是脏的怎么办？

小结：收集的废旧材料必须要经过清洁、消毒后才可以使用，比如装有饮料的矿泉水瓶，我们要先把饮料倒掉，再对矿泉水瓶的里面和外面进行清洁和消毒，之后再使用。

（四）发出收集废旧材料的倡议

教师：小朋友们想到了很多收集废旧材料的方法，那我们就来试一试，把家中的废旧材料带到幼儿园，还可以向全园小朋友们征集废旧材料。

活动延伸

1. 在活动区时设计分类收集标识。

2. 在幼儿园升旗仪式时向全园发出收集废旧物品的倡议（图5-21～图5-22）。

图 5-21

图 5-22

活动二：废旧材料变玩具 （艺术领域）

活动目标

1. 将废旧物品进行粘贴组合，制作成自己需要的玩具。
2. 在做做玩玩的过程中，选择合适的废旧材料。
3. 愿意参加制作玩具的活动，体验废旧物品制作的乐趣。

活动重难点

1. 活动重点：将废旧物品进行粘贴组合，制作成自己需要的玩具。
2. 活动难点：在制作中能够选择合适的废旧材料。

活动准备

1. 经验准备：幼儿见过很多用废旧材料制作的玩具。
2. 物质准备：幼儿收集的多种废旧材料、彩纸、剪刀、彩色笔、胶纸等。

活动过程

（一）幼儿介绍自己带来的废旧材料

教师：小朋友，前几天老师请大家做小小收集员，把家里没用的纸盒、塑料瓶、碎布等带来，小朋友们都很积极，收集了许多好东西，谁来说说你收集到了哪些宝贝，这些宝贝可以用来做什么？

小结：我们有了这么多宝贝，今天老师就和小朋友用这些宝贝来进行制作吧！

（二）幼儿尝试制作玩具

1. 教师出示自己制作的成品玩具，幼儿欣赏。

教师：这是什么？它是用什么做成的？

2. 幼儿交流制作玩具的想法。

教师：你们想不想做个小小魔术师，将大家带来的这些废旧材料变成好玩的东西呀？你想做一个什么玩具？哪种废旧材料适合制作你想要的玩具？

小结：小朋友的想法非常好，可以跟朋友说说你的想法，也可以和朋友合作，用不同的方式对废旧材料进行改造、装饰，将它变成好玩的玩具。

3. 幼儿制作玩具。

（1）幼儿挑选合适的材料后制作玩具，教师为完成任务有一定困难的幼儿提供帮助。

（2）幼儿制作完成后，将玩具陈列在玩具橱上，相互简单介绍制作的玩具。

小结：我们可以取不同的废旧物品，用胶纸将它们粘在一起。粘的部位不同，就会出现不同的玩具形象。

（三）介绍我制作的玩具

1. 讨论介绍玩具作品的方法。

教师：玩具制作好了，我们要怎样介绍自己的作品呢？

小结：首先要介绍玩具和制作者的名字，然后介绍玩具的玩法和功能。

2. 幼儿相互介绍自己的玩具。

小结：今天，小朋友用没用的纸盒、瓶子做了好玩的玩具。以后我们不要把纸盒、瓶子随便扔掉，可以把它们洗干净带到幼儿园，我们一起让它变变变，成为我们的好朋友。

活动延伸

在家长开放日时开展亲子玩具制作活动（图 5-23～图 5-24）。

图 5-23

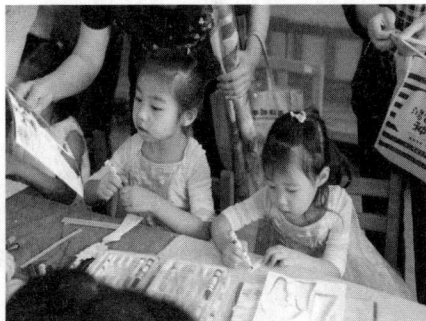

图 5-24

活动三： 制定参观规则 （社会领域）

活动目标

1. 知道参观时需要遵守一些规则。

2. 尝试小组合作，用简单的标记图设计规则。

3. 体验遵守规则带来的秩序感和安全感，乐意遵守规则。

活动重难点

1. 活动重点：知道参观时需要遵守一些规则。

2. 活动难点：尝试小组合作，用简单的标记图画设计规则。

活动准备

1. 经验准备：幼儿有用符号记录的经验。

2. 物质准备：纸、笔。

活动过程

（一）自主参观，发现问题

教师：告诉大家一个好消息，我们幼儿园新开了一个玩具区。我们一起去看看区里有些什么吧！

教师：刚才参观的时候，大家遇到了哪些问题？为什么会这样？

小结：刚才大家一起去同一个区里参观，大家觉得很挤、很吵，两个人同时玩一个玩具的时候，玩具被玩坏了。出现这个问题的原因是我们没有制定、遵守参观规则。

（二）合作制定规则

1. 讨论参观规则。

教师：看来我们得想想办法了，怎样参观才能又开心又安全呢？过几天，不仅大班的小朋友要参观我们的玩具展，中班、小班的弟弟妹妹也想来参观，怎样让他们一看就知道怎么玩呢？

小结：今天我们就来当这个玩具展的设计师，小组合作，用图画的方式制定出完整的参观规则。

2. 讨论小组如何分工合作。

图 5-25

教师：我们小组制定规则的时候，可以怎样分工？每个小朋友负责什么呢？

小结：有的小朋友负责想规则，有的小朋友负责画，有的小朋友负责分享。

3. 分组制定规则（图 5-25 ～ 图 5-26）。

教师：参观玩具展时需要遵守哪些规则？小朋友分组讨论参观玩具展

的规则，用图画的方式记录下来，并
进行分享。

**（三）尝试根据自己组制定的规则
玩游戏，验证规则是否合理**

教师：哪组先制定好了，就检验
一下你们制定的规则是否合理。

小结：参观时凭邀请卡参观，参
观过程中小声交流，有序排队参观，
操作玩具的时候动作轻，不破坏玩具。

图 5-26

活动延伸

1. 幼儿将绘制好的规则贴在活动现场。
2. 幼儿将这些规则告诉更多的小朋友和老师。

活动四：　参观玩具展　（社会领域）

活动目标

1. 积极参加参观玩具展的活动。
2. 在参观玩具展的活动中，能够主动遵守秩序，文明参展。
3. 选择自己喜欢的玩具进行投票，体验参观玩具展的乐趣。

活动重难点

1. 活动重点：积极参加玩具展活动。
2. 活动难点：能够主动遵守秩序，文明参展。

活动准备

1. 经验准备：幼儿有参观的经验。
2. 物质准备：纸、笔、照相机、亲子制作的玩具。

活动过程

（一）了解参观时的文明行为并且愿意遵守

教师：小朋友之前去什么地方参观过吗？参观时需要注意什么？

小结：我们去参观玩具展的时候要遵守秩序，询问问题要有礼貌，注意使
用礼貌用语，观赏、体验玩具的时候动作要轻，以免将玩具损坏，遇到自己感
兴趣的玩具，可以将自己的发现记录下来。

（二）集体参观玩具展

1. 幼儿仔细观察玩具展里的玩具，教师引导幼儿认识玩具的种类、名称、
玩法（图 5-27～图 5-28）。

图 5-27

图 5-28

2. 鼓励幼儿有序地自由参观，并主动提出自己想要了解的问题。

3. 选择自己最喜欢的自制玩具进行投票。

4. 将自己的发现记录下来。

（三）交流分享自己的发现

1. 参观后，鼓励幼儿交流分享在参观玩具展中的发现。

教师：小朋友在参观的时候看到了什么？你最喜欢哪个玩具？你有哪些发现呢？

小结：我们在参观的过程中非常认真专注，有的小朋友发现每件玩具的旁边都有这件玩具制作者的名字和玩具的玩法介绍，有的小朋友发现玩具展示的方式是按班级分布的，同一个班级小朋友制作的玩具放在同一排展台上，还有的小朋友发现了自己最喜欢的玩具的新玩法，以及玩具在制作过程中利用的废旧材料。

2. 说说自己制作的玩具还可以进行哪些改进。

教师：参观后，你认为自己制作的玩具可以怎样进行改进呢？

小结：我们制作的玩具要结实耐用，小朋友想把自己的玩具再进行加固，把它变得更结实一些，同时通过调整，还可以增加一些玩法，让它变得更加有趣。

活动延伸

1. 鼓励幼儿在生活中继续收集废旧材料。

2. 在美工区继续投放各种废旧材料，鼓励幼儿继续制作各种玩具。

七、活动反思

为了让幼儿在玩具的海洋中更快乐地遨游，同时加强环保意识，我园全体教职工和幼儿家庭参加了"创意玩具我制作"的玩具制作活动。在这次活动中，老师、家长、幼儿都受益匪浅。

在活动开始时，我们全园师生开展了收集废旧材料的活动，通过孩子们的倡议，家园一起行动起来。接下来大家就投入到创意制作当中，这就是我们的创意玩具之旅。我们将废旧材料收集在一起并制作成好玩的玩具，我们的玩具展梦想就这样实现了。这里的玩具虽然不像商场里的玩具一样有着昂贵的价格，但这里的玩具是我们玩过的最好玩的玩具。

通过收集废旧材料，幼儿知道生活垃圾的严峻形势和危害性，懂得了减少垃圾就是在保护环境，了解了一些废物处理的巧妙办法，知道在生活中应分类处理垃圾，提高了幼儿适应生活的能力，增强了环保意识。

在制定参观规则的过程中，幼儿体验到遵守规则带来的成功体验和快乐情绪。幼儿能否在日常生活中坚持遵守规则呢？检验的最好办法就是回到生活。教师创设了参观情境，让孩子在情境中巩固，在巩固中深化，在深化中收获快乐。

在参观玩具展的活动中，幼儿通过介绍玩具大大提升了语言表达能力，增进了与其他班级幼儿之间的互动，相信所有参与本次活动的幼儿和教师都有很大的收获。

（案例提供者：张添铭，高云飞，王　伟，朱丽霞）

图书在版编目（CIP）数据

幼儿园生态教育活动的开发与实践 / 孙湘红主编
. —北京：中国农业出版社，2020.6（2023.10 重印）
ISBN 978-7-109-26782-4

Ⅰ.①幼…　Ⅱ.①孙…　Ⅲ.①生态环境－环境教育－
教学研究－学前教育　Ⅳ.①G613.3

中国版本图书馆 CIP 数据核字（2020）第 061854 号

幼儿园生态教育活动的开发与实践
YOUERYUAN SHENGTAI JIAOYU HUODONG DE KAIFA YU SHIJIAN

中国农业出版社出版
地址：北京市朝阳区麦子店街 18 号楼
邮编：100125
责任编辑：马英连
版式设计：杨　婧　责任校对：刘飕雨
印刷：三河市国英印务有限公司
版次：2020 年 6 月第 1 版
印次：2023 年 10 月河北第 2 次印刷
发行：新华书店北京发行所
开本：700mm×1000mm　1/16
印张：17
字数：330 千字
定价：48.00 元